SOUPE CAROTTES-CORIANDRE

Ingrédients :
Carottes (6)
Pommes de terre (2)
Bouillon de légumes (1,5 cube) • Écorce d'orange (½) • Coriandre fraîche (1 bouquet)
Oignon (1) • Huile (2 c. à soupe) • Coriandre en poudre (2 c. à café) • Ail (1 gousse) • Sel, poivre

recette proposée par
Madeleine

Pour 6 personnes
Préparation 20 min
Cuisson 35 min
Très facile
Coût €

1. Épluchez et **hachez l'oignon**.
2. **Faites-le revenir dans l'huile**, dans une casserole et à couvert, jusqu'à ce qu'il devienne à peine doré (comptez environ 10 min).
3. **Ajoutez l'ail** préalablement haché **et la coriandre**.
4. **Épluchez les pommes de terre et les carottes et coupez-les en petits cubes.**
5. **Ajoutez-les dans la casserole** et mélangez le tout.
6. **Versez le bouillon** préalablement dissous dans 1,5 l d'eau bouillante, **l'écorce d'orange hachée, du sel et du poivre**.
7. **Laissez mijoter 25 min**.
8. **Mixez la soupe**, puis ajoutez la coriandre fraîche.

Top des avis :

"Remplacez les pommes de terre par une courgette, c'est **plus doux**, et ajoutez une bonne cuillère à dessert de cumin. Un vrai régal." ninilizy

"J'ai utilisé du bouillon de poulet. Très bon. **Au lieu de l'écorce d'orange, j'ai ajouté du zeste d'orange, environ 1 c. à thé.**" Mariefrance_92

PLAT

2
JANVIER

BROCHETTES PORC, CHORIZO ET CITRON

Ingrédients :
Porc (400 g)
Chorizo (10 tranches)
Citron (1)
Pour la marinade :
Persil (quelques brins)
Échalote (1)
Huile d'olive (2 c. à soupe)
Sel, poivre

recette proposée par
franck_260

Pour 4 personnes
Préparation 20 min
Cuisson 15 min
Repos 2 h
Très facile
Coût €

1. Épluchez et **émincez l'échalote**.
2. Lavez, effeuillez et **hachez le persil**.
3. Préparez la marinade : dans un saladier, **mélangez l'huile d'olive, l'échalote et le persil**. Salez et poivrez.
4. **Découpez la viande en cubes**.
5. **Mettez-les dans le saladier** et **laissez mariner 2 h**.
6. **Coupez le citron en cubes ou en petits quartiers**.
7. **Préparez les brochettes en alternant morceaux de viande, quartiers de citron et tranches de chorizo**.
8. **Arrosez-les du reste de marinade**.
9. **Faites cuire au four une quinzaine de minutes à 180 °C.**

Top des avis :

" Très bon, original et pas sec du tout. **J'ai rajouté du basilic et de la ciboulette dans la marinade.** "
Marjolaine_82

" **J'ai utilisé de la longe de porc, mais il faut utiliser plus de marinade pour « assouplir » la viande.** " zabounette

DESSERT

3
JANVIER

GÂTEAU CHOCOLAT-NOISETTES

recette proposée par
Perrine34

Ingrédients :
Chocolat noir pâtissier (150 g)
Noisettes (100 g)
Beurre (150 g)
Farine (120 g)
Sucre (200 g)
Œufs (4)
Levure (½ sachet)
Sel

Pour 6 personnes
Préparation 20 min
Cuisson 30 min
Très facile
Coût €

1. Préchauffez le four à 200 °C (th. 6-7).
2. **Faites fondre le chocolat** au bain-marie.
3. Séparez les blancs des jaunes d'œuf.
4. Dans un saladier, **fouettez les noisettes avec le beurre mou coupé en dés et le sucre** à l'aide d'un batteur électrique.
5. **Ajoutez les jaunes d'œuf et une pincée de sel puis fouettez** de nouveau.
6. **Incorporez ensuite la farine** sans cesser de battre.
7. **Ajoutez la levure et le chocolat fondu puis mélangez** à l'aide d'une spatule.
8. Battez les blancs d'œuf en neige ferme.
9. **Incorporez délicatement les blancs en neige** à la pâte au chocolat à l'aide d'une spatule.
10. Versez la pâte dans un moule beurré et fariné.
11. **Enfournez** et laissez cuire **20 à 30 min**.

Top des avis :

"Je n'avais pas assez de noisettes, **j'ai donc complété avec des amandes effilées.** Résultat délicieux !" Ewaa

PLAT

4
JANVIER

POULET CITRON, MIEL ET GINGEMBRE

Ingrédients :
Pilons de poulet (8) • Gingembre râpé (1 c. à café rase) Miel (2 grosses c. à soupe) Citron jaune non traité (1) Échalote (1) • Huile (2 c. à soupe) • Crème semi-épaisse (50 cl) • Sel, poivre • Riz parfumé (300 g) • Safran (1 dosette) • Beurre (20 g) Eau (2 fois le volume de riz)

recette proposée par
Annedu04

Pour 4 personnes
Préparation 30 min
Cuisson 1 h
Facile
Coût € €

1. Épluchez et **émincez l'échalote.**
2. **Faites chauffer l'huile dans une cocotte puis faites-y revenir l'échalote** 5 min à feu doux.
3. **Ajoutez les pilons de poulet, le gingembre, le miel, le zeste et le jus du citron.** Faites bien revenir les pilons. Ajoutez 1 verre d'eau (environ 20 cl) car si la cuisson est trop forte le miel devient caramel et cela attache très vite.
4. Lorsque les pilons sont cuits (la viande doit se détacher facilement de l'os), **ajoutez la crème fraîche, salez, poivrez, mélangez et laissez mijoter** à feu doux pendant 20 min.
5. Pendant ce temps, **faites fondre le beurre à feu doux puis versez le riz. Laissez-le blondir 5 min en remuant** (n'arrêtez pas de remuer !).
6. **Saupoudrez de safran, versez l'eau et mélangez. Remuez jusqu'à ce que le riz ait absorbé toute l'eau :** le riz devrait alors être cuit.
7. Servez dans chaque assiette une part de riz et déposez dessus 1 ou 2 pilons recouverts de sauce.

Astuce : Si vous n'en trouvez pas du frais, vous pouvez utiliser du gingembre en poudre.

MINI SAMOSSAS AU CHÈVRE FRAIS

Ingrédients :
Feuilles de brick (6 ou 7)
Chèvre frais (1 grosse bûche)
Tomates séchées à l'huile (5-6 pétales)
Olives noires à la grecque (20)
Poivre du moulin
Huile d'olive

Pour 30 samossas
Préparation 45 min
Cuisson 10 min
Très facile
Coût €

1. Préchauffez le four à 210 °C (th. 7).
2. Préparez la farce : **hachez les tomates séchées et les olives dans un saladier.**
3. **Mélangez-les intimement avec le chèvre.** Poivrez.
4. **Coupez les feuilles de brick en bandes d'environ 5 cm de large** et coupez les bouts pour qu'ils soient bien droits.
5. **Déposez une noix de farce au bord d'une bande, repliez l'un des angles droits sur le côté opposé puis repliez ainsi jusqu'en haut de la bande.**
6. **Poursuivez jusqu'à épuisement des ingrédients.**
7. **Déposez les samossas sur une plaque huilée.**
8. **Enfournez** et laissez cuire **10 min.**

Top des avis :
"Très bon. **J'ai mis de la ricotta pour assouplir la préparation** et j'ai utilisé du confit de tomates séchées." Farane

Astuce : Vous pouvez faire ces samossas la veille, les garder la nuit au réfrigérateur et les repasser au four le lendemain pour les chauffer juste avant de les servir.

GALETTE DES ROIS À LA FRANGIPANE

Ingrédients :
Pâte feuilletée (2 rouleaux)
Poudre d'amandes (140 g)
Sucre (100 g)
Œufs (2)
Jaune d'œuf (1)
Beurre mou (75 g)
Fève (1)

Pour 6 personnes
Préparation 10 min
Cuisson 30 min
Très facile
Coût €

1. Préchauffez le four à 200 °C (th. 6-7).
2. **Placez une pâte feuilletée dans un moule à tarte,** piquez-la avec une fourchette.
3. Dans un saladier, **mélangez la poudre d'amandes, le sucre, les 2 œufs et le beurre mou.**
4. **Étalez cette crème d'amandes sur la pâte.**
5. **Placez la fève.**
6. **Recouvrez avec la seconde pâte feuilletée en collant bien les bords** et en veillant à chasser tout l'air.
7. Faites des dessins sur la pâte avec la lame d'un couteau et **badigeonnez de jaune d'œuf** préalablement battu.
8. Enfournez et **laissez cuire 20 à 30 min :** surveillez bien la cuisson.

Top des avis :

" Super recette ! **J'ai ajouté 1 c. à café de rhum et ½ c. à café d'extrait d'amande amère.** " Guillemette_20

ACRAS DE MORUE

Ingrédients :
Morue séchée (500 g)
Ciboulette (quelques brins)
Piment
Farine (250 g)
Lait (20 cl)
Œuf (1)
Huile pour friture (½ l)
Sel, poivre

Pour 4 personnes
Préparation 20 min
Cuisson 5 min
Repos 24 h
Facile
Coût €

1. **La veille, faites tremper la morue dans de l'eau froide** pendant 24 h (en changeant l'eau 2 ou 3 fois).
2. **Le lendemain, enlevez la peau et les arêtes** du poisson. **Émiettez la morue**.
3. **Dans un saladier, mélangez la farine, le lait et l'œuf** jusqu'à l'obtention d'une pâte lisse.
4. **Ajoutez la morue**.
5. **Salez, poivrez puis ajoutez la ciboulette préalablement lavée et ciselée et un peu de piment** (selon les goûts).
6. **Faites chauffer l'huile dans une casserole** jusqu'à son frémissement.
7. **Déposez-y délicatement de grosses cuillerées de pâte**.
8. **Faites-les frire** jusqu'à ce que les acras aient une couleur dorée (comptez 4 ou 5 min). **Égouttez** et servez.

Top des avis :

" Encore une très bonne recette, facile et rapide ! **Il ne faut pas hésiter à bien relever la pâte (poivre, piment et ail frais haché fin).** " lole2

PLAT

8
JANVIER

RÔTI DE PORC AU MIEL ET POMMES

Ingrédients :
Rôti de porc dans le filet (1)
Pommes type reinette
ou royal gala (4)
Raisins secs (1 poignée)
Miel (2 c. à soupe)
Cannelle
Échalote (1)
Sel, poivre du moulin

recette proposée par
Myriam_42

Pour 4 personnes
Préparation 15 min
Cuisson 1 h 15
Très facile
Coût €

1. Préchauffez le four à 210 °C.
2. **Mettez le rôti dans un plat allant au four, enduisez-le de miel. Salez et poivrez.**
3. **Lavez les pommes et coupez-les en quartiers** sans les éplucher. **Déposez-les autour du rôti.**
4. **Émincez finement l'échalote et parsemez-la tout autour du rôti.**
5. **Ajoutez la poignée de raisins secs et saupoudrez de cannelle.**
6. **Mouillez avec 15 cl d'eau et enfournez pour 1 h 15.** Servez bien chaud.

Top des avis :

“ J'ai remplacé le miel par du sirop d'érable. Une vraie réussite ! ” Milie44

“ J'ai utilisé des pommes chantecler pour leur goût acidulé. Ce plat est un vrai délice, il a fait l'unanimité ! ” Toolized

ENTRÉE

9
JANVIER

BLINIS SAINT-JACQUES-POIREAUX

recette proposée par **Jackson**

Ingrédients :
Noix de Saint-Jacques (250 g)
Poireaux (2 petits)
Mini blinis (4)
Parmesan (25 g)
Crème fraîche (25 cl)
Thym
Ail (½ gousse)
Huile d'olive

Pour 2 personnes
Préparation 15 min
Cuisson 40 min
Facile
Coût € €

1. Préchauffez le four à 220 °C (th. 7-8).
2. Lavez et **émincez les poireaux**.
3. **Faites revenir les poireaux** dans une casserole avec un fond d'huile d'olive.
4. **Faites saisir rapidement les noix de Saint-Jacques** dans une poêle avec de l'huile d'olive, du thym et de l'ail préalablement haché.
5. **Disposez les blinis dans un plat** allant au four.
6. **Mettez un peu de crème fraîche sur les blinis, puis disposez les poireaux dessus**.
7. **Ajoutez les noix de Saint-Jacques** et, pour finir, **saupoudrez de parmesan**.
8. **Enfournez** et laissez cuire **20 à 25 min**.

Top des avis :

"**J'ai fait cuire les poireaux 10 min à la cocotte plutôt qu'à la casserole.** J'ai mis 300 g de noix de Saint-Jacques avec corail. Pour le reste, j'ai suivi la recette d'origine." Celine_7033

"**Bonne idée ! J'ai préparé la recette une heure à l'avance.** Je n'avais pas de parmesan, j'ai mis du fromage râpé sur le dessus." mariepierre_104

SALADE AU POULET ÉPICÉ

Ingrédients :
Blancs de poulet (300 g)
Mangue (½)
Épices à colombo
(2 c. à soupe)
Chapelure (4 c. à soupe)
Tomate (1) • Mesclun
(2 poignées) • Échalote (½)
Huile d'olive (2 c. à soupe)
Vinaigre (½ c. à soupe)
Sel, poivre

recette proposée par
Gigimagique

Pour 2 personnes
Préparation 25 min
Cuisson 5 min
Facile
Coût €

1. **Pelez la tomate, enlevez les pépins et coupez-la en dés**.
2. **Coupez la mangue en cubes**.
3. **Ajoutez-les aux dés de tomate** dans un saladier.
4. Pelez et **émincez l'échalote et ajoutez-la au mélange précédent**.
5. **Salez, poivrez, ajoutez 1 c. à soupe d'huile d'olive et le vinaigre**. Mélangez.
6. Dans un autre saladier, **mélangez la chapelure, les épices à colombo et une pincée de sel**.
7. **Coupez les blancs de poulet en lamelles** de 2 à 3 cm d'épaisseur.
8. **Roulez-les dans la chapelure assaisonnée**.
9. **Faites cuire le poulet** dans une poêle chaude avec un peu d'huile d'olive.
10. **Mettez une poignée de mesclun dans chaque assiette, puis ajoutez le mélange tomate-mangue**.
11. **Ajoutez le poulet** et servez.

Top des avis :

"Excellente salade, plat complet pour l'été quand il fait bien chaud. **Fait avec de la mangue surgelée et du vinaigre balsamique.**"

Elperrinos

DESSERT

11 JANVIER

BROCHETTES DE FRUITS EXOTIQUES

Ingrédients :
Ananas (1 kg) • Oranges (3)
Bananes (3) • Mangues (3)
Noix de coco râpée (200 g)
Citrons verts (2)
Cassonade (100 g)
Rhum (2 c. à soupe)
Pour la crème chantilly :
Crème fleurette (40 cl)
Vanille liquide (1 c. à café)
Sucre glace (100 g)

Pour 10 personnes
Préparation 40 min
Repos 2 h
Très facile
Coût € €

1. **Épluchez les fruits (ananas, oranges, bananes, mangues).**
2. **Coupez les fruits en morceaux d'environ 3 cm de côté et mettez-les dans un saladier.**
3. Pressez les citrons et **versez le jus obtenu sur les fruits préparés.**
4. **Mélangez les fruits avec la cassonade et le rhum.** Couvrez d'un film alimentaire et **laissez macérer au moins 1 h.**
5. **Réalisez 20 brochettes de fruits** avec des piques en bois en alternant les fruits.
6. **Roulez ensuite chaque brochette dans la noix de coco râpée** puis disposez-les sur un plat. Placez le tout au frais 1 h.
7. Dans un bol, **fouettez la crème fleurette avec le sucre glace et la vanille liquide.**
8. Servez les brochettes de fruits accompagnées de crème fouettée vanillée.

Top des avis :

" Du plus bel effet à l'œil et au palais. **J'ai juste troqué la noix de coco contre du chocolat blanc râpé sur les brochettes.** "

Nathalie_657

Astuce : Proposez des brochettes variées en remplaçant certains fruits par du kiwi, des fraises, des litchis.

PLAT

12
JANVIER

LASAGNES AU SAUMON ET ÉPINARDS

Ingrédients :
Lasagnes (1 paquet)
Saumon fumé (300 g)
Épinards en branches surgelés (500 g)
Parmesan fraîchement râpé
Crème liquide (50 cl)
Beurre
Sel, poivre

Pour 4 personnes
Préparation 20 min
Cuisson 25 min
Très facile
Coût € €

1. **Laissez décongeler les épinards** suffisamment longtemps à l'avance.
2. Préchauffez le four à 210 °C.
3. Beurrez un plat à gratin. **Déposez au fond du plat une couche de lasagne puis une couche de saumon, une couche d'épinards et saupoudrez de parmesan.** Recommencez l'opération jusqu'à épuisement des ingrédients.
4. **Versez la crème liquide** préalablement salée et poivrée puis **saupoudrez une dernière fois de parmesan.**
5. **Enfournez pour 25 min.**

Top des avis :

"Très simple à faire et délicieux. Une très bonne alternative aux lasagnes classiques."

loloetolivia

SALADE DE THON, BANANE ET AVOCAT

Ingrédients :
Salade verte (½)
Thon au naturel (100 g)
Avocat (1)
Banane (1)
Moutarde (½ c. à café)
Huile (3 c. à soupe)
Vinaigre (1 c. à soupe)
Sel, poivre

recette proposée par
Chouchou

Pour 2 personnes
Préparation 10 min
Très facile
Coût €

1. Effeuillez et **lavez la salade**. Essorez-la.
2. **Égouttez le thon**. Émiettez-le dans une assiette creuse.
3. **Coupez l'avocat en morceaux et la banane en rondelles.**
4. **Dans chaque assiette, disposez quelques feuilles de salade puis la moitié du thon, de l'avocat et de la banane.**
5. **Préparez une vinaigrette** dans un bol en mélangeant l'huile, la moutarde, le vinaigre, du sel et du poivre.
6. **Versez la vinaigrette sur les assiettes, mélangez** délicatement puis servez.

Top des avis :

"Cette salade est une merveille ! **J'ai utilisé de l'huile de noisette et du vinaigre balsamique**, c'était parfait !" Poussin

"**C'est simple, original, facile, très bon et fait en 5 minutes.** Que demander de plus ?" evinrude

PLAT

14
JANVIER

BŒUF BOURGUIGNON RAPIDE

Ingrédients :
Bœuf pour bourguignon (800 g) • Lardons (100 g)
Champignons de Paris (250 g) • Vin rouge (60 à 70 cl) • Bouquet garni (1)
Oignons (2) • Ail (2 gousses)
Farine (2 c. à soupe)
Beurre (50 g) ou huile d'olive (3 c. à soupe)
Sel, poivre

recette proposée par **Lilia1**

Pour 6 personnes
Préparation 20 min
Cuisson 1 h 15
Très facile
Coût € €

1. **Épluchez l'ail et les oignons. Coupez-les en petits morceaux. Rincez et coupez les champignons.**
2. Dans une cocotte-minute, **faites roussir la viande et les lardons** dans l'huile ou le beurre.
3. **Ajoutez les oignons et les champignons. Saupoudrez de farine et mélangez. Laissez dorer quelques minutes.**
4. **Mouillez avec le vin rouge :** il doit recouvrir la viande. Salez et poivrez. **Ajoutez l'ail et le bouquet garni.**
5. **Fermez la cocotte-minute et laissez cuire sur feu doux** pendant 1 h à partir de la mise en rotation de la soupape.

Top des avis :

" Réalisation très facile. Une vraie réussite pour un premier bourguignon. **Je l'ai préparé la veille pour le lendemain : un régal** ! Grinouna

" Deuxième fois que je fais cette recette et à chaque fois c'est un véritable succès ! **J'ajoute juste des carottes et c'est parfait.** Recette définitivement adoptée. "
Klerzette

DESSERT

15 JANVIER

MOUSSE AU CITRON ET MASCARPONE

Ingrédients :
Mascarpone (250 g)
Jus de citron (10 cl)
Zeste de citron non traité (1)
Sucre (100 g)
Crème fraîche (20 cl)

Pour 6 personnes
Préparation 15 min
Repos 2 h
Très facile
Coût €

1. Dans un saladier, **mélangez le mascarpone avec le sucre, le jus et le zeste du citron.**
2. **Fouettez la crème fraîche** à part.
3. **Incorporez la crème fouettée au mélange au mascarpone.**
4. Placez la mousse au congélateur pendant 2 h.

Top des avis :

“ **J'ai remplacé la crème par deux fromages blancs, ce qui rend cette mousse plus légère et diététique !** Pour l'accompagnement, j'ai dressé cette mousse dans des verrines avec des galettes sablées émiettées et ai disposé quelques framboises dessus, c'était délicieux ! ”

Alice_373

ENTRÉE

17 JANVIER

SALADE PAMPLEMOUSSE-AVOCAT

recette proposée par **nadej**

Pour 4 personnes
Préparation 30 min
Cuisson 2 min
Très facile
Coût €

Ingrédients :

Pamplemousses roses (2)
Avocats bien mûrs (2)
Amandes effilées (2 c. à soupe)

Pour l'assaisonnement :

Mandarine non traitée (1)
Jus de citron (2 c. à soupe)
Miel (2 c. à soupe)
Huile de tournesol (3 c. à soupe)

1. Râpez très finement le zeste de la mandarine.
2. **Pressez la mandarine** pour obtenir 12 cl de jus.
3. Préparez l'assaisonnement : dans un bol, **mélangez le miel et 1 c. à soupe de zeste de mandarine, puis incorporez délicatement les jus de mandarine et de citron. Versez ensuite l'huile.**
4. **Pelez les pamplemousses** en ôtant la pellicule blanche. **Coupez-les en rondelles.**
5. Pelez, dénoyautez et **coupez en morceaux les avocats.**
6. Dans un saladier, **réunissez les morceaux d'avocats et de pamplemousses.**
7. **Faites griller les amandes** dans une poêle antiadhésive à sec (attention de ne pas les brûler).
8. **Versez les amandes dans le saladier puis arrosez de sauce mandarine.** Mélangez et servez.

Top des avis :

"J'ai rajouté des rondelles très fines de carottes : ça donne un petit côté croquant et sucré agréable. Tout le monde a apprécié." Debby_3

PLAT

18 JANVIER

PORC AUX PRUNEAUX ET AUX OIGNONS

recette proposée par
stephanie

Ingrédients :
Rôti de porc (1 kg environ)
Pruneaux (25)
Lardons fumés (100 g)
Oignons (6)
Beurre (50 g)
Bouillon de volaille (25 cl)

Pour 6 personnes
Préparation 15 min
Cuisson 1 h 20
Facile
Coût €

1. Épluchez et **émincez les oignons**.
2. **Chauffez le bouillon dans une casserole**.
3. **Faites fondre le beurre dans une cocotte puis faites-y dorer le rôti** sur toutes ses faces.
4. Retirez le rôti et **remplacez-le par les oignons : faites-les revenir pendant 5 min**.
5. **Ajoutez les lardons puis remettez le rôti. Versez le bouillon. Couvrez et laissez cuire 45 min** (ajoutez de l'eau si nécessaire).
6. **Ajoutez les pruneaux et poursuivez la cuisson pendant 20 min.**

Top des avis :

"Délicieux ! **J'ai ajouté des pommes de terre dans la cocotte avec plus d'eau.**"
Chtibou59

"Pour donner plus de goût, je remplace les oignons par des échalotes, et surtout, **j'ajoute un filet de vinaigre balsamique à mi-cuisson.**" akri

Astuce : Faites gonfler les pruneaux dans du bouillon avant de les ajouter dans la cocotte.

SABAYON AUX POIRES ET AUX AMANDES

Ingrédients :
Poires à chair ferme (3)
Alcool de poire (5 cl)
Amandes grillées (50 g)
Jaunes d'œuf (4)
Beurre (35 g)
Sucre (70 g)

Pour 4 personnes
Préparation 10 min
Cuisson 20 min
Moyennement difficile
Coût € €

1. **Épluchez les poires et découpez-les** en quartiers.
2. **Faites fondre le beurre avec 30 g de sucre** dans une casserole à fond épais puis **faites-y blondir les poires** de chaque côté.
3. Dans un saladier, **mélangez les jaunes d'œuf, l'alcool de poire et 2 c. à café d'eau.**
4. **Placez le saladier au-dessus d'une casserole remplie d'un fond d'eau sur feu doux et fouettez** la préparation jusqu'à ce qu'elle soit mousseuse.
5. **Ajoutez le reste du sucre et continuez de fouetter** jusqu'à l'obtention d'une crème.
6. **Versez le sabayon dans des assiettes chaudes et recouvrez-le de quartiers de poires et d'amandes grillées.**

Top des avis :

"J'ai versé le sabayon dans des petits plats à gratin individuels avec les poires et les amandes puis je les ai fait dorer sous le gril du four quelques minutes." Benoit_456

PLAT

20 JANVIER

FONDUE AU FROMAGE

Ingrédients :
Gruyère mi-salé (200 g)
Vacherin suisse doux (300 g)
Vin blanc, du Valais de préférence (25 cl)
Kirsch (2 cl) • Muscade en poudre • Pain blanc (500 g)
Fécule de maïs (3 c. à café)
Bicarbonate de soude (1 pointe de couteau)
Ail (2 gousses) • Poivre

recette proposée par
Canard

Pour 4 personnes
Préparation 5 min
Cuisson 15 min
Très facile
Coût € €

1. **Coupez les fromages en petits morceaux.**
2. **Coupez le pain en tranches puis en croûtons.**
3. **Frottez le fond et les bords d'un caquelon avec les gousses d'ail dégermées puis écrasez-les. Ajoutez le vin blanc et la fécule. Faites chauffer.**
4. **Ajoutez le fromage et laissez fondre** en remuant sans arrêt avec une spatule en bois.
5. Lorsque le mélange est bien homogène, **ajoutez le kirsch préalablement mélangé au bicarbonate de soude.**
6. **Poivrez, parfumez avec de la muscade puis servez** sans attendre, avec le pain. Maintenez la fondue au chaud.

Top des avis :

"Pour rendre la fondue plus onctueuse, **ajoutez un tout petit peu de fromage à raclette.**"

Zahak

ENTRÉE

21
JANVIER

SOUPE DE CAROTTES AU LAIT DE COCO

Ingrédients :
Carottes (600 g)
Lait de coco (20 cl)
Oignon (1)
Sel

Pour 6 personnes
Préparation 15 min
Cuisson 30 min
Très facile
Coût €

1. **Faites bouillir 1 l d'eau salée.**
2. **Épluchez les carottes, puis coupez-les en rondelles.**
3. **Épluchez l'oignon et coupez-le en morceaux.**
4. **Placez l'oignon et les carottes dans l'eau bouillante** et **laissez cuire** pendant **30 min** à feu moyen.
5. **Mixez** puis **versez le lait de coco.** C'est prêt !

Top des avis :

"**Recette testée en ajoutant un peu de poireau et un cube de bouillon de volaille**. Le résultat est surprenant. Nous avons beaucoup aimé."
Pirouette

"**Très doux et apprécié même par ceux qui n'aiment pas la noix de coco !** Soupe originale à refaire." Semele

SALADE ENDIVES-PAMPLEMOUSSES

Ingrédients :
Endives (5 ou 6) • Tabasco
Pamplemousses roses (2)
Crevettes (12) • Avocat (1)
Noix de pécan (40 g)
Raisins de Corinthe (30 g)
Huile de pépins de raisin (5 c. à soupe) • Vinaigre balsamique (2 c. à soupe)
Moutarde (1 c. à café)
Miel (1 c. à café) • Sel

recette proposée par
Anne 1

Pour 4 personnes
Préparation 35 min
Très facile
Coût € €

1. **Décortiquez les crevettes**.
2. Épluchez et **dénoyautez l'avocat**. **Coupez-le en petits cubes**.
3. **Épluchez les pamplemousses, prélevez les quartiers** en enlevant la peau blanche.
4. **Lavez et essorez les endives**.
5. **Coupez les endives en rondelles**, en gardant quelques demi-feuilles pour la décoration du plat.
6. Dans un grand plat, **mettez les crevettes, les endives, les quartiers de pamplemousses, les cubes d'avocat, les noix et les raisins**.
7. Préparez l'assaisonnement : dans un bol, **mélangez la moutarde, l'huile, le vinaigre et le miel**. **Ajoutez quelques gouttes de Tabasco,** salez.
8. **Versez la sauce sur la salade**, mélangez délicatement et servez.

Top des avis :

"J'ai assaisonné avec 1 c. à soupe de miel mélangée à du vinaigre blanc balsamique. Un résultat très fin et léger." rapraham

"J'ai mis moitié orange moitié pamplemousse pour donner une touche sucrée. Très léger en accompagnement." Sandra_164

TARTE POMMES ET NOIX DE COCO

Ingrédients :
Pommes golden (4)
Pâte brisée (1 rouleau)
Noix de coco en poudre (100 g)
Œuf (1)
Beurre (50 g)
Sucre (100 g)
Farine (20 g)

recette proposée par
Jacqueline_2

Pour 6 personnes
Préparation 15 min
Cuisson 40 min
Très facile
Coût €

1. Préchauffez le four à 180 °C (th. 6).
2. **Étalez la pâte dans un moule à tarte** avec son papier sulfurisé. Piquez le fond avec une fourchette.
3. Pelez les pommes, **coupez-les en lamelles puis disposez-les sur le fond de tarte.**
4. **Mélangez l'œuf, le sucre, le beurre préalablement fondu, la noix de coco et la farine** dans un saladier.
5. **Recouvrez la tarte de cette préparation.**
6. Enfournez et **laissez cuire 40 min.**

Top des avis :

" Tout simplement excellent ! **J'ai juste ajouté quelques gouttes de rhum Negrita et un peu de compote sous les pommes.** " Iletaiunefoi

" Pour que la garniture à base de noix de coco ne soit pas trop épaisse et soit plus facile à étaler sur les pommes, **j'ai ajouté un peu de lait à la préparation**. Je trouve cette tarte excellente. "
Antonine85

PLAT

24 JANVIER

GRATIN DE CROZETS

Ingrédients :
Crozets (500 g)
Beaufort (300 g)
Jambon cru
(5 tranches fines)
Bouillon de volaille (1 cube)
Crème fraîche (5 c. à soupe)
Sel, poivre

recette proposée par
Cocopassions

Pour 6 personnes
Préparation 10 min
Cuisson 35 min
Très facile
Coût €

1. Dans une casserole, **faites bouillir 1 l d'eau avec le cube de bouillon de volaille** et une pincée de sel.
2. **Ajoutez les crozets** et **laissez cuire environ 20 min**.
3. **Râpez le beaufort.**
4. Préchauffez le four à 200 °C (th. 6-7).
5. **Égouttez les crozets.**
6. **Dans un plat à gratin, versez la moitié des crozets et poivrez.**
7. **Déchirez les tranches de jambon cru et répartissez-les** sur les crozets.
8. **Répartissez la moitié du beaufort** sur toute la surface.
9. **Ajoutez la crème fraîche en l'étalant.**
10. **Recouvrez du reste de crozets, poivrez** de nouveau.
11. **Parsemez du reste de beaufort.**
12. **Enfournez** et laissez cuire **jusqu'à ce que le beaufort soit fondu**.

Top des avis :

"Excellent. **J'ai fait revenir** des oignons et des lardons à la place du jambon cru."

Karin_e

ENTRÉE

25
JANVIER

VERRINES FRAÎCHEUR AU CARRÉ FRAIS

recette proposée par
Marjulane_1

Pour 4 personnes
Préparation 30 min
Repos 1 h
Facile
Coût €

Ingrédients :

Avocat (1) • Surimi râpé (3 c. à soupe) • Citron vert (1)
Carré frais (2)
Aneth (1 c. à café)
Saumon fumé (2 tranches)
Crème fleurette (2 c. à soupe)
Poivre du moulin

Pour la décoration :

Œufs de saumon (2 c. à café)
Aneth

1. **Dans 4 verres, répartissez équitablement le surimi râpé.**
2. Dans un bol, **réduisez l'avocat en purée** avec le jus du demi-citron vert. **Répartissez cette purée dans les 4 verres.**
3. Dans un bol, **mixez les Carré frais avec l'aneth, la crème fleurette et un peu de poivre du moulin.**
4. **Répartissez cette crème dans les 4 verres.**
5. **Coupez les tranches de saumon fumé en fines lanières puis disposez-les dans les verres** en essayant de dessiner comme une spirale.
6. **Disposez 3 ou 4 œufs de saumon au centre** (pas plus, c'est juste pour la déco) ainsi que de tout petits brins d'aneth. **Arrosez de quelques gouttes de citron vert, saupoudrez d'un soupçon de poivre du moulin,** et c'est prêt !
7. Placez au réfrigérateur au moins 1 h avant de servir.

Astuce : Remplacez l'aneth par de la ciboulette et piquez un blini joliment découpé dans la verrine, juste avant de servir.

HAMBURGERS AU BACON

Ingrédients :
Pains à hamburger (2)
Steaks hachés (2)
Bacon (2 tranches)
Cheddar (4 tranches)
Salade verte (4 feuilles)
Ketchup
Moutarde
Huile d'olive

recette proposée par
cetrique

Pour 2 personnes
Préparation 10 min
Cuisson 15 min
Facile
Coût €

1. Coupez les pains en deux dans l'épaisseur et badigeonnez chaque face d'un peu d'huile.
2. Lavez puis **ciselez la salade.**
3. **Faites revenir les steaks hachés** dans une poêle avec un peu d'huile. Mettez-les de côté.
4. **Déposez une tranche de cheddar sur chaque steak haché** et laissez fondre.
5. Pendant ce temps, dans une seconde poêle, **mettez chaque moitié de pain à dorer côté mie** (attention, elle peut brûler vite).
6. **Faites griller le bacon** dans la poêle des steaks hachés.
7. Une fois les pains légèrement grillés, **tartinez les bases de ketchup. Déposez un peu de salade puis une tranche de cheddar, un steak et une tranche de bacon.**
8. **Tartinez les chapeaux de moutarde puis déposez-les sur les burgers.**
9. **Posez les burgers dans la poêle. Laissez chauffer 2-3 min** sur feu très doux. Appuyez sur les burgers avec la paume de votre main pour les tasser légèrement. Surveillez que le pain ne brûle pas en dessous.
10. Servez sans attendre.

DESSERT

27
JANVIER

GAUFRES LÉGÈRES

Ingrédients :
Eau gazeuse, limonade ou bière (25 cl)
Lait (25 cl)
Farine (250 g)
Sucre en poudre (50 g)
Œufs (2)
Sel (1 pincée)
Beurre fondu (50 g)

Pour 4 personnes
Préparation 15 min
Repos 1 h
Cuisson 5 min
Très facile
Coût €

1. Dans un saladier, **tamisez la farine, le sel et le sucre.**
2. **Ajoutez le lait et mélangez bien** pour éviter les grumeaux.
3. Séparez les blancs des jaunes d'œuf.
4. **Ajoutez les jaunes d'œuf dans la pâte puis le beurre fondu refroidi et l'eau gazeuse, toujours en remuant bien.**
5. **Montez les blancs d'œuf en neige.**
6. **Incorporez-les délicatement à la pâte.**
7. **Laissez reposer** pendant environ 1 h.
8. **Faites cuire les gaufres 4-5 min** dans un gaufrier.

Top des avis :

"Très bonnes, **j'ai ajouté 1 c. à soupe d'arôme naturel de vanille, et un sachet de sucre vanillé**." Sebat

"Très bonne recette pour 12 gaufres (faite avec 25 cl de bière) : elles sont bien croustillantes et légères. **J'ai laissé la pâte reposer 1 h, et ajouté les blancs d'œuf juste avant la cuisson**."
Sandrine 62850

Astuce : Pour des gaufres un peu plus gonflées, ajoutez un sachet de levure chimique.

PLAT

28
JANVIER

POULPES À LA GALLEGO

Ingrédients :
Poulpes (4 kg)
Persil (1 bouquet)
Fleur de sel
Oignon (1)
Ail (1 à 3 gousses)
Paprika (1 pincée)
Huile d'olive (25 cl)
Huile piquante (facultatif)

recette proposée par
alexa9

Pour 4 personnes
Préparation 10 min
Cuisson 1 h 30
Très facile
Coût € €

1. **Mettez de l'eau à bouillir** dans une grosse marmite.
2. **Plongez-y l'oignon** préalablement pelé et **coupé en deux puis les poulpes entiers. Laissez cuire 1 h 30** environ : le poulpe est cuit quand une lame de couteau y pénètre facilement.
3. Pendant ce temps, lavez, effeuillez et **ciselez le persil**.
4. Épluchez et **hachez l'ail**.
5. Dans un bol, **mélangez l'huile d'olive, l'ail, le persil et le paprika.** Ajoutez éventuellement de l'huile piquante.
6. **Une fois le poulpe cuit, coupez-le en tronçons de 2 cm environ.**
7. **Servez chaud, nappé de sauce et saupoudré de fleur de sel**. Accompagnez ce plat de pommes de terre vapeur.

Top des avis :

"Excellent ! Merci pour cette recette. **Lorsque le poulpe est cuit, je retire la peau noire et les ventouses.**"

Domi45650

29
JANVIER

FEUILLETÉS DE CHÈVRE FRAIS

Ingrédients :
Pâte feuilletée (1 rouleau)
Fromage de chèvre frais (100 g)
Raisins secs (60 g)
Beurre salé (10 g)
Calvados (10 cl)
Jaune d'œuf (1)

Pour 2 personnes
Préparation 15 min
Cuisson 20 min
Très facile
Coût €

1. Préchauffez le four à 210 °C (th. 7).
2. Dans un bol, **faites macérer les raisins secs** dans du calvados une dizaine de minutes.
3. **Découpez 2 carrés dans la pâte feuilletée**.
4. **Faites fondre un peu de beurre salé et badigeonnez-en les carrés de pâte**.
5. **Posez au centre un bon morceau de fromage de chèvre frais et parsemez de raisins macérés**.
6. **Refermez** chaque carré de pâte.
7. **Collez les bords de chaque carré avec le jaune d'œuf puis badigeonnez-en le dessus.**
8. **Enfournez** et laissez cuire **une vingtaine de minutes** : les feuilletés doivent être bien dorés.

Top des avis :

"Délicieux, avec les raisins macérés et un peu de miel."
super_vava

"J'ai adoré ! **J'ai remplacé la pâte feuilletée par une feuille de brick pour que ce soit plus léger.**" saloe

PLAT

30
JANVIER

RISOTTO DE BROCOLIS AUX AMANDES

recette proposée par
Adeline_22

Ingrédients :
Riz brun (175 g)
Amandes grillées
(2 c. à soupe)
Brocolis divisés en petits
bouquets (500 g)
Parmesan râpé (50 g)
Oignon (1) • Bouillon de
volaille (75 cl) • Huile d'olive
(2 c. à soupe)
Sel, poivre

Pour 4 personnes
Préparation 5 min
Cuisson 35 min
Très facile
Coût €

1. Dans une cocotte, **faites revenir l'oignon émincé dans l'huile** pendant 3 min.
2. **Ajoutez le riz et remuez** jusqu'à ce qu'il soit bien enduit d'huile.
3. **Ajoutez progressivement le bouillon de volaille. Portez à ébullition. Salez et poivrez.**
4. **Ajoutez 1 c. à soupe d'amandes grillées.**
5. **Couvrez et laissez mijoter pendant 15 min.**
6. **Ajoutez les brocolis et laissez cuire encore 15 min** jusqu'à ce que le bouillon soit absorbé.
7. **Ajoutez le parmesan** et mélangez bien.
8. Saupoudrez le plat avec les amandes grillées et servez sans attendre.

Top des avis :

" Je n'ai pas mis les amandes par souci diététique et **j'ai servi ce risotto avec du saumon grillé** : une merveille. Merci. "
Annelaure_344

" Vraiment bon. **J'ai rajouté une dose de safran à la fin de la cuisson pour donner une belle couleur au riz...** Très joli plat ! "
Sophie_1638

DESSERT

31
JANVIER

TARTE TATIN

Ingrédients :
Pommes golden (8)
Pâte feuilletée (1 rouleau ou faite maison)
Cannelle en poudre (1 c. à café)
Sucre vanillé (2 sachets)
Sucre en poudre (100 g)
Beurre (100 g)

recette proposée par **Marie**

Pour 6 personnes
Préparation 30 min
Cuisson 40 min
Moyennement difficile
Coût €

1. Préchauffez le four à 200 °C (th. 6-7).
2. **Épluchez les pommes. Coupez-les en deux ou en quatre** et enlevez le cœur.
3. **Faites fondre le beurre dans une casserole, ajoutez le sucre en poudre et laissez fondre de manière à obtenir un caramel.**
4. Dès que le caramel commence à avoir une jolie couleur dorée, **versez-le dans le fond d'un moule à tarte rond antiadhésif.**
5. **Disposez les pommes en couronne dans le moule et saupoudrez-les de sucre vanillé et de cannelle.**
6. **Déposez la pâte feuilletée dessus en enfonçant bien les bords à l'intérieur** du moule.
7. **Enfournez pour 35-40 min.**
8. À la sortie du four, **retournez la tarte sur un plat** et servez tiède.

Top des avis :

"Une magnifique recette. La tarte est très savoureuse et les pommes fondantes à souhait. **Servie tiède avec une boule de glace vanille, c'est un régal !**" Fredobiwan

Astuce : Serrez bien les pommes dans le moule pour ne pas qu'elles se délitent à la cuisson.

PLAT

1er FÉVRIER

FILET MIGNON EN CROÛTE

Ingrédients :
Filet mignon de porc (200 g)
Pâte feuilletée (½ rouleau)
Jambon cuit (½ tranche)
Pruneaux dénoyautés (3)
Oignons (2 petits)
Miel (½ c. à soupe)
Sucre (3 c. à soupe)
Huile d'olive (½ c. à soupe)
Eau (5 cl)
Jaune d'œuf (1)

recette proposée par
marie_2827

Pour 2 personnes
Préparation 20 min
Cuisson 50 min
Très facile
Coût € €

1. Préchauffez le four à 180 °C (th. 6).
2. **Émincez finement les oignons**.
3. Dans une poêle, **réduisez-les à feu moyen dans l'huile d'olive**.
4. Une fois qu'ils sont colorés, **versez l'eau, le sucre et le miel**. Mélangez constamment à feu doux (10 min), pour ne pas qu'ils brûlent, jusqu'à ce qu'il n'y ait plus d'eau. Mettez de côté.
5. Dans la même poêle, **faites revenir le filet mignon pendant 10 min**. Mettez de côté.
6. **Étalez la pâte**.
7. **Mettez** au centre **la tranche de jambon, les oignons confits, les pruneaux** préalablement coupés en deux **et le filet mignon**.
8. **Fermez la pâte, comme un paquet cadeau**.
9. **Enduisez-la de jaune d'œuf**.
10. **Mettez au four 30 min** (surveillez bien la cuisson).
11. Servez chaud, accompagné d'une salade.

Top des avis :

"Excellente recette ! J'ai remplacé le porc par un filet d'agneau et j'ai utilisé des abricots secs."

Cloduy

CRÊPES À LA FLEUR D'ORANGER

recette proposée par
Sophielilou05

Ingrédients :
Eau de fleur d'oranger (5 c. à soupe)
Lait (50 cl)
Farine (300 g)
Œufs (2)
Sucre (150 g)
Huile (2 c. à soupe)
Beurre fondu (50 g)
Sel (1 pincée)

Pour 10 crêpes
Préparation 10 min
Repos 1 h
Cuisson 15 min
Facile
Coût €

1. Dans un saladier, **mélangez la farine et le sucre.** Formez un puits.
2. **Ajoutez les œufs, l'huile, le beurre fondu, le sel et l'eau de fleur d'oranger.**
3. **Versez le lait progressivement** tout en remuant avec une cuillère en bois : adaptez la quantité de lait à la consistance de la pâte.
4. Homogénéisez la pâte au batteur électrique ou au fouet très énergiquement : la pâte ne doit pas être trop liquide ni trop pâteuse.
5. **Laissez reposer** une bonne heure au réfrigérateur.
6. Faites chauffer une crêpière antiadhésive ou une poêle (ajoutez alors une noisette de beurre) et faites-y cuire les crêpes une à une.

Top des avis :

"La fleur d'oranger donne à ces crêpes un parfum d'enfance et de vacances ! **Je mets un peu moins de lait, mais c'est selon les goûts de chacun !** " MissPoipois

Astuce : Remplacez la fleur d'oranger par du rhum.

CROISSANTS AU JAMBON

Ingrédients :
Pâte feuilletée (1 rouleau)
Jambon blanc (4 tranches)
Gruyère râpé (60 g)
Huile (2 c. à soupe)
Farine (1 c. à café)
Vin blanc sec (3 c. à soupe)
Moutarde forte (1 c. à soupe)
Crème fraîche (3 c. à soupe)
Beurre (15 g) • Oignon (1)
Jaune d'œuf (1)

Pour 8 croissants
Préparation 35 min
Cuisson 25 min
Très facile
Coût €

1. Préchauffez le four à 180 °C (th. 6).
2. Pelez et **émincez l'oignon**.
3. Dans une poêle, **faites-le dorer dans l'huile**.
4. **Ajoutez la farine et le vin**. Faites cuire 5 min.
5. Dans un bol, **fouettez la moutarde et 2 c. à soupe de crème fraîche**.
6. **Incorporez l'oignon cuit**.
7. **Déroulez la pâte feuilletée. Coupez 8 triangles réguliers**.
8. **Nappez chaque triangle de pâte de crème fraîche, recouvrez de jambon puis de mélange à l'oignon**.
9. **Saupoudrez de gruyère râpé une moitié de chaque triangle de pâte**, en partant du côté le plus long.
10. **Roulez chaque triangle en croissant**.
11. Beurrez la plaque du four.
12. **Badigeonnez les croissants de jaune d'œuf battu** puis déposez-les sur la plaque.
13. **Enfournez-les** et laissez-les cuire pendant **20 min**.
14. Servez aussitôt.

Top des avis :

"Magnifique ! **J'ai coupé la pâte feuilletée en douze au lieu de huit**." katoche

ENTRÉE

4
FÉVRIER

WRAPS AVOCATS-CREVETTES

recette proposée par **Kaela16**

Ingrédients :
Wraps (4)
Crevettes roses cuites (300 g)
Avocats bien mûrs (3)
Fromage frais à tartiner (100 g)
Ciboulette (quelques brins)

Pour 4 personnes
Préparation 30 min
Repos 1 h
Facile
Coût €

1. **Ciselez la ciboulette.**
2. **Coupez la chair des avocats en cubes.**
3. **Coupez les crevettes décortiquées en morceaux.**
4. **Tartinez les wraps de fromage frais.**
5. **Répartissez la ciboulette ciselée, les cubes d'avocats et les morceaux de crevettes sur chaque wrap.**
6. **Roulez les wraps** et entourez-les avec du film alimentaire.
7. **Placez 1 h au réfrigérateur.**
8. Enlevez le film alimentaire, **tranchez les extrémités des wraps à l'aide d'un couteau cranté.**
9. **Découpez chaque wrap en tronçons** en les maintenant constamment pour ne pas qu'ils s'ouvrent.
10. **Piquez chaque tronçon d'une pique.**

Top des avis :

" Très facile et très rapide à faire. Un délice ! Ajouter du citron sur l'avocat et **remplacer la ciboulette par de la menthe.** " Angela68

Astuce : Ajoutez sur chaque pique une demi-tomate cerise.

CASSOLETTES DE RAVIOLES

Ingrédients :
Ravioles de Royan (1 paquet)
Beurre à l'ail (30 g)
Parmesan râpé ou en copeaux (60 g)
Crème fraîche (3 grosses c. à soupe)

recette proposée par
Celine_4

Pour 4 personnes
Préparation 10 min
Cuisson 10 min
Très facile
Coût €

1. Préchauffez le grill du four.
2. **Faites cuire les ravioles** 2 min dans une casserole d'eau bouillante.
3. Pendant ce temps, dans une petite casserole, **faites chauffer la crème avec le beurre à l'ail.**
4. **Égouttez les ravioles et répartissez-les dans des petits ramequins ou des cassolettes.**
5. **Versez dessus le mélange crème-beurre à l'ail.**
6. **Saupoudrez de parmesan et faites dorer** 5 min sous le gril du four.
7. Servez aussitôt.

Top des avis :

"Rapide, excellent et facile à faire. **Je n'avais pas de beurre à l'ail alors je l'ai remplacé par du Tartare."** Arnapa

"Très bon parsemées d'un peu de jambon cuit." corine_2720

Astuce : Vous pouvez remplacer le beurre à l'ail par du roquefort ou du bleu.

6
FÉVRIER

SOUPE DE LÉGUMES ENTIERS

Ingrédients :
Pâte de curry biryani cumin et coriandre médium (1 c. à s.)
Lait de coco (2 c. à s.) • Lentilles corail (1 petit verre) • Navets (2)
Carottes (2) • Pomme de terre (1)
Blanc de poireau (1) • Oignons (2)
Potiron (200 g) • Gingembre (3 cm)
Coriandre (½ bouquet) • Sel
Concentré de tomates (2 c. à s.)
Bouillon de volaille (1 cube)

recette proposée par
salome_3

Pour 4 personnes
Préparation 15 min
Cuisson 45 min
Facile
Coût €

1. Épluchez et **émincez les oignons**.
2. **Faites-les revenir dans une cocotte en fonte dans la pâte d'épices** (elle est déjà très grasse, inutile de rajouter de l'huile).
3. Quand les oignons sont translucides, **ajoutez 1 l d'eau tiède dans lequel vous aurez préalablement dilué le cube de bouillon de volaille.** Portez à ébullition.
4. Pendant ce temps, lavez, **épluchez les légumes et coupez-les en gros morceaux**. Épluchez et **râpez le gingembre**.
5. **Ajoutez les légumes dans la cocotte puis laissez cuire 20 min** à gros bouillons.
6. Au bout de ce temps, **ajoutez les lentilles préalablement rincées, le concentré de tomates et le gingembre**. **Laissez cuire encore 15 min** à feu plus doux.
7. Enfin, **ajoutez le lait de coco et la coriandre grossièrement hachée** puis **poursuivez la cuisson encore 5 min**.
8. Salez si besoin puis servez.

Top des avis :

"Très facile et délicieuse !
J'ai un peu augmenté
les proportions et mis des tomates
pelées à la place du concentré."

Solenn66

PLAT

7 FÉVRIER

PIZZA AU FROMAGE

Ingrédients :
Pâte à pizza (1 rouleau)
Coulis de tomates (500 g)
Gruyère râpé (250 g)
Basilic
Sel, poivre

Pour 4 personnes
Préparation 10 min
Cuisson 30 min
Très facile
Coût €

1. Préchauffez le four à 210 °C.
2. **Étalez la pâte à pizza dans un plat à tarte, piquez-la avec une fourchette.**
3. **Étalez le coulis de tomates** sur la pâte.
4. **Couvrez de gruyère râpé.** Saupoudrez de quelques herbes selon vos goûts. Salez et poivrez.
5. **Enfournez pour 30 min environ.**

Top des avis :

“Merci pour cette excellente recette. Nous nous sommes régalés. **J'ai ajouté une échalote émincée dans le coulis.**”

Marianne20

“Tout simplement excellente ! **Elle est encore meilleure accompagnée d'une salade.**”

Apollineramier

Astuce : Parsemez la pizza d'origan juste avant de l'enfourner.

ENTRÉE

8
FÉVRIER

POMMES DE TERRE AU SAUMON

Ingrédients :
Saumon fumé (4 à 6 tranches)
Miettes de crabe en boîte (150 g) • Avocats (2)
Œufs de lump noirs (100 g)
Pommes de terre (8)
Échalotes (2)
Pour l'assaisonnement :
Huile d'olive (4 c. à soupe)
Vinaigre de vin (1,5 c. à soupe) • Sel, poivre

Pour 6 personnes
Préparation 25 min
Cuisson 25 min
Très facile
Coût € €

1. **Pelez les pommes de terre**. Coupez-les en deux.
2. **Faites cuire les pommes de terre** dans de l'eau salée en veillant à ce qu'elles restent fermes.
3. Pendant ce temps, épluchez et **émincez les échalotes**.
4. **Égouttez le crabe**.
5. Pelez **les avocats** et **coupez-les en petits morceaux**.
6. **Coupez les pommes de terre en gros cubes** et **répartissez-les dans le fond du plat de service** : elles doivent être encore chaudes.
7. **Recouvrez-les d'une couche d'échalotes et de crabe émietté, puis de cubes d'avocats**.
8. **Coupez les tranches de saumon en lamelles et répartissez-les sur la salade**.
9. Pour terminer, **répartissez les œufs de lump**.
10. Préparez l'assaisonnement : dans un bol, **mélangez l'huile, le vinaigre, du sel et du poivre**.
11. **Versez la vinaigrette sur la salade**, mélangez et servez.

Top des avis :

"J'ai juste ajouté de la moutarde dans la vinaigrette. Merci !"

Maelle_71

DESSERT

9 FÉVRIER

BUGNES

Ingrédients :
Cognac (1 c. à café)
Farine (500 g)
Œufs (3)
Sucre (2 c. à soupe)
Crème liquide (12,5 cl)
Huile pour friture (1 l)
Sucre glace

Pour 4 personnes
Préparation 20 min
Cuisson 20 min
Repos 1 h
Très facile
Coût €

1. Dans un saladier, **mélangez le sucre et la crème liquide.**
2. **Ajoutez les autres ingrédients (sauf l'huile et le sucre glace) et mélangez vivement** de manière à obtenir une pâte lisse.
3. Laissez reposer 1 h.
4. **Étalez la pâte** au rouleau, puis **découpez-la en rectangles**.
5. Étalez ces derniers afin qu'ils soient les plus fins possibles.
6. **Faites chauffer l'huile** dans une sauteuse puis **faites-y frire les rectangles de pâte** : ils doivent être bien dorés.
7. **Égouttez-les puis saupoudrez-les de sucre glace.**

Top des avis :

“**J'ai étalé ma pâte avec une machine à pâte**, ça m'a fait gagner beaucoup de temps !”
anthu

“Au lieu de mettre de la crème, je mets du lait et un peu de beurre fondu, et **je remplace le cognac par du rhum**.”
Romue

ENTRÉE

10
FÉVRIER

VELOUTÉ DE BROCOLIS

recette proposée par **Isa77**

Ingrédients :
Brocolis (1 kg)
Bouquet garni (1)
Crème fraîche (25 cl)
Oignons (2 gros)
Bouillon de volaille (1,5 l, soit 3 cubes)
Beurre • Sel, poivre

Pour 6 personnes
Préparation 20 min
Cuisson 40 min
Très facile
Coût €

1. **Nettoyez les bouquets de brocolis, raccourcissez les trognons de 5 cm et retirez les feuilles.**
2. Épluchez et **émincez finement les oignons.**
3. **Faites fondre les oignons à feu doux** dans une noix de beurre.
4. **Ajoutez les brocolis. Mouillez avec le bouillon de volaille et portez à ébullition. Ajoutez le bouquet garni puis laissez mijoter 30 min** jusqu'à ce que les brocolis soient cuits à point.
5. **Mixez le tout, ajoutez la crème et assaisonnez** à votre goût.

Top des avis :

"Vraiment très bon ! **J'ai ajouté un peu de curcuma pour « épicer » la recette.**" Mimite

"Excellent velouté. Très bon goût de brocolis. **C'est diététique.** De plus, il se congèle à merveille !" Carine_617

PÂTES ALSACIENNES (KNEPFLES)

Ingrédients :
Fromage blanc ou yaourt nature (350 g)
Œufs (3)
Farine (250 g)
Beurre (20 g)
Sel, poivre

recette proposée par **laurence_165**

Pour 4 personnes
Préparation 15 min
Cuisson 15 min
Repos 20 min
Facile
Coût €

1. Dans un saladier, **mélangez le fromage blanc (ou le yaourt), les œufs, la farine, 3 pincées de sel et du poivre**.
2. **Laissez reposer** cette pâte **20 min**.
3. **Faites bouillir de l'eau salée**. Prenez 2 c. à café et **faites tomber des portions de pâte dans l'eau bouillante.** Procédez en plusieurs fois.
4. **Dès que les knepfles sont cuits, ils remontent à la surface**.
5. **Faites chauffer le beurre dans une poêle. Sortez les knepfles cuits au fur et à mesure** avec une écumoire et transférez-les dans la poêle. **Faites-les revenir 10 min.**

Top des avis :

"Pour ceux qui n'arrivent pas à faire de petites portions, **déposez la pâte sur une planche à découper et coupez-la en lamelles.**"

rebeccam2003

DESSERT

12
FÉVRIER

SALADE DE FRUITS HIVERNALE

recette proposée par **Musclor**

Ingrédients :
Clémentines (2)
Kiwis (2)
Pomme (1,5)
Mangue (2 tranches)
Banane (1)
Menthe (1 petit bouquet)
Pour l'assaisonnement :
Oranges (2)
Cannelle en poudre
(½ c. à café)

Pour 4 personnes
Préparation 15 min
Repos 10 min
Facile
Coût € €

1. **Épluchez tous les fruits** (sauf les oranges).
2. **Coupez les fruits** en fines lamelles ou en petits dés.
3. **Mélangez le tout** dans un grand saladier.
4. **Pressez ensuite les oranges**.
5. **Ajoutez le jus d'orange dans la salade**.
6. **Saupoudrez de cannelle et parsemez de menthe** préalablement **lavée et effeuillée**.
7. Mélangez puis **mettez au frais** 10 min.
8. Servez dans des coupelles.

Top des avis :

"Je n'ai pas mis de pomme, par contre, **j'ai ajouté un peu de rhum et deux étoiles de badiane**, un délice." Natholh

"**Dessert frais et léger. Idéal après les repas un peu trop caloriques de la saison froide.** Pas de sucre, juste ce qu'il faut de cannelle et pas de pomme !" Nicole_2075

Astuce : Vous pouvez également ajouter une poire.

PLAT

13
FÉVRIER

PÂTES AU THON CITRONNÉ

Ingrédients :
Spaghettis (400 g)
Thon au naturel (250 g)
Citron (1)
Crème liquide (25 cl)
Ail (1 ou 2 gousses)
Origan (1 pincée)
Sel, poivre

Pour 4 personnes
Préparation 30 min
Cuisson 20 min
Très facile
Coût €

1. **Pressez le citron.**
2. **Faites cuire les pâtes** dans une casserole d'eau bouillante salée.
3. Pendant ce temps, dans une poêle, **faites revenir le thon égoutté dans le jus du citron** jusqu'à ce que celui-ci l'ait absorbé.
4. **Ajoutez l'ail** préalablement épluché et coupé en petits morceaux, **puis l'origan.** Salez légèrement et poivrez.
5. **Ajoutez la crème** et mélangez. Laissez mijoter un court instant.
6. **Égouttez les pâtes, remettez-les dans la casserole et recouvrez-les de sauce au thon.**
7. Servez aussitôt !

Top des avis :

"Excellent et en plus vraiment pas cher. Le thon prend bien le goût du citron. À recommander pour les fins de mois difficiles !"

Beaba_28

Astuce : N'hésitez pas à ajouter un peu de ciboulette fraîche en fin de préparation, cela donnera une belle couleur à vos pâtes !

ENTRÉE

14
FÉVRIER

PETITS VERRES DE FOIE GRAS

Ingrédients :
Foie gras
mi-cuit (2 tranches)
Figues sèches (2)
Abricots secs (2)
Pistaches non salées (4)
Noisettes (2)
Gelée en sachet (2)
Groseilles (2 grappes)

recette proposée par
Anita_11

Pour 2 personnes
Préparation 20 min
Repos 3 h
Très facile
Coût € €

1. **Coupez les figues, les abricots et le foie gras en petits dés.**
2. **Écrasez les noisettes et les pistaches à l'aide d'un mortier.**
3. **Dans un verre, déposez les dés d'abricots dans le fond puis les dés de foie gras et les dés de figues sèches.**
4. **Recouvrez de pistaches et de noisettes écrasées.**
5. **Préparez la gelée** en suivant les indications sur le sachet.
6. **Coulez la gelée dans la verrine** et placez au réfrigérateur au moins 3 h.
7. Au moment de servir, accrochez une grappe de groseilles sur le bord du verre.

Top des avis :

" J'ai surpris tout le monde avec cette verrine ! Ça revient un peu cher mais on peut la décliner avec des morceaux de blanc de poulet saisis avec une épice de son choix. "

Henrick_1

Astuce : Réalisez cette recette en terrine et coupez-la en cubes au moment du service.

DESSERT

16
FÉVRIER

GRATIN DE KIWIS ET DE POIRES

Ingrédients :
Kiwis (4)
Poires (2)
Poudre d'amandes (20 g)
Crème liquide (15 cl)
Jaunes d'œuf (2)
Sucre (50 g)
Beurre (15 g)
Vanille liquide (1 c. à café)
Jus de citron (1 c. à soupe)

Pour 4 personnes
Préparation 10 min
Cuisson 15 min
Facile
Coût €

1. Préchauffez le four à 210 °C.
2. Épluchez les kiwis.
3. Pelez les poires, retirez les trognons et arrosez-les de jus de citron.
4. Coupez les poires et les kiwis en tranches fines.
5. Disposez les fruits dans un plat à gratin beurré.
6. Dans un saladier, mélangez la crème liquide, la poudre d'amandes, les jaunes d'œuf, le sucre et la vanille. Nappez-en les fruits.
7. Enfournez pour 15 min.
8. Servez le gratin tiède, accompagné de glace vanille.

Top des avis :

"Les kiwis citronnés s'accordent parfaitement avec la crème amandine aux poires. Très bonne recette !"
Mariececile

"J'ai remplacé les poires par des tranches de banane, j'ai ajouté des oranges, c'était très bon. **Les fruits étant très mûrs, j'ai diminué la quantité de sucre.** Un délice !" Sonia_271

BULGOGI (BŒUF SAUTÉ)

Ingrédients :
Viande de bœuf (400 g)
Soju : alcool de riz coréen (2 c. à soupe)
Jus de poire (1 c. à soupe)
Huile de sésame (1 c. à soupe)
Graines de sésame
Sauce soja (5 c. à soupe)
Sucre (½ c. à soupe)
Ail haché (1 c. à soupe)

recette proposée par
Coxicoxi

Pour 3 personnes
Préparation 20 min
Cuisson 5 min
Repos 30 min
Facile
Coût € €

1. **Coupez le bœuf en lanières.**
2. Dans un plat, **mélangez la sauce soja, l'huile de sésame, le sucre, l'ail, le soju et le jus de poire.**
3. **Ajoutez les lanières de bœuf et laissez-les mariner** pendant 30 min (mais pas plus).
4. **Faites griller le bœuf** avec la marinade dans une poêle.
5. **Servez, parsemé de graines de sésame.**

Top des avis :

"Très bon ! **J'ai mis la viande à cuire avec la marinade, des champignons et des oignons.**" FloMagic

ENTRÉE

18
FÉVRIER

TERRINE DE CHÈVRE AUX BETTERAVES

Ingrédients :
Betteraves rouges cuites (3)
Chèvre mi-frais (250 g)
Salade (1)
Cerneaux de noix
Huile de noix (3 c. à soupe)
Vinaigre (1 c. à soupe)
Sel, poivre

recette proposée par
maud_1

Pour 6 personnes
Préparation 20 min
Repos 12 h
Facile
Coût €

1. **Coupez les betteraves en tranches de 5 mm d'épaisseur** environ et étalez-les sur du papier absorbant.
2. **Coupez le chèvre en tranches**.
3. **Enrobez un moule à cake** (pas trop grand) **de film alimentaire** et **alternez 1 couche de betteraves et 1 couche de tranches de fromage**. Arrosez d'huile.
4. **Recommencez cette opération jusqu'à épuisement des ingrédients**.
5. **Rabattez le film, disposez un poids sur la terrine et laissez au frais environ 12 h**.
6. Coupez la terrine en tranches et servez avec la salade assaisonnée du reste d'huile, du vinaigre et des noix.

Top des avis :

"C'est délicieux et, niveau présentation, c'est magnifique, ça fait de l'effet ! **Personnellement, j'ai mélangé le fromage frais avec de la feta**." rachel_7

Astuce : Pour plus de texture, ajoutez des cerneaux de noix entre les couches.

PLAT

19
FÉVRIER

CHOUCROUTE

Ingrédients :
Choucroute (1 kg) • Lard fumé (350 g) • Palette (350 g)
Saucisses de Strasbourg (4)
Saindoux (1 c. à soupe)
Baies de genièvre (10 grains)
Riesling (25 cl) • Pommes de terre (350 g) • Ail (2 gousses)
Laurier (1 feuille) • Oignon (1)
Clous de girofle (2)

Pour 4 personnes
Préparation 30 min
Cuisson 2 h
Facile
Coût € €

1. **Rincez la choucroute sous l'eau froide**, égouttez-la, puis **versez-en la moitié dans un faitout**.
2. **Déposez ensuite le lard fumé et la palette, puis recouvrez-les du reste de choucroute**.
3. Ajoutez le saindoux, les gousses d'ail entières non pelées, les baies de genièvre, le laurier et l'oignon préalablement épluché et piqué de 2 clous de girofle. **Arrosez de vin blanc**.
4. **Laissez cuire** à couvert à feu doux pendant **1 h**.
5. **Ajoutez les pommes de terre préalablement épluchées** et **poursuivez la cuisson pendant 50 min**.
6. **Ajoutez les saucisses** et **laissez cuire 10 min** supplémentaires. Servez.

Top des avis :

"Je trouve cette choucroute encore meilleure lorsqu'on remplace le saindoux par de la graisse de canard."

Poupette57ful

DESSERT

20
FÉVRIER

CRÈMES À LA BANANE

Ingrédients :
Bananes (10 bien mûres)
Perles du Japon
(8 c. à soupe)
Lait de coco (40 cl, en boîte)
Sucre (100 g)
Sel (1 pincée)

recette proposée par
marianne_232

Pour 6 personnes
Préparation 10 min
Cuisson 20 min
Très facile
Coût €

1. **Récupérez la crème au-dessus du lait de coco** et réservez-la.
2. Dans une casserole, **versez 75 cl d'eau, le lait de coco, le sucre, le sel et les perles du Japon. Portez à ébullition** puis **laissez cuire 3 min**.
3. Épluchez et **coupez 9 bananes en rondelles** puis la dernière en tranches que vous mettrez de côté.
4. **Ajoutez les rondelles dans la casserole, mélangez jusqu'à ébullition puis laissez cuire 10 min** en remuant sans cesse.
5. **Coupez le feu et ajoutez la crème de coco**. Mélangez.
6. **Versez la crème dans des ramequins et ajoutez** une tranche de banane sur le dessus pour une jolie présentation. Servez frais.

Top des avis :

“ Je l'ai faite avec du tapioca et mangée tiède ! ”

lamayo

SALADE DE BETTERAVES AUX NOIX

recette proposée
par **Dominique_7**

Ingrédients :

Betteraves cuites (2)
Yaourt grec (1)
Cerneaux de noix (15)
Ail (1 gousse)
Vinaigre (1 c. à soupe)
Sel, poivre

Pour 4 personnes
Préparation 10 min
Repos 2-3 h
Très facile
Coût €

SALADE DE BETTERAVES AUX NOIX

1. Épluchez et **coupez les betteraves en petits cubes**.
2. **Écrasez grossièrement les cerneaux de noix**.
3. Épluchez et **hachez l'ail**.
4. **Dans un grand bol, mélangez tous les ingrédients** : betteraves, noix, yaourt, ail et vinaigre. Salez et poivrez.
5. **Laissez reposer quelques heures au frais** avant de servir.

Top des avis :

"Testée avec du yaourt bulgare, excellent ! " celine

" J'ai apprécié l'originalité de la recette et, **avec du vinaigre de framboise, c'est extra.** "
jbroux01

23
FÉVRIER

NOIX DE SAINT-JACQUES AU MIEL

Ingrédients :
Noix de Saint-Jacques (10)
Pomme type golden
ou royal gala (1)
Curry (2 pointes de couteau)
Miel (1 c. à soupe)
Crème fraîche (4 c. à soupe)
Beurre (20 g)
Sel, poivre

recette proposée par
Fanny_4

Pour 2 personnes
Préparation 20 min
Cuisson 15 min
Très facile
Coût € €

1. **Épluchez et coupez la pomme en petits cubes.**
2. **Faites-les revenir dans une poêle chaude avec le beurre.** Rajoutez un peu d'eau si besoin : les morceaux de pomme doivent être cuits, mais pas caramélisés. Retirez-les de la poêle.
3. **Dans cette même poêle, versez la crème fraîche, le curry, le miel, salez et poivrez.**
4. **Faites chauffer très doucement (sur feu doux) puis ajoutez-y les noix de Saint-Jacques et laissez cuire toujours très doucement pendant environ 3 ou 4 min.**
5. **Servez 5 noix de Saint-Jacques par assiette, nappez-les de sauce.** Laissez de la place sur un côté de l'assiette pour y **déposer quelques dés de pomme.**

Top des avis :

" Excellente recette, rapide à réaliser. Je l'ai accompagnée de riz. **J'ai simplement mis un peu moins de miel et un peu plus de curry.** Délicieux ! " Gaelle_514

" Excellente et facile, merci pour cette recette. **J'essaierai de saisir les Saint-Jacques la prochaine fois avant de les cuire dans la sauce.**" Stephanie_1762

DESSERT

24 FÉVRIER

GASPACHO D'ANANAS

Ingrédients :
Ananas bien mûr (½)
Menthe fraîche
Glaçons (5)
Eau (10 cl)
Sucre de canne (50 g)

recette proposée par
shirley_24

Pour 2 personnes
Préparation 15 min
Repos 2 h minimum
Très facile
Coût €

1. **Pelez l'ananas** en prenant soin de bien retirer les « yeux ».
2. **Coupez le demi-ananas en deux. Retirez le cœur** (la partie dure au centre).
3. **Coupez une moitié en gros morceaux**.
4. **Mettez-les dans un mixeur avec des glaçons, le sucre de canne et l'eau**.
5. **Mixez** jusqu'à obtenir une soupe (il ne doit plus rester de morceaux). Versez dans un saladier.
6. **Coupez le reste de l'ananas en tout petits dés. Mettez-les dans le saladier avec la soupe d'ananas**.
7. **Ciselez quelques feuilles de menthe fraîche** (conservez-en pour la décoration) et **ajoutez-la au reste de la préparation**. Mélangez bien le tout.
8. **Conservez au réfrigérateur au minimum 2 h**.
9. Au moment de servir, **remplissez des petits ramequins et décorez avec la menthe**.

Top des avis :

"Très bon et très frais, nous avons été conquis ! **Ne pas hésiter sur la menthe, cela donne un goût extra !**" mimichou

WELSH DU NORD

Ingrédients :
Pain de campagne (4 tranches)
Cheddar (800 g)
Bière blonde (25 cl)
Jambon blanc (2 tranches)
Gruyère râpé (50 g)
Œufs (4)
Noix de muscade (2 pincées)
Beurre (10 g)

recette proposée par
aurelie_139

Pour 4 personnes
Préparation 5 min
Cuisson 15 min
Très facile
Coût €

1. Préchauffez le gril du four.
2. **Faites dorer le pain dans une poêle avec un peu de beurre**.
3. **Coupez le cheddar en petits cubes**.
4. **Mettez les cubes de cheddar dans une casserole, ajoutez la bière et la muscade et laissez fondre**.
5. Hors du feu, **ajoutez les œufs battus**.
6. **Dans un plat à gratin, déposez le pain, les tranches de jambon puis versez la préparation au fromage sur l'ensemble**.
7. **Parsemez de gruyère râpé**.
8. **Laissez gratiner** 3 min sous le gril du four.

Top des avis :

"Excellent, je conseille d'ajouter un peu de sauce Worcestershire."

Tsush

ENTRÉE

26
FÉVRIER

VELOUTÉ DE TOPINAMBOURS AU MIEL

Ingrédients :
Topinambours (500 g)
Miel (2 c. à café)
Bouillon de volaille (1 cube)
Crème liquide (25 cl)
Huile d'olive (2 c. à soupe)
Noix de muscade (1 pincée)
Sel, poivre

recette proposée par
Catherine_1671

Pour 6 personnes
Préparation 20 min
Cuisson 45 min
Très facile
Coût € €

1. **Pelez et rincez les topinambours. Coupez-les en dés.**
2. Dans une casserole, chauffez l'huile d'olive. Faites revenir les topinambours 3 min à feu doux. **Ajoutez le miel.** Laissez cuire 1 à 2 min sans cesser de mélanger.
3. **Versez 50 cl d'eau** et portez à ébullition. **Ajoutez le cube de bouillon puis la crème liquide.**
4. Couvrez et **laissez cuire pendant 40 min** à feu doux.
5. **Mixez** le contenu de la casserole pour obtenir un velouté. Salez, poivrez et ajoutez la muscade.
6. Servez dans de jolis bols ou des assiettes creuses.

Top des avis :

" **Ce velouté est délicieux. Tout le monde s'est régalé.** Malgré la simplicité de la recette, ce velouté « en jette » ! À refaire très souvent ! " Floke 79

Astuce : Présentez ce velouté dans de jolies verrines et déposez dessus, juste avant de servir, quelques lamelles de lard grillées.

PLAT

27
FÉVRIER

LOUP EN PAPILLOTE

Ingrédients :
Filets de loup (4)
Câpres (1 c. à soupe)
Tomates séchées (6)
Olives noires dénoyautées (4)
Citron non traité (1)
Paprika (1 c. à café)
Échalotes (2)
Ail (1 gousse)
Sel, poivre

recette proposée par
Helene_134

Pour 4 personnes
Préparation 15 min
Cuisson 20 min
Très facile
Coût € €

1. Préchauffez le four à 180 °C (th. 6).
2. Épluchez et **hachez les échalotes**. Épluchez, dégermez et **écrasez l'ail**.
3. **Hachez finement les tomates séchées. Coupez les olives en petits morceaux**.
4. **Prélevez le zeste du citron puis pressez-le**.
5. **Découpez 4 carrés de papier sulfurisé** puis **déposez sur chacun d'eux 1 filet de loup**.
6. **Recouvrez chaque filet de loup d'échalotes, de câpres, d'ail, de tomates séchées, de zeste et de jus de citron puis d'olives**.
7. Salez et poivrez, **saupoudrez de paprika puis fermez** hermétiquement les papillotes.
8. **Enfournez** et laissez cuire environ **20 min**.

Top des avis :

“J'ai mis des tomates cerises à la place des tomates séchées.”

Jenjen38

MILLAS TOULOUSAIN

Ingrédients :
Potiron (1 kg) • Beurre (30 g)
Pomme (1 grosse) • Œufs (3)
Pruneaux dénoyautés (12)
Maïzena (6 c. à soupe)
Farine de froment ou de maïs (1 c. à soupe) • Sucre (120 g)
Extrait de vanille liquide (½ c. à café) • Lait (40 cl)
Crème fraîche liquide (20 cl)
Rhum (3 c. à soupe)

recette proposée par
Paquito

Pour 8 personnes
Préparation 20 min
Cuisson 1 h 10
Très facile
Coût €

1. **Faites cuire le potiron 10 min à la cocotte-minute.**
2. **Prélevez la chair du potiron et écrasez-la** en purée.
3. **Préchauffez le four** à 210 °C (th. 7).
4. Dans un saladier, **mélangez la farine, la Maïzena, le lait et la crème fraîche.**
5. **Dans un bol, battez les œufs en omelette. Ajoutez-les à la préparation avec le sucre, le beurre** préalablement **fondu, le rhum et la vanille.**
6. **Pelez la pomme et coupez-la en fines lamelles.**
7. **Mélangez la préparation avec les lamelles de pomme, les pruneaux et la purée de potiron.**
8. **Versez le tout dans un plat à tarte préalablement beurré. Enfournez** et laissez cuire **45 min à 1 h.**

Top des avis :

“Délicieux tiède, ou grillé à la poêle et saupoudré de sucre. **Je l'ai fait sans pruneaux, très bon aussi.**”

Marion 135

PLAT

29
FÉVRIER

POULET TANDOORI AU LAIT DE COCO

Ingrédients :
Blancs de poulet (6)
Lait de coco (50 cl)
Poudre de tandoori (2 c. à soupe)
Coriandre (quelques brins)
Oignons (3)
Ail (3 gousses)
Bouillon de volaille (1,5 cube)
Huile d'olive (2 c. à soupe)

recette proposée par
Amelie_1016

Pour 6 personnes
Préparation 15 min
Cuisson 45 min
Très facile
Coût €

1. **Coupez les blancs de poulet en cubes**.
2. Épluchez et **émincez l'ail et les oignons**.
3. **Faites chauffer l'huile** dans une sauteuse ou une poêle à bords hauts. **Faites-y revenir l'ail et les oignons** jusqu'à ce qu'ils soient dorés.
4. **Ajoutez les cubes de poulet et la poudre tandoori**, mélangez bien pour enrober les morceaux de poulet, et faites revenir pendant 5 min.
5. **Versez le bouillon** préalablement dilué dans 0,5 l d'eau bouillante **et le lait de coco**. **Laissez mijoter à feu doux pendant 25 à 30 min** (selon la consistance de la sauce désirée).
6. Servez bien chaud avec du riz et quelques brins de coriandre.

Top des avis :

" Vraiment une super recette, facile et délicieuse. **J'ai juste mis moins de lait de coco et plus d'épices**. Après, tout dépend des goûts… À refaire ! " lilouemna

Astuce : Vous pouvez ajouter quelques légumes (haricots verts, bâtonnets de carottes) en même temps que le lait de coco.

ENTRÉE

1er
MARS

SAUCISSON BRIOCHÉ

Ingrédients :
Saucisson à cuire (1)
Pour la brioche :
Œufs (3)
Crème fraîche (20 cl)
Farine (200 g)
Levure chimique (1 sachet)
Fromage râpé (50 g)
Muscade
Sel

recette proposée par
Despaux

Pour 6 personnes
Préparation 10 min
Cuisson 40 min
Très facile
Coût €

1. Préchauffez le four à 150 °C.
2. **Battez les œufs** avec 2 pincées de sel.
3. **Ajoutez la crème** et mélangez bien. **Incorporez la farine mélangée à la levure chimique. Ajoutez le fromage râpé et une pincée de muscade.**
4. Beurrez un moule à cake ou recouvrez-le de papier sulfurisé.
5. **Déposez un tiers de la pâte dans le moule, posez le saucisson** dessus (ne le piquez pas à la fourchette sous peine de voir s'échapper le gras !), puis **recouvrez-le avec la pâte restante.**
6. **Enfournez pour 40 min.**

Top des avis :

"Très bonne recette, **j'ai ajouté de la ciboulette dans la pâte et accompagné le tout d'une sauce à base d'échalotes, déglaçage au vinaigre balsamique, réduction et moutarde puis crème fraîche pour adoucir**. Un régal." Maelmay

"Rien à redire. **Avec une saucisse de Morteau cuite**, et passée quand même 10 min dans l'eau frémissante, c'était parfait. La brioche est super souple !" Michelle 486

3
MARS

CUPCAKES AUX CARAMBAR

Ingrédients :

Pour la pâte :

Carambar (15) • Lait (25 cl)
Beurre (120 g) • Sucre (160 g)
Œufs (2) • Farine (175 g)
Levure chimique (½ sachet)

Pour le glaçage :

Arôme caramel liquide
(3 ou 4 c. à soupe)
Sucre glace (140 g)
Beurre (120 g)

Recette proposée par
Teenmummy

Pour 8 personnes
Préparation 20 min
Cuisson 25 min
Très facile
Coût €

1. Préchauffez le four à 180 °C (th. 6).
2. Dans un saladier, **mélangez le beurre préalablement ramolli et le sucre. Ajoutez les œufs un à un. Incorporez la farine et la levure.**
3. Dans une casserole, **faites fondre une dizaine de Carambar dans le lait.**
4. **Ajoutez le lait aromatisé à la pâte** en mélangeant délicatement.
5. **Coupez les 5 Carambar restants en morceaux puis incorporez-les à la pâte.**
6. **Répartissez la pâte dans les moules à cupcakes** (ou à muffins) préalablement beurrés en les remplissant aux trois quarts.
7. Enfournez et **laissez cuire 20 à 25 min.**
8. Pendant ce temps, préparez le glaçage : **faites fondre le beurre. Mélangez** dans un bol **le sucre glace, le beurre et l'arôme caramel.**
9. À la sortie du four, **laissez refroidir les gateaux**, demoulez-les puis **recouvrez-les de glaçage à l'aide d'une poche à douille.**

Top des avis :

" J'ai essayé un autre nappage, en faisant fondre des Carambar avec un peu de lait (2 c. à soupe) et en les mélangeant avec 200 g de mascarpone." Rissou13

PLAT

4
MARS

PORC ALENTEJANA

Ingrédients :
Échine de porc (800 g)
Coques fraîches ou surgelées (40)
Persil (1 c. à soupe)
Vin blanc sec (15 cl)
Oignons (2) • Ail (1 gousse)
Huile d'olive (8 cl)
Concentré de tomates (30 g)
Laurier (2 feuilles)
Sel, poivre

Pour 4 personnes
Préparation 15 min
Cuisson 2 h
Très facile
Coût €

1. **Lavez les coques** fraîches plusieurs fois, mais ne les laissez pas tremper dans l'eau.
2. **Coupez la viande en gros cubes**.
3. Pelez et **coupez les oignons en rondelles**.
4. Dans une cocotte, **faites chauffer l'huile puis ajoutez les oignons** pour les faire dorer.
5. **Ajoutez les cubes de porc et laissez dorer** de tous les côtés.
6. **Mouillez avec le vin blanc, ajoutez le concentré de tomates, l'ail entier épluché et les feuilles de laurier. Salez et poivrez, couvrez et laissez mijoter** à feu doux pendant **1 h 50**.
7. **Ajoutez les coques** et **poursuivez la cuisson** encore **10 min**.
8. **Saupoudrez de persil haché** et servez.

Top des avis :

"Délicieux, mais **encore meilleur en remplaçant les coques par des palourdes, et le persil par de la coriandre fraîche** !"

Claudia_80

5
MARS

POTAGE POIREAUX-POMMES DE TERRE

Ingrédients :

Poireaux (2)
Pommes de terre (2)
Basilic ciselé
Crème fraîche (20 cl)
Lait (50 cl)
Eau (50 cl)
Beurre (50 g)
Sel, poivre

recette proposée par
Colette_14

Pour 4 personnes
Préparation 15 min
Cuisson 40 min
Très facile
Coût €

1. Lavez et **émincez les poireaux.** Épluchez et **coupez en dés les pommes de terre.**
2. **Faites revenir les poireaux avec le beurre** pendant 5 à 10 min puis **ajoutez les pommes de terre.**
3. **Remuez puis ajoutez l'eau et le lait.**
4. Salez, poivrez et **laissez cuire pendant 30 min.**
5. **Mixez le potage** puis **ajoutez la crème fraîche et une poignée de basilic ciselé.**

Top des avis :

"Un grand merci
pour ce délicieux velouté !
**Fait sans crème fraîche
et sans beurre,
mais avec un oignon.**
Vraiment excellent !"
Hotchocolate

DOS DE CABILLAUD VAL D'AUGE

recette proposée par
Michel_298

Pour 4 personnes
Préparation 15 min
Cuisson 1 h
Très facile
Coût € €

Ingrédients :

Pavés de cabillaud (4 de 150 g chacun)
Pomme golden (1)
Carottes de Créances (6)
Crème fraîche d'Isigny (10 cl)
Cidre brut (30 cl)
Cerfeuil (quelques feuilles)
Huile (1 c. à soupe)
Sel, poivre

1. Épluchez et **coupez en rondelles les carottes**.
2. **Faites-les cuire dans une sauteuse avec la moitié du cidre et la crème fraîche**. Salez et poivrez, laissez cuire 30 à 40 min en remuant de temps à autre.
3. Dans une poêle, **faites dorer les dos de cabillaud dans l'huile sans les retourner**.
4. **Pelez la pomme**, épépinez-la et **coupez-la en lamelles**.
5. Déposez les lamelles de pomme autour du cabillaud.
6. **Arrosez avec le reste du cidre,** assaisonnez **et laissez cuire une vingtaine de minutes.**
7. **Déposez les carottes dans les assiettes, parsemez de cerfeuil** préalablement ciselé**, posez délicatement les dos de cabillaud dessus, entourez de lamelles de pomme.**
8. Dégustez avec le restant de la bouteille de cidre.

Top des avis :

“On peut aussi mettre des petites pommes rouges type choupettes ou reinettes. Recette originale.”

Chococo43

DESSERT

7
MARS

GÂTEAU NORMAND ONCTUEUX

recette proposée par **Danibar**

Ingrédients :
Pommes (3)
Calvados (4 cl)
Crème fraîche (20 cl)
Œufs (3)
Farine (100 g)
Maïzena (50 g)
Beurre (50 g)
Sucre (80 g)
Sucre vanillé (½ c. à café)
Levure chimique (1 sachet)

Pour 8 personnes
Préparation 20 min
Cuisson 30 min
Facile
Coût € €

1. Préchauffez le four à 150 °C (th. 5).
2. Épluchez **les pommes** et **coupez-les en fines lamelles.**
3. Dans une poêle, **faites-les revenir dans le beurre.**
4. Quand elles sont bien dorées, **faites-les flamber avec le calvados.**
5. Séparez les blancs des jaunes d'œuf.
6. **Fouettez les jaunes d'œuf avec le sucre et le sucre vanillé** dans un saladier jusqu'à ce que le mélange blanchisse.
7. **Ajoutez la farine, la Maïzena, la levure, puis la crème fraîche.** Mélangez bien.
8. **Incorporez les pommes.**
9. **Battez les blancs d'œuf en neige ferme et ajoutez-les à la préparation** précédente.
10. **Versez la pâte dans un grand moule** rond, beurré et fariné.
11. **Enfournez** et laissez cuire **30 min.**
12. Laissez tiédir le gâteau puis démoulez-le en le retournant sur un plat de service.

“ Top des avis :

J'ai flambé les pommes au rhum car je n'avais pas de calvados.

J'avais six pralines rouges alors je les ai concassées et ajoutées.

Monique_934 ”

PLAT

8
MARS

SALADE DE LENTILLES AU SAUMON

Ingrédients :
Lentilles en conserve (1 kg)
Saumon fumé (4 tranches)
Échalotes grises (2)
Aneth (quelques brins)
Pour l'assaisonnement :
Vinaigre de framboise (1 c. à soupe)
Moutarde (1 c. à soupe)
Huile de tournesol (3 c. à soupe) • Sel, poivre

Pour 4 personnes
Préparation 10 min
Cuisson 5 min
Très facile
Coût €

1. **Rincez les lentilles** et égouttez-les.
2. **Faites-les chauffer quelques minutes** au micro-ondes ou dans une casserole : elles doivent être tièdes.
3. Versez-les dans un saladier.
4. Préparez l'assaisonnement : dans un bol, **mélangez l'huile, le vinaigre et la moutarde**. Salez et poivrez.
5. Épluchez et **émincez les échalotes, ajoutez-les aux lentilles**.
6. **Versez la sauce sur les lentilles encore tièdes**.
7. **Dressez** sur 4 assiettes.
8. **Coupez les tranches de saumon en lamelles**.
9. **Disposez les lamelles de saumon sur chaque assiette**, avec quelques brins d'aneth.

Top des avis :

“Délicieuse recette ! J'ai assaisonné les lentilles avec de l'huile de noix et du vinaigre de vin rouge.” Bevagu

“J'ai ajouté une pomme verte coupée en dés, un délice !” didoune51

ENTRÉE

9
MARS

POTAGE À L'ORGE DES GRISONS

Ingrédients :
Viande des Grisons (50 g)
Pied de veau (1)
Carottes (4) • Poireau (1)
Céleri (1 branche)
Orge perlé (100 g)
Bouillon de légumes (1 l)
Oignon (1) • Sel, poivre
Laurier (1 feuille)
Clou de girofle (1)
Beurre (1 c. à soupe)

recette proposée par
Rachelle

Pour 4 personnes
Préparation 20 min
Cuisson 2 h 15
Très facile
Coût € € €

1. **Épluchez les carottes et l'oignon.**
2. **Coupez les carottes et le céleri en petits dés. Coupez le poireau en quatre dans le sens de la longueur puis en lamelles d'environ 4 mm d'épaisseur.**
3. **Piquez le clou de girofle dans l'oignon.**
4. **Coupez la viande des Grisons en petits dés.**
5. **Dans une cocotte, faites fondre le beurre puis faites-y suer la viande, les carottes, le céleri et le poireau.**
6. **Ajoutez l'orge, couvrez et laissez cuire quelques minutes.**
7. **Ajoutez l'oignon, le pied de veau et la feuille de laurier. Mouillez avec le bouillon et 50 cl d'eau puis portez à ébullition.** Baissez le feu, couvrez et **laissez mijoter 2 h.**
8. Sortez l'oignon garni et le pied de veau, **salez et poivrez et servez sans attendre.**

Top des avis :

" Je n'ai pas trouvé de pied de veau, j'ai mis un pied de porc et le résultat était parfait. À refaire absolument ! "

Marghe

PLAT

10
MARS

GRATIN DAUPHINOIS

Ingrédients :
Pommes de terre Belle de Fontenay (1 kg)
Crème liquide (1 l)
Ail (2 gousses)
Sel, poivre

recette proposée par
Marion_38

Pour 4 à 6 personnes
Préparation 30 min
Cuisson 1 h
Très facile
Coût €

1. Préchauffez le four à 120 °C (th. 4).
2. **Épluchez les pommes de terre et coupez-les en rondelles.**
3. **Pressez l'ail dans un bol.**
4. Nappez le fond d'un plat à gratin de crème liquide.
5. **Alternez ensuite les pommes de terre, la crème et l'ail,** jusqu'à épuisement des ingrédients.
6. Terminez en nappant de crème, salez et poivrez.
7. **Enfournez pour au moins 1 h.**

Top des avis :

" *The* gratin dauphinois ! **À four doux, avec du papier alu sur le plat en début de cuisson, succès assuré.** Ce classique se marie avec de nombreuses viandes. "

Marie_2152

" En suivant la recette et les quantités, le gratin a été réussi. **Avec un peu de fromage râpé au-dessus, c'était idéal.** "

Nathalie_5876

PAVÉ AUX MARRONS

Ingrédients :
Marrons entiers surgelés ou en conserve (1 kg)
Chocolat noir pâtissier (200 g)
Rhum (1 c. à soupe)
Jaunes d'œuf (2)
Lait (50 cl)
Sucre (75 g)
Beurre (10 g)

recette proposée par
Krottedebouc

Pour 8 personnes
Préparation 35 min
Cuisson 30 min
Repos 12 h
Facile
Coût €

1. **Si vous utilisez des marrons surgelés, faites-les cuire pendant environ 30 min dans le lait.** Sinon, égouttez les marrons (conservez le jus).
2. **Mixez les marrons avec le rhum** et un peu de lait de cuisson ou du jus de la conserve jusqu'à obtention d'une pâte bien homogène. Procédez par petites quantités car la texture de la pâte serait trop épaisse pour votre mixeur.
3. Dans un saladier, **mélangez les jaunes d'œuf et le sucre.**
4. **Faites fondre le chocolat avec le beurre.**
5. **Ajoutez le chocolat fondu au mélange jaunes d'œuf-sucre.**
6. **Incorporez ce mélange à la pâte aux marrons.**
7. Tapissez un moule à cake de film alimentaire.
8. **Versez la pâte aux marrons dans le moule** et placez 12 h au réfrigérateur.
9. Démoulez le pavé et servez de petites tranches accompagnées de 1 c. à soupe de crème fraîche.

Top des avis :

"Je l'ai servi avec **un peu de crème anglaise**. Un délice !" Noelle_161

PLAT

12
MARS

QUENELLES LYONNAISES

recette proposée par **popa**

Ingrédients :
Beurre (100 g)
Farine (120 g)
Gruyère râpé (100 g)
Œufs (3)
Noix de muscade râpée
Sel

Pour 10 quenelles
Préparation 30 min
Repos 30 min
Cuisson 15 min
Facile
Coût €

1. Dans une casserole, **faites chauffer un verre d'eau avec le beurre et un peu de sel**, **ajoutez la farine et laissez cuire 10 min** à feu doux en remuant sans cesse.
2. Hors du feu, **ajoutez le gruyère**.
3. Laissez tiédir un peu puis **ajoutez les œufs et un peu de muscade.** Mélangez bien.
4. Farinez vos mains puis **formez un long boudin de 3 cm de diamètre environ**. **Découpez-le en tronçons de 10 cm** de long. **Placez-les au frais 30 min.**
5. **Pochez les quenelles** quelques minutes dans une grande casserole d'eau bouillante : quand elles remontent à la surface, les quenelles sont cuites.

Top des avis :

"Je les ai saisies à la poêle dans un peu de beurre puis **passées au four recouvertes d'une sauce béchamel à la tomate** !" julyye10

BRICKS À LA CAROTTE, THON ET CUMIN

Ingrédients :
Feuilles de brick (2)
Carotte (1)
Thon au naturel (1 boîte moyenne)
Ricotta (50 g)
Cumin moulu (½ c. à café)
Beurre (10 g)

recette proposée par
melanie_4

Pour 2 personnes
Préparation 20 min
Cuisson 10 min
Facile
Coût €

1. Préchauffez le four à 200 °C (th. 6-7).
2. Dans un saladier, **râpez la carotte**.
3. **Ajoutez tous les ingrédients de la garniture et mélangez**.
4. **Badigeonnez les feuilles de brick** au pinceau **avec le beurre** préalablement fondu.
5. **Coupez chaque feuille de brick en 4 et disposez la garniture au centre de chaque quart de brick**.
6. **Pliez les feuilles de brick** en triangles.
7. **Enfournez pour 10 min**. Servez chaud.

Top des avis :

"Génial ! **J'ajoute du persil et des petits pois**." solene0

"**Bon et simple à préparer. J'ai forcé un peu plus sur le cumin** et j'ai remplacé la ricotta par du mascarpone." Veronique_20

"J'ai déjà préparé ce plat plusieurs fois, avec toujours autant de succès. **J'ai remplacé la ricotta par du cottage cheese et rajouté du fromage blanc battu**." fruitdelapassion

PLAT

14 MARS

POULET AU MAROILLES

Ingrédients :
Escalopes de poulet (4)
Maroilles (200 g)
Crème fraîche (30 cl)
Riz (150 g)
Curry (1 c. à café)
Huile d'arachide
Sel, poivre

recette proposée par
delicious81

Pour 4 personnes
Préparation 5 min
Cuisson 20 min
Très facile
Coût €

1. **Faites cuire le riz** dans une casserole d'eau bouillante salée.
2. Pendant ce temps, **coupez les escalopes de poulet en dés**.
3. **Retirez la croûte du maroilles et coupez-le en morceaux**.
4. **Faites revenir les dés de poulet dans une poêle avec un peu d'huile** jusqu'à ce qu'ils soient bien dorés et cuits. Salez et poivrez.
5. **Saupoudrez de curry et mélangez bien**.
6. **Ajoutez le maroilles, laissez-le fondre** puis remuez vivement afin qu'il n'attache pas à la poêle.
7. **Versez la crème fraîche et mélangez** le tout jusqu'à l'obtention d'une crème homogène.
8. **Laissez mijoter quelques minutes**.
9. Servez accompagné du riz.

Top des avis :

"Recette préparée avec les restes d'un poulet rôti. **Servie avec des brocolis cuits 5 minutes au micro-ondes !** Un régal ! "

Benedicte_977

DESSERT

15
MARS

FLAN ONCTUEUX À LA NOIX DE COCO

Ingrédients :
Lait concentré sucré (40 cl)
Lait de coco (40 cl)
Noix de coco râpée (20 g)
Caramel liquide
(1 c. à soupe)
Œufs (4)
Noix de muscade
(1 pincée)
Sucre vanillé (1 sachet)

Pour 8 personnes
Préparation 15 min
Cuisson 1 h
Repos 2 h
Très facile
Coût €

1. Préchauffez le four à 180 °C (th. 6).
2. Dans un saladier, **mélangez le lait concentré et le lait de coco**.
3. **Battez les œufs puis ajoutez-les au mélange**.
4. **Ajoutez le sucre vanillé, la noix de muscade et battez le tout** quelques minutes.
5. **Tapissez le fond d'un moule à cake de caramel liquide puis versez la préparation dessus**.
6. Placez le moule dans un plat rempli d'eau à mi-hauteur, **enfournez** et laissez cuire **1 h** ; vérifiez la cuisson avec un couteau.
7. Laissez refroidir, démoulez et **réservez au frais pendant au moins 2 h jusqu'au service**.
8. **Saupoudrez le flan de noix de coco râpée.**

Top des avis :

"Je l'ai fait cuire dans un moule à financiers individuels en silicone. **J'ai juste remplacé le sucre vanillé par une petite cuillère d'arôme de vanille**. À refaire !"

emmap13

Astuce : Pour encore plus de goût, utilisez un caramel maison

PLAT

16
MARS

RAVIOLIS CRÉMEUX À LA PANCETTA

recette proposée par **althea**

Ingrédients :
Raviolis frais
à la viande (300 g)
Pancetta (10 tranches)
Épices pour colombo
(1 pincée)
Ciboulette (2 c. à soupe)
Parmesan
Crème liquide (20 cl)
Sel

Pour 2 personnes
Préparation 10 min
Cuisson 20 min
Très facile
Coût €

1. **Ciselez la ciboulette.**
2. **Faites cuire les raviolis** dans une casserole d'eau bouillante, puis égouttez-les.
3. **Coupez les tranches de pancetta en fines lamelles.**
4. **Mettez les raviolis dans une sauteuse, ajoutez la crème, la pancetta, la ciboulette et la pincée d'épices pour colombo**. Salez.
5. **Laissez mijoter une dizaine de minutes**, puis servez.
6. **Parsemez de parmesan râpé**.

Top des avis :

"Original et très bon. **J'ai ajouté quelques champignons de Paris et tout le monde s'est régalé.**" Myriam_10

"C'est très bon. **J'ai fait revenir un peu la pancetta sans matières grasses dans une poêle antiadhésive avant de l'ajouter aux raviolis.**" Marielle

"Bonne recette. J'ai utilisé de la poitrine de porc, **je n'ai pas mis d'épices mais beaucoup de ciboulette.**" Krole

ENTRÉE

17
MARS

PETITS PAINS BRIOCHÉS AU SAUMON

Ingrédients :
Petits pains au lait longs briochés (4)
Saumon fumé (2 tranches)
Fromage pour croque-monsieur (4 tranches)
Crème fraîche épaisse (10 cl)
Gruyère râpé

Pour 2 personnes
Préparation 10 min
Cuisson 15 min
Très facile
Coût €

1. Préchauffez le four à 180 °C (th. 6).
2. **Coupez les petits pains en deux** dans le sens de la longueur.
3. Avec une cuillère à café, **tapissez les petits pains de crème fraîche**.
4. **Coupez les tranches de saumon fumé en deux et garnissez-en les petits pains**.
5. **Déposez dessus une tranche de fromage**, puis **refermez** les petits pains. Parsemez chaque petit pain de gruyère râpé.
6. **Disposez-les sur la grille du four**, recouverte de papier sulfurisé.
7. **Laissez dorer 15 min** environ à four chaud.

Top des avis :

“Super bon… **8 min de cuisson suffisent dans un four à chaleur tournante à 180 °C.**” Regis_1

“**Je les ai faits avec des croissants achetés en boulangerie** et c'est encore meilleur !” pauline333

“**J'ai testé avec du bacon à la place du saumon**, pas mal non plus !” Alexandra55

PLAT

18
MARS

CHILI CON CARNE EXPRESS

Ingrédients :
Viande hachée (400 g)
Haricots rouges en boîte (400 g)
Tomates pelées en boîte (400 g)
Chili en poudre (2 c. à café)
Oignon (1)
Ail (1 gousse)
Huile d'olive
Sel, poivre

Pour 3 personnes
Préparation 5 min
Cuisson 30 min
Très facile
Coût €

1. **Hachez l'oignon et l'ail** après les avoir épluchés.
2. **Faites chauffer un peu d'huile** dans une cocotte et **faites-y fondre l'oignon et l'ail.**
3. **Ajoutez la viande hachée et laissez-la se colorer.**
4. **Ajoutez le chili** (selon les goûts).
5. **Égouttez les haricots, versez-les dans la cocotte avec les tomates.** Salez, poivrez et remuez.
6. **Laissez frémir pendant 20 min.**
7. Servez !

Top des avis :

" Très bon ! Et rapide à faire ! **Servez avec un peu de riz et** le truc qui tue : **du cheddar râpé sur le dessus** juste avant de servir… "
Marjocuisine

" Très bon. J'ai ajouté 1 poivron rouge coupé en dés, 1 c. à café de cumin en poudre et de **l'origan !** Servi avec du riz blanc c'est très bon ! " Lilliebiquette

ENTRÉE

21
MARS

AUMÔNIÈRES CHÈVRE-TAPENADE

Ingrédients :
Feuilles de brick (15)
Chèvres frais (12 petits)
Tomates (2)
Tapenade verte (50 g)
Paprika
Ciboulette
Ail frais (1 gousse)
Beurre (10 g)
Sel, poivre

Pour 6 personnes
Préparation 30 min
Cuisson 35 min
Facile
Coût € €

1. **Épluchez l'ail et émincez-le** finement. **Pelez les tomates** après les avoir plongées 30 s dans l'eau bouillante. **Épépinez-les et coupez-les en petits morceaux.**
2. Dans une casserole, **faites revenir l'ail dans le beurre**.
3. **Ajoutez les tomates, salez, poivrez et laissez cuire sur feu doux** entre **25 et 30 min**.
4. Préchauffez le four à 200 °C.
5. **Prenez 2 feuilles de brick**, superposez-les. Coupez 1 feuille de brick en deux et placez une moitié au centre.
6. **Placez dessus 2 chèvres, couvrez de tapenade puis de concassé de tomates et d'ail.** Saupoudrez d'un peu de ciboulette ciselée et de paprika. **Refermez la brick en aumônière** avec de la ficelle de cuisine ou un brin de ciboulette. Réalisez-en 5 autres.
7. Placez-les sur une plaque et **enfournez pour 5 min**. Servez les aumônières sur un lit de laitue.

Astuce : Remplacez la laitue par une salade de roquette agrémentée de tomates séchées et de noix.

FICELLE PICARDE

recette proposée par **tlaure**

Ingrédients :
Galettes de blé noir (4)
Jambon blanc (4 tranches)
Champignons de Paris frais (500 g)
Citron (½)
Crème fraîche (20 cl)
Gruyère râpé
Huile d'olive
Sel, poivre

Pour 4 personnes
Préparation 30 min
Cuisson 25 min
Facile
Coût €

1. Préchauffez le four à 200 °C (th. 6-7).
2. **Lavez les champignons et coupez-les en lamelles**.
3. Dans une poêle, **faites-les revenir dans un peu d'huile d'olive** jusqu'à disparition du jus. Pressez le citron.
4. **Ajoutez la crème fraîche et le jus de citron**. Salez, poivrez. **Laissez mijoter 10 min** à feu doux.
5. Quand la préparation est tiède, dressez les ficelles picardes : **posez une galette à plat sur une assiette, posez une tranche de jambon dessus puis déposez au centre le quart de la préparation aux champignons**. Salez et poivrez.
6. **Roulez la galette** et posez-la dans un plat allant au four.
7. Faites la même chose avec les trois galettes restantes.
8. **Saupoudrez les ficelles de gruyère râpé.**
9. **Enfournez et laissez cuire 10 min**.

Top des avis :

"Personnellement, **je mets** des échalotes hachées dans la préparation aux champignons."

Jeanfrancois

DESSERT

23
MARS

GÂTEAU ROULÉ À LA CONFITURE

Ingrédients :
Gelée ou confiture (1 pot)
Œufs (4)
Sucre (125 g)
Farine (125 g)
Beurre (15 g)
Sucre vanillé (2 sachets)
Levure (1 c. à café)
Sucre glace

Pour 6 personnes
Préparation 30 min
Cuisson 10 min
Facile
Coût €

1. Préchauffez le four à 210 °C (th. 7).
2. **Séparez les blancs des jaunes d'œuf.**
3. Dans un saladier, **mélangez les jaunes d'œuf avec le sucre.**
4. **Ajoutez petit à petit la farine, le sucre vanillé et la levure.** Mélangez bien.
5. **Battez les blancs d'œuf en neige, puis incorporez-les** au mélange précédent.
6. Tapissez la plaque du four de papier sulfurisé et beurrez celui-ci.
7. **Versez la pâte sur la plaque.**
8. **Enfournez** pour **10 min.**
9. Une fois la cuisson terminée, **roulez le biscuit immédiatement** avec le papier sulfurisé. Laissez-le refroidir.
10. **Déroulez le biscuit** et retirez le papier sulfurisé.
11. **Étalez la confiture sur le roulé.**
12. **Roulez à nouveau** le biscuit puis saupoudrez-le de sucre glace.

Top des avis :

" Je remplace le sucre vanillé par de la **vanille liquide ou le zeste d'un citron.** "

Alizarien11

PLAT

24
MARS

POULET AUX OIGNONS ULTRA FACILE

recette proposée par **Coco**

Ingrédients :
Blancs de poulet ou escalopes de dinde (4)
Soupe à l'oignon gratinée (1 sachet)
Crème fraîche liquide (20 cl)
Sel, poivre

Pour 4 personnes
Préparation 5 min
Cuisson 15 à 20 min
Très facile
Coût €

1. Préchauffez le four à 175 °C.
2. **Disposez les blancs de poulet dans un plat allant au four.**
3. **Salez, poivrez, saupoudrez le sachet de soupe** par-dessus **et arrosez de crème fraîche liquide.**
4. **Enfournez pour 15 à 20 min.**

Top des avis :

“Très bonne recette que je réalise depuis longtemps. **Par contre, avant de mettre au four, j'ajoute du gruyère râpé, c'est délicieux.**” Bobinette68

“Vraiment très bon. Pourrait convenir à tous les types de viande. **À essayer aussi avec du poisson.**” Anonyme

Astuce : Saupoudrez le tout d'un peu de chapelure pour faire gratiner.

25
MARS

SALADE TROPICALE

Ingrédients :
Crevettes (décortiquées 400 g ou entières 1 kg) • Avocats (2)
Concombre (⅓) • Oignons (2)
Ananas frais (½) • Piment (1)
Poivron rouge (1) • Coriandre (2 branches) • Sel (2 c. à café)
Jus d'orange (4 c. à soupe)
Jus de citron frais (3 c. à soupe)
Huile d'olive (2 c. à soupe)
Poivre noir (1 c. à café)

Pour 8 personnes
Préparation 40 min
Très facile
Coût €

SALADE TROPICALE

1. Épluchez et épépinez le concombre, coupez-le en petits dés.
2. Enlevez la peau de l'ananas et ôtez la partie centrale, coupez-le en petits dés.
3. Épluchez les oignons, coupez-les en lanières.
4. **Coupez le poivron en petits dés.**
5. **Hachez finement le piment.**
6. **Mélangez le tout, ajoutez les crevettes** et mettez au frais.
7. Dans un bol, **mélangez les ingrédients de la sauce :** jus d'orange, jus de citron, huile d'olive, sel et poivre.
8. **Épluchez et dénoyautez les avocats. Coupez-les en gros dés.**
9. **Coupez les feuilles de coriandre en petites lanières.**
10. **Mélangez l'avocat et la coriandre à la préparation aux crevettes. Ajoutez la sauce,** mélangez bien et répartissez cette salade sur des assiettes !

Top des avis :

"Une explosion de goûts en bouche, un pur bonheur sans remords car la légèreté est là. **Mes invités ont toujours demandé la recette en repartant.**" Yeyoun

DESSERT

27
MARS

ROCHERS LÉGERS À LA NOIX DE COCO

Ingrédients :
Noix de coco
en poudre (50 g)
Blanc d'œuf (1)
Sucre semoule (50 g)

recette proposée par
Valerie_143

Pour 5 à 10 rochers
Préparation 10 min
Cuisson 15 min
Très facile
Coût €

1. Préchauffez le four à 150 °C.
2. **Mélangez tous les ingrédients** dans un saladier. Rajoutez un peu de noix de coco si besoin, pour que la pâte soit plus ferme.
3. **Déposez des noix de pâte sur une plaque de cuisson** recouverte de papier sulfurisé.
4. **Enfournez pour 10 à 15 min,** jusqu'à ce que les rochers aient une belle couleur.

Top des avis :

" Je mets un peu moins de sucre et je trempe le bout des rochers dans du chocolat fondu avec du lait après la cuisson : miam ! "

Carlouta

PLAT

28
MARS

GIGOT D'AGNEAU-POMMES BOULANGÈRES

Ingrédients :
Gigot d'agneau (1,8 kg)
Pommes de terre (8)
Ail (5 ou 6 gousses non épluchées)
Thym (quelques brins)
Beurre (100 g)
Sel, poivre

Pour 6 à 8 personnes
Préparation 20 min
Cuisson 1 h 10
Repos 10 min
Très facile
Coût € €

1. Préchauffez le four à 210 °C.
2. **Pelez les pommes de terre,** lavez-les, séchez-les **et coupez-les en rondelles fines.**
3. **Posez-les en couches successives** dans le fond d'un plat à gratin préalablement beurré.
4. **Déposez dessus le beurre coupé en copeaux, les gousses d'ail puis le gigot.** Parsemez de thym. **Enfournez.**
5. **Après 15 min de cuisson, lorsque le gigot commence à dorer, retournez-le. Laissez cuire encore 15 min puis retournez-le à nouveau.**
6. **Baissez la température du four à 180 °C et poursuivez la cuisson 40 min.**
7. Éteignez le four et laissez reposer le gigot à l'intérieur pendant 10 min. Le gigot sera moelleux et les pommes de terre imprégnées d'un délicieux goût d'agneau.

Top des avis :

" Très facile à réaliser et vraiment très bon. Mes convives ont adoré ! Je conseille d'utiliser le gril du four pour les 15 dernières minutes de cuisson. " Arakeri

AVOCATS AUX RILLETTES DE THON

Ingrédients :
Avocats (2 ou 4, selon leur taille)
Thon au naturel (300 g)
Petits-suisses (2)
Basilic frais (2 branches)
Poivron rouge (½)
Citron (1) • Crème fraîche (2 c. à soupe) • Sel, poivre
Moutarde (2 c. à café)

recette proposée par
Amelie_49

Pour 4 personnes
Préparation 15 min
Repos 30 min
Très facile
Coût €

1. **Lavez puis coupez le poivron rouge en petits dés.**
2. **Hachez le basilic**.
3. **Après l'avoir égoutté, émiettez le thon** dans un saladier.
4. **Ajoutez,** dans l'ordre**, les petits-suisses, la crème fraîche, la moutarde, le jus du citron** (gardez-en 2 c. à soupe pour les avocats), **le basilic**, du sel et du poivre.
5. **Mélangez le tout et placez au réfrigérateur au moins 30 min**, 1 h de préférence.
6. Au moment de servir, **coupez les avocats en deux**. Arrosez-les d'un filet de jus de citron pour qu'ils ne noircissent pas.
7. **Farcissez les demi-avocats de rillettes**.
8. Décorez avec les dés de poivron rouge.

Top des avis :

"Avec des échalotes et un peu d'huile d'olive, c'est encore meilleur." Alixavril

"Très bon, même sans basilic. **J'ai ajouté 1 c. à soupe de ketchup dans la préparation**. Le poivron donne une touche finale croquante et décorative, j'en referai !" Sandrine_408

PLAT

30
MARS

TARTE TATIN ENDIVES ET CHÈVRE

recette proposée par **Manoue**

Ingrédients :
Pâte feuilletée (1 rouleau)
Endives (1 kg)
Chèvre (1 bûche)
Oranges à jus (3)
Beurre (50 g)
Feuilles de coriandre
Miel (1 c. à soupe)
Cannelle (1 c. à café)
Sel, poivre

Pour 4 personnes
Préparation 15 min
Cuisson 40 min
Facile
Coût €

TARTE TATIN ENDIVES ET CHÈVRE

1. Prévoyez un récipient allant sur le feu et dans le four (manche escamotable).
2. Préchauffez le four à 200 °C.
3. **Coupez les extrémités des endives,** coupez-les en deux.
4. **Placez-les en étoile dans la sauteuse** (prévoyez un récipient allant sur le feu et dans le four, avec un manche escamotable). **Faites-les revenir avec le beurre,** sans remuer, pendant **5 min.** Salez et poivrez.
5. Dans un bol, **pressez les oranges et mélangez le jus obtenu avec le miel, la cannelle et les feuilles de coriandre ciselées. Versez ce mélange sur les endives et laissez cuire encore 5 min.**
6. **Placez le chèvre** coupé en grosses rondelles ou en lamelles **sur chaque endive puis laissez-le fondre quelques minutes.**
7. Éteignez le feu, **placez la pâte feuilletée sur la préparation** et faites un petit trou au centre.
8. **Enfournez pour 30 min.**
9. Démoulez avant de servir.

Astuce : Avant de servir, parsemez la tarte de cerneaux de noix.

DESSERT

31
MARS

TIRAMISU BELLE-HÉLÈNE

Ingrédients :
Biscuits à la cuiller (24)
Mascarpone (250 g)
Chocolat noir pâtissier (200 g)
Poires au sirop (1 grosse boîte)
Œufs (3) • Sucre (150 g)
Crème liquide (20 cl)
Rhum ou alcool de poire (1 c. à soupe)

recette proposée par
Soa30

Pour 8 personnes
Préparation 45 min
Cuisson 10 min
Repos 6 h
Facile
Coût €

1. **Égouttez les poires** (mettez le jus de côté). **Coupez-les en morceaux**.
2. **Faites fondre le chocolat** au bain-marie.
3. Pendant ce temps, **préparez la crème en séparant les blancs des jaunes d'œufs**.
4. Dans un saladier, **fouettez les jaunes d'œufs avec le sucre** jusqu'à ce que le mélange blanchisse.
5. **Ajoutez le mascarpone**.
6. **Montez les blancs d'œufs en neige. Ajoutez-les à la préparation et mélangez** jusqu'à l'obtention d'une crème mousseuse.
7. **Ajoutez l'alcool**.
8. **Dès que le chocolat est fondu, ajoutez petit à petit la crème liquide ainsi que 3 louches (15 cl) du jus des poires** (il faut que le chocolat soit assez liquide, c'est lui qui va imbiber les biscuits).
9. **Déposez 3 biscuits dans 8 coupes, répartissez les poires dessus puis la préparation au chocolat et pour finir la crème au mascarpone**.
10. **Mettez au frais** au moins **6 h**.

Top des avis :

"Vraiment exquis, à refaire sans hésitation. **Je n'ai pas mis l'alcool** et c'était vraiment délicieux." DoByAy

LES PRODUITS DE SAISON

Légumes

Légumes	Avril	Mai	Juin
Ail	●	●	●
Aneth	●	●	●
Artichaut		●	●
Asperge	●	●	●
Aubergine		●	●
Batavia	●		
Betterave	●	●	●
Blette	●		
Brocoli	●	●	●
Carotte	●	●	●
Céleri	●	●	●
Cèpe		●	
Champignon de Paris	●	●	●
Chou-fleur	●	●	●
Chou blanc	●	●	●
Chou nouveau			●
Chou rouge		●	
Ciboulette	●	●	●
Concombre		●	●
Coriandre	●	●	●
Courgette		●	●
Cresson	●		
Endive	●		
Épinard	●	●	●
Épinard, jeunes pousses	●	●	
Estragon	●	●	●
Fenouil			●
Fève		●	●
Frisée	●	●	
Girolle		●	●
Haricot vert		●	●
Laitue	●	●	●
Mesclun			●
Morille	●	●	
Mousseron		●	●
Navet	●	●	
Oignon	●	●	●
Origan	●	●	●
Oseille	●	●	●
Patate douce	●	●	●
Persil	●	●	●
Petits pois	●	●	●
Pissenlit			●
Poireau	●	●	●
Poireau primeur		●	
Pois gourmand	●	●	●
Poivron			●
Pomme de terre			●
Pomme de terre primeur	●	●	
Radis	●	●	●
Roquette		●	●
Salade romaine	●		
Sarriette	●	●	●
Sauge	●	●	●
Tomate			●

LES PRODUITS DE SAISON

Fruits	Avril	Mai	Juin
Abricot			●
Amande fraîche			●
Banane	●	●	●
Cerise			●
Citron	●	●	●
Fraise		●	●
Framboise			●
Groseille			●
Litchi	●		
Mangue	●	●	
Melon			●
Mûre			●
Orange sanguine	●		
Pamplemousse	●		
Pomme	●		
Prune			●
Rhubarbe	●	●	●

Viandes	Avril	Mai	Juin
Agneau	●	●	●
Canard		●	●
Chevreau	●	●	
Escargot	●		
Lapin			●
Poule			●
Poulet	●	●	●
Veau	●	●	●

LES PRODUITS DE SAISON

Poissons

Poissons	Avril	Mai	Juin
Anchois		●	●
Anguille		●	●
Bar	●		
Baudroie	●		
Brochet	●	●	
Cabillaud	●	●	
Carpe	●	●	●
Chinchard	●	●	●
Colin	●	●	●
Congre	●		
Coquille Saint-Jacques	●	●	
Crevette	●	●	●
Daurade royale	●	●	●
Dorade	●	●	●
Dorade grise		●	
Écrevisse		●	●
Églefin	●	●	●
Espadon			●
Flétan	●	●	
Grenadier			●
Hareng	●	●	●
Homard			●
Langouste	●	●	●
Langoustine	●	●	●
Lieu	●		
Lieu jaune			●
Lieu noir	●	●	●
Limande	●		
Lotte	●	●	
Maquereau	●	●	●
Merlan	●	●	●
Morue	●	●	
Raie	●		
Saint-pierre	●	●	●
Sandre		●	●
Sardine		●	●
Saumon	●	●	●
Sole	●	●	●
Tacaud			●
Thon blanc ou germon		●	●
Tourteau	●	●	●
Truite			●
Truite saumonée		●	●
Turbot	●	●	

Fromages

	Avril	Mai	Juin
Beaufort	●	●	●
Bleu d'Auvergne			●
Bleu de Bresse			●
Bleu de Gex		●	●
Bleu des Causses		●	●
Boulette d'Avesnes		●	●
Brie de Meaux	●	●	●
Brie de Melun	●	●	●
Brillat-Savarin	●	●	●
Broccio/brocciu	●	●	●
Cabécou	●	●	●
Camembert	●	●	●
Cancoillotte			●
Cantal			●
Chabichou	●	●	●
Chaource		●	●
Coulomniers	●	●	●
Crotin de chavignol	●	●	●
Emmental		●	●
Époisses		●	●
Fourme d'Ambert		●	●
Gruyère		●	●
Langres		●	●
Livarot		●	●
Maroilles	●	●	●
Mimolette	●	●	●
Morbier	●	●	●
Munster		●	●

	Avril	Mai	Juin
Neufchâtel	●	●	●
Ossau-iraty			●
Parmesan	●	●	●
Pont l'Évêque		●	●
Pouligny saint-pierre			●
Reblochon		●	●
Rocamadour	●	●	●
Roquefort	●	●	●
Sainte-maure	●	●	●
Saint-félicien	●	●	●
Saint-nectaire		●	●
Selles-sur-cher	●	●	●
Tomme de Savoie		●	●
Valançay	●	●	●

PAPILLOTES DE CABILLAUD

recette proposée par **Vijay**

Ingrédients :

Cabillaud (4 pavés)
Courgette (1)
Tomates (2)
Anchois (1 boîte)
Basilic
Huile d'olive
Sel, poivre

Pour 4 personnes
Préparation 15 min
Cuisson 15 min
Très facile
Coût €

1. Préchauffez le four à 210 °C.
2. **Découpez la courgette et les tomates en rondelles.**
3. **Découpez 4 feuilles de papier d'aluminium.** Sur chacune, **déposez : des rondelles de courgette puis 1 pavé de cabillaud. Salez et poivrez.**
4. **Recouvrez le poisson de quelques anchois, de rondelles de tomate puis parsemez de basilic et arrosez d'huile d'olive.**
5. Fermez les papillotes et **enfournez pour 15 min.** Accompagnez de riz blanc.

Top des avis :

" J'ai testé la recette avec du filet de grenadier : un régal ! **Pour une recette encore plus diététique, j'ai enlevé l'huile d'olive et l'ai remplacée par du citron.** "

Lolalice

" J'ai épaté tout le monde avec ce plat. La recette est rapide, très simple. **J'ai rajouté des oignons et 2 c. à café de vin sur chaque filet de poisson.** Je les ai servies avec du riz pilaf, c'était très bon. "

Magaly_34

ENTRÉE

2
AVRIL

SALADE DE BŒUF PIQUANTE

Ingrédients :
Bœuf chateaubriand (400 g)
Piments thaïs (2 à 4)
Citronnelle (4 tiges)
Galanga (1 racine de 4 cm)
Citrons verts (2) • Coriandre (10 brins) • Menthe (10 brins)
Sauce de poisson (4 à 8 c. à soupe)
Oignons nouveaux (4 petits)
Oignon (1 gros)
Huile d'arachide

recette proposée par
jeango

Pour 6 personnes
Préparation 20 min
Cuisson 5 min
Repos 10 min
Facile
Coût € €

1. Faites couper le bœuf en steaks de 1 cm d'épaisseur par votre boucher.
2. Dans une poêle, **saisissez le bœuf de tous les côtés dans un peu d'huile puis coupez-le en lamelles** de 5 cm de long.
3. **Pressez les citrons** dans un plat et **faites mariner les lamelles de bœuf dans le jus**.
4. Pendant ce temps, épluchez et **émincez les tiges de citronnelle, les 5 oignons et la racine de galanga**.
5. Épépinez et **émincez finement les piments**.
6. Lavez et **hachez grossièrement la coriandre et la menthe**.
7. **Ajoutez le galanga et la citronnelle à la marinade, attendez 5 min.**
8. **Ajoutez la sauce de poisson, les oignons et la coriandre. Attendez encore 5 min.**
9. **Ajoutez les piments et la menthe,** mélangez et servez.

Top des avis :

" J'ai ajouté des carottes râpées **dans la marinade**, puis j'ai disposé le tout sur un lit de salade et de soja. Très réussi ! " clem_colne

PLAT

3
AVRIL

GALETTE CAMEMBERT-POMMES

Ingrédients :
Camembert (1)
Pommes (4)
Feuilles de brick (4)
Beurre (15 g)

recette proposée par
annecelinz

Pour 4 personnes
Préparation 20 min
Cuisson 20 min
Très facile
Coût €

1. Préchauffez le four à 180 °C (th. 6).
2. **Épluchez les pommes**, ôtez le trognon et **coupez-les en lamelles.**
3. **Faites-les revenir** dans une poêle **avec le beurre** pour les faire fondre.
4. **Placez le camembert sur 2 feuilles de brick superposées, disposez les lamelles de pomme cuites dessus.**
5. **Recouvrez le tout de 2 feuilles de brick, puis rabattez les bords** et fermez avec une ficelle.
6. **Enfournez 10 ou 15 min**, le temps que les feuilles de brick soient dorées.

Top des avis :

" Comme les feuilles de brick se brisent en miettes à la dégustation, j'utilise des galettes de sarrasin que je sers en aumônières. Elles sortent dorées et croustillantes. "

Francoise_3660

" C'est original ! Nous avons mangé ce plat à deux, accompagné d'une salade. "

Soph_7

PLAT

5
AVRIL

POTÉE AUX NAVETS

recette proposée par **Natou**

Ingrédients :
Pommes de terre (6 grosses)
Lard fumé (200 g)
Navets (6)
Lait (30 cl)
Beurre
Noix de muscade
Gruyère râpé
Sel, poivre

Pour 4 personnes
Préparation 20 min
Cuisson 40 min
Très facile
Coût €

1. **Épluchez les pommes de terre et coupez-les en morceaux.**
2. **Épluchez les navets et coupez-les en quartiers.**
3. Dans une cocotte, **faites rissoler le lard** coupé en morceaux, dans une noix de beurre.
4. **Déglacez avec un peu de lait.**
5. **Ajoutez les pommes de terre et les navets. Recouvrez aux deux tiers de lait.** Salez un peu et poivrez. Ajoutez de la noix de muscade.
6. Laissez cuire jusqu'à ce que les légumes soient tendres.
7. **Servez sur des assiettes et parsemez de fromage râpé.**

Top des avis :

" Une très bonne façon d'accommoder les navets, **un plat d'hiver bien réconfortant, facile et complet !** " MarieNoelle_14

Astuce : Remplacez les lardons par de la saucisse fumée coupée en morceaux.

ENTRÉE

6
AVRIL

LANGOUSTINES FEUILLETÉES AU CURRY

Ingrédients :
Langoustines ou crevettes entières (800 g) • Beurre
Pâte feuilletée (1 rouleau)
Piment (1) • Jaune d'œuf (1)
Coriandre, cumin, piment et gingembre en poudre (1 pointe de couteau) • Curry en poudre fort (2 c. à café)
Oignon (1) • Ail (2 gousses)
Crème fraîche (30 cl)

Pour 6 personnes
Préparation 20 min
Cuisson 30 min
Facile
Coût € € €

1. Préchauffez le four à 200 °C.
2. **Décortiquez les langoustines** et ôtez l'intestin sur le dos.
3. Dans une poêle, **faites-les revenir rapidement dans une noix de beurre.**
4. **Coupez l'ail et l'oignon en petits dés, le piment en fins bâtonnets.**
5. Dans une deuxième poêle ou une sauteuse, **faites-les revenir** jusqu'à ce que l'ail et l'oignon deviennent transparents puis ajoutez toutes les épices. Faites chauffer 2 min.
6. **Ajoutez 1 verre d'eau** et **laissez cuire 10 min.**
7. **Ajoutez les langoustines puis la crème fraîche.** N'hésitez pas à faire beaucoup de sauce, ce sera meilleur.
8. **Répartissez la préparation dans 6 ramequins.**
9. **Découpez 6 disques de pâte feuilletée** de la taille des ramequins. **Déposez un disque sur chaque ramequin** puis badigeonnez-les de jaune d'œuf.
10. **Placez les ramequins une dizaine de minutes au four** jusqu'à ce que la pâte soit dorée.

BLANQUETTE AU LAIT DE COCO

Ingrédients :
Blanquette de veau
ou de volaille (500 g)
Lait de coco (15 cl)
Raisins de Smyrne (25 g)
Oignons (1 ou 2)
Farine (12 g)
Beurre (25 g)
Sel, poivre

Pour 2 personnes
Préparation 15 min
Cuisson 1 h
Très facile
Coût €

1. **Dans une assiette où vous aurez mis un peu de farine, de sel et de poivre, roulez toutes les faces des morceaux de viande.**
2. Pelez et **émincez les oignons.**
3. **Faites revenir les oignons** dans une cocotte avec le beurre.
4. **Ajoutez la viande** et remuez quelques instants.
5. **Versez** sur la viande **le lait de coco et les raisins de Smyrne.**
6. **Fermez la cocotte et laissez cuire 45 min à 1 h à feu doux** : surveillez la cuisson de temps à autre afin de conserver la préparation juteuse et d'éviter qu'elle n'attache au fond de la cocotte. Rajoutez du lait ou du lait de coco si besoin.

Top des avis :

" Délicieux aussi avec de gros tronçons de trois ou quatre courgettes (4 cm), une boîte de poivrons rouges et un soupçon de curry. " Nanooo77

Astuce : Ajoutez des carottes coupées en rondelles et des champignons émincés.

DESSERT

8
AVRIL

CAKE AUX POMMES ET AU CITRON

recette proposée par **Louise**

Ingrédients :
Pommes (2)
Citron non traité (1)
Œufs (3)
Farine (250 g)
Beurre (180 g + un peu pour le moule)
Sucre (120 g)
Levure chimique (½ sachet)
Sel (1 pincée)

Pour 6 personnes
Préparation 20 min
Cuisson 45 min
Très facile
Coût €

1. Préchauffez le four à 180 °C (th. 6).
2. Pelez, épépinez et coupez les pommes en dés.
3. Rincez le citron et râpez l'équivalent de 1 c. à soupe de zeste.
4. Dans un grand saladier, travaillez le beurre préalablement ramolli et le sucre jusqu'à ce que le mélange soit homogène.
5. Incorporez les œufs un à un, puis la farine tamisée, la levure, le zeste de citron et le sel.
6. Ajoutez les dés de pommes et mélangez délicatement.
7. Versez la pâte dans un moule à cake préalablement beurré.
8. Enfournez et laissez cuire 45 min.
9. Laissez tiédir le cake hors du four puis démoulez-le sur une grille. Servez à température ambiante.

Top des avis :

"Très bon ! **J'ai mis en plus le jus de 2 citrons pour bien sentir le goût acidulé.**" breizhette

"Excellent cake ! **Avant d'ajouter les pommes, je les fais légèrement cuire dans une poêle avec du miel.**" ManonSalerno

TARTE AU MAROILLES

Ingrédients :
Pâte à pain ou à pizza (1 rouleau)
Maroilles (300 g)
Crème fraîche épaisse (20 cl)
Jaune d'œuf (1)
Paprika

Pour 4 personnes
Préparation 25 min
Cuisson 10 min
Très facile
Coût € €

1. Préchauffez le four à 240 °C (th. 8).
2. **Étalez la pâte**. **Garnissez-en un moule à tarte** préalablement recouvert de papier sulfurisé.
3. **Grattez la croûte du maroilles** (ne la retirez pas). **Coupez-le en tranches fines**.
4. **Déposez les tranches de maroilles sur le fond de tarte**.
5. Dans un bol, **mélangez la crème fraîche et le jaune d'œuf**. **Ajoutez un peu de paprika** et mélangez.
6. **Versez la crème sur le fromage**.
7. **Enfournez** et laissez cuire **10 min**.

Top des avis :

“Pour plus de goût, **je remplace 5 cl de crème par 5 cl de bière** et je poivre le tout.”

Alexandra_323

ENTRÉE

10
AVRIL

SALADE THAÏLANDAISE

Ingrédients :
Pamplemousses roses (2)
Grosses crevettes roses cuites (16) • Tortillas (4)
Pousses d'épinards (125 g)
Oignon rouge (1)
Pour l'assaisonnement :
Jus de citron vert (4 c. à soupe) • Échalotes (2)
Sucre (2 c. à café)
Ail (2 gousses) • Sel

Pour 4 personnes
Préparation 40 min
Cuisson 10 min
Facile
Coût € €

1. Préchauffez le four à 250 °C (th. 8-9).
2. Épluchez et **hachez l'ail et les échalotes**.
3. Préparez l'assaisonnement : dans un bol, **mélangez le sucre et le jus de citron** jusqu'à ce que le sucre fonde.
4. **Ajoutez l'ail et l'échalote hachés**. Mélangez et mettez de côté.
5. **Placez une tortilla dans un saladier** pas trop profond puis posez un grand bol dessus. Recommencez l'opération avec les 3 autres tortillas. **Placez le tout 10 min au four**.
6. **À la sortie du four**, **placez la tortilla dans le bol et laissez-la refroidir** afin qu'elle prenne sa forme.
7. **Pelez les pamplemousses et retirez le maximum de peau blanche**. **Détaillez les quartiers**.
8. **Lavez les pousses d'épinards**.
9. Épluchez et **émincez finement l'oignon**.
10. **Décortiquez les crevettes**.
11. **Répartissez les pousses d'épinards et les quartiers de pamplemousses dans les 4 coupelles de tortillas**.
12. **Disposez 4 crevettes dans chaque coupelle**.
13. **Parsemez de lamelles d'oignon rouge**.
14. **Nappez de sauce** et servez immédiatement.

POULET À L'ESTRAGON

Ingrédients :
Blancs de poulet (4) • poivre
Vinaigre de Xérès (2 c. à café)
et de vin (2 c. à café) • Poivre
Ciboulette hachée (2 c. à café)
Estragon haché (1 c. à soupe)
Cognac • Échalote (1) • Sel
Huile d'olive (2 c. à soupe)
Bouillon de volaille (15 cl)
Crème fraîche épaisse (25 cl)
Moutarde (1 c. à café)

Pour 4 personnes
Préparation 15 min
Cuisson 30 min
Facile
Coût € €

1. Épluchez et **hachez l'échalote.**
2. Dans une cocotte, **faites-la revenir dans l'huile d'olive. Incorporez le bouillon de volaille, le vinaigre de Xérès, le vinaigre de vin et un trait de cognac. Laissez mijoter** à feu doux pendant environ 5 min.
3. **Salez les blancs de poulet.**
4. **Ajoutez la crème fraîche, la moutarde, la ciboulette et l'estragon haché à la sauce. Salez et poivrez.** Mélangez bien puis laissez mijoter à feu doux pendant 3 min.
5. **Ajoutez les blancs de poulet et laissez cuire pendant 20 min,** toujours à feu doux.
6. Vous pouvez servir ce plat avec du riz basmati ou avec des légumes.

Top des avis :

“ Cette recette est un vrai régal ! Je l'ai suivie à la lettre et **j'ai trouvé le mariage des saveurs (vinaigres, estragon) très subtil et très équilibré** : merci ! ”

Doloqui

Astuce : Vous pouvez également couper le poulet en gros dés. Réduisez alors la cuisson finale de 10 min.

FONTAINEBLEAU

Ingrédients :
Yaourts brassés (4)
Crème fraîche (50 cl)
Blancs d'œufs (4)
Sucre (250 g)

Pour 6 personnes
Préparation 15 min
Repos 12 h
Facile
Coût €

1. Dans un saladier, **fouettez la crème fraîche.**
2. **Ajoutez les yaourts et le sucre.** Mélangez.
3. **Battez les blancs d'œufs en neige ferme** puis **incorporez-les au mélange** précédent.
4. **Versez le tout dans une grande passoire** recouverte d'un torchon ou d'une gaze placée au-dessus d'un grand saladier.
5. **Placez au réfrigérateur et laissez s'égoutter pendant 12 h.** Pensez à vider le saladier 3 ou 4 fois durant ce laps de temps.
6. **Servez le fontainebleau** nature, avec un coulis de fruits rouges ou du chocolat fondu.

Top des avis :

" **J'ajoute des fruits frais en plus du coulis.** Préparez bien le dessert la veille, c'est un délice. " Patriciad

" Dessert très facile à faire. **Personnellement, je ne mets que 25 cl de crème, pour plus de légèreté.** " Lisou_6

Astuce : Vous pouvez remplacer les yaourts brassés par du fromage blanc.

PLAT

13
AVRIL

PÂTES JAMBON-CRÈME PARMESANE

recette proposée par **Carrie**

Ingrédients :
Penne (250 g)
Jambon de Bayonne (4 tranches)
Parmesan râpé (50 g)
Beurre (30 g)
Crème fraîche (25 à 30 cl)
Sel

Pour 2 personnes
Préparation 10 min
Cuisson 10 min
Très facile
Coût €

1. **Faites cuire les pâtes** une dizaine de minutes dans une grande casserole d'eau salée.
2. Pendant ce temps, **coupez le jambon de Bayonne en petits morceaux.**
3. Dans une petite casserole, à feu doux, **faites fondre le beurre. Ajoutez les morceaux de jambon de Bayonne.** Laissez dorer.
4. **Ajoutez la crème fraîche et mélangez sans cesse**. Laissez chauffer.
5. **Incorporez du parmesan,** autant que nécessaire pour épaissir un peu la crème. Goûtez et rajoutez-en si besoin.
6. **Quand les pâtes sont cuites, égouttez-les et servez dans deux assiettes. Répartissez ensuite la garniture.**

Top des avis :

" C'est devenu notre recette de pâtes fétiche ! **Je coupe le jambon aux ciseaux (6 tranches de Bayonne) puis je les fais revenir à sec pour que ce soit moins gras car je mets 100 g de parmesan.** Bonnes pâtes à tous ! " palex212

Astuce : Si vous souhaitez relever un peu ce plat, vous pouvez ajouter du piment d'Espelette.

ENTRÉE

14
AVRIL

MADELEINES À LA BRANDADE

recette proposée par **Auyo**

Ingrédients :

Brandade de morue (190 g environ)
Olives noires (10)
Farine (80 g)
Œufs (2)
Gruyère râpé (30 g)
Huile d'olive (1 c. à soupe)
Levure chimique (½ sachet)
Poivre

Pour 8 madeleines
Préparation 10 min
Cuisson 20 min
Très facile
Coût €

1. Préchauffez le four à 180 °C (th. 6).
2. **Coupez les olives en petits morceaux.**
3. Dans un saladier, **mélangez la brandade avec les œufs** jusqu'à obtenir une pâte lisse.
4. **Ajoutez tous les autres ingrédients** et remuez bien.
5. **Remplissez des moules à madeleines préalablement beurrés** d'une petite cuillère à soupe de préparation.
6. **Enfournez** et laissez cuire **15 à 20 min.**

Top des avis :

"**Pour relever le tout et donner une petite touche antillaise, je les épice façon acras** : piment en poudre, ciboulette et citron vert. Un régal." Cecileauxfourneaux

"Faites aussi avec des tomates confites. **J'en congèle pour les apéros,** merci pour cette recette facile et délicieuse." Mamicha

Astuce : Vous pouvez également les faire dans des moules à mini muffins ou à mini cannelés.

POULET BOUCANÉ

recette proposée par **mary97**

Ingrédients :
Poulet (1)
Piment frais (1)
Citrons verts (4)
Ail (6 gousses)
Oignons (3)
Échalotes (2)
Sel, poivre

Pour 6 personnes
Préparation 25 min
Repos 12 h
Cuisson 30 min
Moyennement difficile
Coût € €

1. La veille : **coupez le poulet en morceaux**.
2. Épluchez l'ail, l'oignon et les échalotes. **Pressez l'ail, émincez les oignons et les échalotes**. Lavez, épépinez et **émincez le piment.**
3. Pressez les citrons.
4. **Mélangez tous les ingrédients dans un grand plat, assaisonnez et faites mariner le poulet** dans ce mélange pendant 12 h.
5. Le jour J : préchauffez le four à 250 °C (th. 8-9). Déposez une plaque à four sous la grille.
6. **Disposez les morceaux de poulet sur la grille chaude et laissez cuire 20 à 30 min** en arrosant régulièrement le poulet de marinade.
7. **Servez** les morceaux de poulet avec du riz.

Top des avis :

"Excellent !!! C'était la première fois et vraiment délicieux ! **À refaire avec plus de sauce.**"

anne_3181

DESSERT

16
AVRIL

CAKE POMMES-BANANES

Ingrédients :
Pommes (2)
Bananes (2)
Beurre (75 g + un peu pour le moule)
Sucre (125 g)
Farine (250 g)
Œufs (2)
Levure chimique (1 sachet)

recette proposée par
clementine_15

Pour 6-8 personnes
Préparation 15 min
Cuisson 40 min
Très facile
Coût €

CAKE POMMES-BANANES

1. Préchauffez le four à 180 °C (th. 6).
2. Beurrez un moule à cake.
3. Épluchez et **coupez les bananes en morceaux**.
4. Épluchez, épépinez et **coupez les pommes en cubes.**
5. **Faites fondre le beurre** dans une casserole ou au micro-ondes.
6. Dans un saladier, **mélangez le beurre fondu et le sucre. Ajoutez les œufs et mélangez encore.**
7. **Ajoutez la farine, la levure et les morceaux de fruits.**
8. **Versez la pâte dans le moule à cake beurré.**
9. **Enfournez** et laissez cuire **40 min**.

Top des avis :

“ **J'ai rajouté un verre de lait et un yaourt puis laissé cuire 50 min**. Une merveille ! ”
coeurnichon

“ Ce cake est vraiment bon, je n'ai mis que des bananes, **j'ai rajouté 5 cl de lait et autant de crème fraîche**, le cake a bien gonflé, il était très moelleux. ”
SMASKA

LOTTE AUX TAGLIATELLES DE LÉGUMES

Ingrédients :
Lotte (1 queue)
Courgettes (4)
Carottes (4)
Oignons (3)
Crème fraîche liquide (20 cl)
Sel, poivre

Pour 4 personnes
Préparation 20 min
Cuisson 30 min
Très facile
Coût € € €

1. **Épluchez les oignons, coupez-les en quatre et faites-les cuire 10 à 15 min à la vapeur.**
2. Pendant ce temps, **découpez la lotte en morceaux.**
3. **Pelez les carottes et, avec un économe, épluchez-les dans le sens de la longueur pour former des tagliatelles.**
4. **Faites de même avec les courgettes, sans les éplucher.**
5. Mettez les cœurs des légumes trop fins pour être transformés en tagliatelle dans l'eau du cuiseur vapeur. **Posez les tagliatelles de légumes dans le ou les compartiments à vapeur ainsi que les morceaux de lotte. Faites cuire une petite dizaine de minutes :** les légumes doivent rester croquants.
6. **Écrasez les oignons en purée. Mettez celle-ci dans une casserole avec la crème fraîche, du sel et du poivre** (ajoutez éventuellement un demi-verre de vin blanc ou du fumet de poisson pour une sauce plus relevée). Remuez et laissez chauffer quelques instants.
7. Servez sans attendre les légumes et la lotte recouverte de sauce.

ENTRÉE

18
AVRIL

AUMÔNIÈRES DE SAUMON

recette proposée par **dany**

Ingrédients :

Feuilles de brick (2)
Saumon frais (2 pavés)
Saumon fumé
(2 tranches)
Oseille (90 g)
Crème fraîche (10 cl)
Sel
Beurre
Huile végétale

Pour 2 personnes
Préparation 15 min
Cuisson 30 min
Très facile
Coût €

1. Préchauffez le four à 220 °C (th. 7-8).
2. **Mettez les deux tiers de l'oseille dans un bol. Ajoutez la crème et du sel.**
3. **Beurrez les bricks** au pinceau avec le beurre préalablement fondu et placez-les sur une plaque huilée.
4. **Disposez au milieu de chaque feuille le saumon frais, un peu d'oseille, couvrez avec le saumon fumé et terminez par un peu d'oseille.**
5. **Fermez les feuilles de brick** et maintenez-les avec 2 piques en bois ou avec de la ficelle de cuisine.
6. **Enfournez** et laissez cuire **20 à 30 min.**
7. Servez avec une sauce beurre citron assaisonnée avec le reste de l'oseille ciselée.

Top des avis :

"Une petite sauce à mettre avec : émincez de la ciboulette et de l'échalote. Ajoutez de la crème fraîche, du poivre, du sel et du vinaigre balsamique. Un délice ! **Refermez la feuille de brick avec un brin de ciboulette.**"

charlenelx

PLAT

19
AVRIL

RIZ CANTONAIS

Ingrédients :
Crevettes roses décortiquées (600 g)
Tiges d'oignons nouveaux (20)
Jambon de porc ou de dinde (10 tranches)
Riz (1 kg)
Œufs (8)
Sauce soja
Huile d'arachide • Sel

Pour 10 personnes
Préparation 20 min
Cuisson 20 min
Repos 6 h
Très facile
Coût €

1. **Faites cuire le riz** dans de l'eau bouillante salée, égouttez-le et **laissez-le reposer 5 ou 6 h.**
2. **Coupez le jambon en dés.**
3. Lavez et **émincez les tiges d'oignons nouveaux.**
4. **Cassez les œufs** dans un saladier et battez-les en omelette.
5. **Dans une grande poêle bien huilée, faites cuire les œufs en les brouillant** le plus possible.
6. **Ajoutez les crevettes décortiquées et le jambon. Laissez cuire** à feu doux **5 ou 6 min.**
7. **Ajoutez ensuite une bonne dose de sauce soja et les tiges d'oignons nouveaux. Laissez mijoter 10 min** environ.
8. **Mélangez cette préparation avec le riz**, laissez chauffer quelques instants puis servez.

Top des avis :

" J'ajoute de la sauce d'huître et, vraiment à la fin, de l'huile de sésame. " Celine_6673

20
AVRIL

GÂTEAU AUX PATATES DOUCES

Ingrédients :
Patates douces (1,5 kg)
Vanille (1 gousse)
Rhum (3 c. à soupe)
Beurre (150 g)
Œufs (4 gros)
Sucre (200 g)

Pour 8 personnes
Préparation 35 min
Cuisson 1 h 30
Très facile
Coût € €

1. Préchauffez le four à 190 °C (th. 6-7).
2. **Épluchez les patates douces**.
3. **Faites-les cuire dans une casserole d'eau bouillante** jusqu'à ce qu'elles soient tendres.
4. Égouttez-les puis **réduisez-les en purée**.
5. **Ajoutez les œufs légèrement battus, le sucre, le beurre** préalablement **ramolli, les graines de la gousse de vanille et le rhum.**
6. **Versez la pâte dans un moule** à bord haut beurré.
7. **Enfournez** et laissez cuire pendant **1 h** : le gâteau doit être bien doré.

Top des avis :

" J'ai fait moitié sucre, moitié lait concentré sucré. "

Laurent_1118

ENTRÉE

22
AVRIL

MARBRÉ WARHOL

Ingrédients :
Fromages de chèvre frais (2)
Betteraves rouges cuites (300 g)
Basilic (1 bouquet)
Huile d'olive
Sel, poivre du moulin

recette proposée par
Cavicchioli

Pour 4 personnes
Préparation 25 min
Repos 2 h
Très facile
Coût €

1. **Tapissez 4 ramequins de film alimentaire** en le laissant dépasser largement.
2. Dans un bol, **mélangez les fromages de chèvre et 2 c. à soupe d'huile d'olive** afin d'obtenir une crème onctueuse. Salez et poivrez.
3. **Coupez les betteraves en rondelles fines** de la taille de vos ramequins (épluchez-les au préalable si besoin).
4. **Garnissez les ramequins en alternant une couche de chèvre et une rondelle de betterave** en veillant à terminer par la betterave.
5. **Fermez le film alimentaire et tassez** de façon à rendre la préparation bien compacte. Placez au réfrigérateur 2 h.
6. Pour le nappage, **mixez les trois quarts des feuilles de basilic avec de l'huile d'olive** jusqu'à obtenir une sauce homogène.
7. Ouvrez le film alimentaire, **démoulez les ramequins sur 4 assiettes.**
8. **Nappez avec la sauce au basilic** et décorez avec des feuilles de basilic fraîches.

Astuce : Décorez l'assiette et le dessus du marbré de graines de sésame légèrement grillées.

PLAT

23
AVRIL

SALADE DE PÂTES AUX PISTACHES

Ingrédients :
Rigatoni (400 g)
Tomates séchées à l'huile (300 g)
Feta (200 g)
Pistaches salées (150 g)

recette proposée par
annesodup

Pour 4 personnes
Préparation 15 min
Cuisson 10 min
Très facile
Coût € €

SALADE DE PÂTES AUX PISTACHES

1. **Faites cuire les pâtes** dans une grande casserole d'eau bouillante salée.
2. Égouttez les et **laissez-les refroidir**.
3. **Coupez les tomates séchées en petits morceaux**. Conservez l'huile.
4. **Coupez la feta en petits dés**.
5. **Dans un saladier, mettez l'huile des tomates séchées, les tomates et la feta**.
6. **Décortiquez les pistaches** et **broyez-les** à l'aide d'un mortier.
7. **Ajoutez-les dans le saladier** puis mélangez.
8. **Ajoutez les pâtes** et mélangez bien.
9. Servez bien frais.

Top des avis :
" **C'est un régal ! J'ai rajouté des olives noires et un filet de jus de citron.** J'ai eu un franc succès. " Beatrice_9

Astuce : Pour varier, vous pouvez remplacez la moitié des tomates séchées par des tomates fraîches coupées en petits morceaux.

24
AVRIL

FONDANT AU PAMPLEMOUSSE

Ingrédients :
Jus de pamplemousse rose (10 cl)
Beurre (50 g)
Sucre (50 g)
Farine (50 g)
Œuf (1)
Levure (¼ de sachet)

recette proposée par
Helene

Pour 2 personnes
Préparation 10 min
Cuisson 20 min
Très facile
Coût €

1. Préchauffez le four à 180 °C (th. 6).
2. **Mélangez le sucre et l'œuf** dans un saladier.
3. **Ajoutez la farine et la levure,** mélangez bien.
4. **Ajoutez 5 cl de jus de pamplemousse, puis le beurre** préalablement fondu.
5. **Beurrez un moule à manqué et versez-y la préparation**.
6. **Enfournez** et laissez cuire pendant **20 min**.
7. Dès la sortie du four, **démoulez le gâteau et versez dessus le reste du jus de pamplemousse avec le sucre restant**.
8. Laissez refroidir et dégustez.

Top des avis :

" Très très bon ! **J'ai mis 15 min au four puis j'ai rajouté un peu de pulpe de pamplemousse sur le dessus. Ensuite, j'ai remis au four durant 15 min.** " Raluca13

" Nous avons beaucoup aimé. **Mon pamplemousse n'était pas très juteux, j'ai ajouté le jus d'un citron.** Petit goût acidulé très agréable. " Pilou

PLAT

25
AVRIL

FILETS DE LIMANDE AU CIDRE

Ingrédients :
Filets de limande (12)
Langoustines (500 g)
Cidre (75 cl)
Tomates (2)
Oignon (1)
Crème fraîche (20 cl)
Beurre (150 g)
Piment d'Espelette
(1 pincée)
Sel, poivre

Pour 6 personnes
Préparation 15 min
Cuisson 30 min
Facile
Coût € €

1. **Plongez les tomates 30 s dans de l'eau bouillante, pelez-les et coupez-les en morceaux.**
2. Épluchez et **émincez l'oignon**. **Faites-le fondre dans une poêle avec le beurre**. **Ajoutez les tomates et le cidre dans la poêle** puis **laissez réduire 15 à 20 min** à feu moyen.
3. **Roulez chaque filet de limande** et fixez-les avec un cure-dents.
4. **Déposez les filets de limande et les langoustines dans la sauce** et laissez cuire pendant **5 min**.
5. **Retirez les filets, ajoutez la crème fraîche et le piment d'Espelette**. Salez, poivrez. Portez à ébullition puis laissez cuire 2 min.
6. **Replacez les filets de limande dans la sauce et servez** avec du riz.

Top des avis :

" J'ai ajouté 1 c. à café de sucre en fin de réduction pour adoucir l'acidité de la tomate et du cidre. "

Brisoule

27
AVRIL

SAUTÉ DE SAUMON AU GINGEMBRE

Ingrédients :
Pavés de saumon (2)
Gingembre frais
(1 morceau de 5 cm)
Pousses de soja (100 g)
Sauce soja
Huile d'arachide
(2 c. à soupe)
Sel, poivre

Pour 2 personnes
Préparation 15 min
Cuisson 15 min
Très facile
Coût €

1. **Épluchez le gingembre puis râpez-le.**
2. **Coupez le saumon en gros dés.**
3. Dans un wok, **faites revenir le gingembre râpé dans l'huile.**
4. **Ajoutez les dés de saumon et faites revenir pendant 5 min.**
5. **Ajoutez les pousses de soja, salez, poivrez et arrosez de quelques gouttes de sauce soja.**
6. Couvrez et **laissez cuire** encore **5 min.**

Top des avis :

"Très intéressant et original, et bien meilleur avec des pousses de soja fraîches (plus croquantes). J'ai aussi rajouté quelques gouttes d'huile de sésame à l'huile d'arachide (pas plus surtout sinon c'est trop fort !), ça donne un petit goût sympa." Celia_23

Astuce : Décorez ce plat avec des amandes légèrement grillées ou des graines de sésame doré.

28
AVRIL

DIPLOMATE BRIOCHÉ

Ingrédients :
Pain brioché rassis (1)
Fruits confits (125 g)
Raisins secs (75 g)
Rhum (10 cl)
Lait (75 cl)
Œufs (5)
Sucre (200 g)
Sucre vanillé (1 sachet)
Beurre (30 g)

recette proposée par
Sonia_177

Pour 10 personnes
Préparation 30 min
Cuisson 1 h
Facile
Coût €

1. **Coupez les fruits confits en gros dés.**
2. **Faites-les macérer dans le rhum tiédi avec les raisins secs.**
3. Ôtez la croûte du pain brioché, **coupez-le en tranches puis faites-les griller** au four ou au grille-pain.
4. Préchauffez le four à 180 °C (th. 6).
5. Beurrez un moule à cake, saupoudrez-le de sucre.
6. **Dans le fond du moule, déposez une couche de pain brioché grillé, recouvrez-la d'une couche de fruits confits et de raisins macérés** (conservez la marinade au rhum). Alternez les couches jusqu'en haut du moule en terminant par le pain. Ne tassez pas.
7. **Versez la marinade sur le pain** jusqu'à hauteur du moule en laissant bien le pain s'imbiber.
8. Enfournez et **laissez cuire 1 h.**
9. Laissez refroidir complètement avant de démouler puis servez accompagné d'une crème anglaise.

> Top des avis :
>
> Une bonne surprise ! **On peut remplacer les fruits confits par des fruits frais ou au sirop.** On peut aussi doubler la quantité de fruits sans problème. LidenLake

CABILLAUD AU BASILIC

recette proposée par **Elle**

Ingrédients :
Cabillaud (4 tranches)
Basilic frais (½ bouquet)
Crème fraîche (15 cl)
Vin blanc (15 cl)
Échalote (1)
Beurre (100 g)
Sel, poivre

Pour 4 personnes
Préparation 30 min
Cuisson 15 min
Très facile
Coût €

1. Épluchez et **émincez l'échalote**.
2. **Dans une casserole, déposez l'échalote, versez le vin blanc et laissez mijoter** pendant 2 à 3 min.
3. **Ajoutez la crème fraîche** et laissez bouillir pendant 4 min.
4. **Ajoutez 70 g de beurre**. Lorsque le beurre est fondu, **ajoutez le basilic ciselé, puis salez et poivrez**. Gardez au chaud.
5. Dans une poêle, **faites dorer les tranches de cabillaud avec le reste du beurre.**
6. **Servez les tranches de cabillaud nappées de sauce** avec des pommes de terre à l'eau.

Top des avis :

" J'ai fait revenir l'échalote dans l'huile, puis j'ai ajouté le poisson. Dans un saladier, **j'ai mélangé la crème, le vin blanc et le basilic que j'ai versés sur le poisson. Quelques minutes de cuisson, c'est parfait !** " georgia_2

" **J'ai adapté la sauce en remplaçant la crème par du mascarpone** et en ajoutant un quart de chèvre frais. À refaire ! " aliceke

30
AVRIL

SOUPE DE LÉGUMES POÊLÉS

Ingrédients :
Carottes (3)
Pommes de terre (3 grosses)
Tomate (1)
Poireau (1)
Oignon (1)
Bouillon de volaille (1 cube)
Huile d'olive (3 c. à soupe)
Beurre
Sel, poivre

Pour 4 personnes
Préparation 25 min
Cuisson 1 h 15
Très facile
Coût €

1. Épluchez, lavez et **coupez en morceaux les carottes, les pommes de terre et le poireau. Épluchez l'oignon et coupez-le en rondelles. Coupez la tomate en quartiers.**
2. Dans une cocotte, **faites revenir les carottes, les pommes de terre et le poireau avec l'huile, une noix de beurre et deux grosses pincées de sel** pendant 10 min.
3. **Ajoutez l'oignon et laissez sur le feu encore 5 min** en remuant régulièrement.
4. **Ajoutez de l'eau** de façon à ce qu'elle recouvre largement les légumes, portez à ébullition puis **ajoutez le cube de bouillon et les quartiers de tomates. Salez et poivrez. Couvrez et laissez cuire à feu doux pendant environ 1 h.**
5. **Mixez le tout** jusqu'à obtenir un mélange homogène.

Top des avis :

" Superbe recette, **je me suis permise d'ajouter 1 courgette et 1 c. à café de cumin**. C'était un délice. À refaire sans attendre ! "

Pripri78

TARTE AU BROCOLI ET AU ROQUEFORT

Ingrédients :

Pâte brisée ou feuilletée (1 rouleau)
Roquefort (120 g)
Brocoli (1)
Crème fraîche épaisse (20 cl)
Œufs (5)
Noix de muscade
Poivre
Beurre

recette proposée par **celine_546**

Pour 4 personnes
Préparation 15 min
Cuisson 45 min
Très facile
Coût €

1. Préchauffez le four à 200 °C (th. 6-7).
2. **Détachez les fleurettes du brocoli puis faites-les cuire à la vapeur ou à l'eau** jusqu'à ce qu'elles soient tendres.
3. **Étalez la pâte dans un moule** à tarte préalablement beurré.
4. Dans un saladier, **battez les œufs avec une pincée de poivre et un peu de muscade**.
5. **Ajoutez la crème fraîche** et fouettez bien.
6. Dans un bol, **émiettez le roquefort puis incorporez-le aux œufs battus**.
7. **Lorsque les brocolis sont tendres, égouttez-les puis ajoutez-les au mélange œufs-roquefort**.
8. **Versez le tout sur la pâte**.
9. Baissez la température du four à 180 °C (th. 6), **enfournez la tarte** et laissez-la cuire **35 min** en surveillant.

Top des avis :

" J'ai fait une variante de cette recette en remplaçant les brocolis par des épinards. Résultat excellent à condition de faire rendre leur eau aux épinards préalablement. " Quisty

2
MAI

MOELLEUX AU MASCARPONE

Ingrédients :
Mascarpone (125 g)
Huile essentielle de citron (pour cuisine, 2 gouttes)
Œufs (2)
Sucre (150 g)
Farine (150 g)
Huile (5 cl)
Levure chimique (1 sachet)
Sucre vanillé (1 sachet)
Beurre

recette proposée par
Capucine54

Pour 6 personnes
Préparation 15 min
Cuisson 30 min
Très facile
Coût €

1. Préchauffez le four à 180 °C (th. 6).
2. Beurrez un moule rond ou en forme de couronne.
3. **Battez énergiquement les œufs, le sucre et le sucre vanillé** dans un saladier jusqu'à ce que le mélange blanchisse. Sans cesser de battre, **incorporez le mascarpone, l'huile, la farine et la levure.**
4. **Ajoutez,** en dernier, **l'huile essentielle de citron.**
5. **Versez la pâte dans le moule.**
6. **Enfournez** et laissez cuire **30 min** environ.
7. À la sortie du four, attendez 5 min avant de démouler le gâteau.

Top des avis :

"Très moelleux, juste ce qu'il faut de sucre. **J'ai ajouté de l'essence de vanille, de la cannelle en poudre et un zeste de citron.**" Soshy972

"Excellent gâteau ! **J'ajoute un peu de chocolat dans la préparation, les enfants adorent.**" Myriamplanchais

Astuce : Vous pouvez remplacer l'huile essentielle de citron par le jus d'un citron vert.

PLAT

3 MAI

PAUPIETTES DE VEAU AU VIN BLANC

Ingrédients :

Paupiettes de veau (4)
Pommes de terre (5 petites)
Carottes (5 petites)
Vin blanc (25 cl)
Ail (2 gousses)
Oignon (1)
Bouillon de légumes (1 cube)
Huile d'olive
Sel, poivre

recette proposée par
maud_82

Pour 2 personnes
Préparation 20 min
Cuisson 40 min
Très facile
Coût €

1. Dans un autocuiseur, **faites chauffer un peu d'huile avec l'ail et l'oignon** préalablement émincés.
2. **Ajoutez les paupiettes et faites-les dorer** sur toutes les faces.
3. **Épluchez les pommes de terre et les carottes et coupez-les en cubes pour les pommes de terre et en rondelles pour les carottes**.
4. Dans la cocotte, **lorsque les paupiettes sont bien dorées, ajoutez le vin blanc et le cube de bouillon**.
5. Quand ce dernier est bien dissous dans le vin blanc, **ajoutez les pommes de terre et les carottes.** Salez et poivrez.
6. **Fermez la cocotte**, mettez sur feu vif puis baissez le feu à partir du moment où un bruit de chuchotement se fait entendre. **Comptez alors 25 min de cuisson**.

Top des avis :

" **J'ai fait cette recette avec un rôti de veau** (car mon boucher n'avait plus de paupiettes). J'ai suivi la recette à la lettre et c'était excellent ! " chrisas

Astuce : Pour plus de sauce, ajoutez un demi-verre d'eau

ENTRÉE

4 MAI

SALADE D'ÉPINARDS AU PARMESAN

Ingrédients :
Pousses d'épinards (200 g)
Tomates cerises (10-15)
Parmesan frais (100 g)
Ananas (4 tranches)
<u>Pour l'assaisonnement</u> :
Huile de colza (2 c. à soupe)
Citron (1)
Huile d'olive (2 c. à soupe)
Sel, poivre

Pour 2 personnes
Préparation 10 min
Très facile
Coût €

1. **Équeutez les pousses d'épinards, lavez-les et essorez-les.**
2. **Pressez le citron.**
3. Préparez l'assaisonnement : dans un bol, **mélangez le sel, le poivre, les deux huiles et le jus de citron.**
4. Lavez puis **coupez en deux les tomates cerises.**
5. **Coupez les tranches d'ananas en petits morceaux.**
6. **Coupez le parmesan en copeaux** à l'aide d'un couteau économe.
7. Dans un grand saladier, **mélangez les tomates cerises, les feuilles d'épinards, les morceaux d'ananas et les copeaux de parmesan.**
8. **Versez la sauce** dessus et mélangez délicatement.

Top des avis :

" J'ai ajouté quelques feuilles de laitue bien blanches pour le contraste avec le foncé des **épinards**. Pour la sauce, le jus d'un demi-citron suffit à mon goût. " Audrey_4

5
MAI

POULE AU POT

Ingrédients :
Poule (1)
Carottes (800 g)
Navets (300 g)
Poireaux (4)
Thym haché (1 c. à soupe)
Laurier haché (1 c. à soupe)
Oignon (1)
Clous de girofle (2)
Sel, poivre

Pour 6 personnes
Préparation 40 min
Cuisson 2 h 30
Facile
Coût €

1. **Épluchez tous les légumes.**
2. **Mettez la poule dans une grande marmite et couvrez d'eau. Portez à ébullition,** écumez régulièrement.
3. **Ajoutez les légumes** (pliez les poireaux en deux), **l'oignon** préalablement **piqué de clous de girofle et les fines herbes.** Salez et poivrez.
4. **Couvrez et laissez cuire 2 h** à 2 h 30 : la chair de la poule doit se détacher.
5. Servez d'abord le bouillon dégraissé, puis la viande entourée des légumes.

Top des avis :

" Très bon, **j'ai retrouvé le goût d'avant. J'ai ajouté des pommes de terre et du concentré de tomates.** " Patriciabenchaia

" Extra ! C'est vraiment la poule au pot de mon enfance ! **J'ai simplement ajouté des panais et fait mijoter la veille.** " Fjord

Astuce : Vous pouvez farcir votre poule avec les foies de volaille avant de la cuire.

TARTE À LA RHUBARBE

Ingrédients :
Pâte brisée (1 rouleau)
Rhubarbe (500 g)
Cannelle en poudre (1 c. à café)
Œufs (2)
Crème fraîche (20 à 25 cl)
Sucre (150 g)

recette proposée par
Christine_9

Pour 8 personnes
Préparation 20 min
Cuisson 45 min
Très facile
Coût €

1. Préchauffez le four à 200 °C (th. 6-7).
2. Lavez la rhubarbe.
3. **Déroulez la pâte brisée dans un moule à tarte et piquez le fond** à l'aide d'une fourchette.
4. **Coupez la rhubarbe** (sans la peler) en petits cubes.
5. **Répartissez les cubes de rhubarbe sur la pâte.**
6. **Dans un saladier, mélangez les œufs, le sucre, la crème fraîche et la cannelle.**
7. **Versez le mélange sur la rhubarbe.**
8. Enfournez et **laissez cuire 45 min.**

Astuce : Pour en ôter l'acidité, faites mariner les dés de rhubarbe quelques heures dans du sucre. Récupérez le jus produit pour réaliser un glaçage sur votre tarte ou buvez-le, c'est excellent.

PLAT

7 MAI

CAKE SAUCISSON ET LARDONS

Ingrédients :
Lardons (200 g)
Saucisson sec (200 g)
Gruyère râpé (150 g)
Huile de noix (10 cl)
Œufs (3)
Farine (150 g + un peu pour le moule)
Levure chimique (1 sachet)
Lait (10 cl) • Poivre
Beurre (pour le moule)

recette proposée par
Élodie_359

Pour 8 personnes
Préparation 20 min
Cuisson 1 h
Très facile
Coût €

1. Préchauffez le four à 180 °C (th. 6).
2. Beurrez et farinez un moule à cake.
3. **Faites revenir les lardons** dans une poêle sans matières grasses. Égouttez sur du papier absorbant.
4. **Enlevez la peau du saucisson puis coupez-le en cubes.**
5. Dans un saladier, **mélangez la farine et la levure.**
6. Dans un bol, **battez les œufs. Ajoutez le lait, puis l'huile de noix.** Mélangez bien et poivrez.
7. **Versez les ingrédients liquides sur la farine.** Mélangez.
8. **Incorporez le gruyère, les lardons et les cubes de saucisson.**
9. **Versez la préparation dans le moule à cake.**
10. **Enfournez** et laissez cuire **45 à 50 min.**

Top des avis :
" **Très bon, avec une petite salade verte** en accompagnement. " papyrus

Astuce : Vous pouvez remplacer le saucisson par du talon de jambon blanc.

ENTRÉE

8
MAI

SALADE DE LENTILLES ET CORIANDRE

Ingrédients :
Lentilles (500 g)
Graines de cardamome (1 c. à café)
Coriandre fraîche (1 bouquet)
Oignon (1)
Pour l'assaisonnement :
Vinaigre balsamique (1 c. à soupe)
Huile d'olive (2 c. à soupe)
Sel, poivre

recette proposée par
Jeanne

Pour 4 personnes
Préparation 10 min
Cuisson 15 min
Repos 2 h
Très facile
Coût €

1. **Fendez les graines de cardamome et mettez-les dans une grande casserole d'eau. Faites-y cuire les lentilles**, en faisant attention à ce qu'elles restent bien fermes.
2. Pendant ce temps, épluchez et **hachez l'oignon**.
3. **Égouttez les lentilles** et laissez-les refroidir un peu.
4. Dans un saladier, **mélangez les lentilles avec l'oignon**.
5. Préparez l'assaisonnement : dans un bol, **mélangez l'huile d'olive et le vinaigre balsamique**. Salez, poivrez.
6. **Ajoutez la vinaigrette** dans le saladier. Mélangez.
7. **Mettez au frais pendant une bonne heure**. Deux, c'est mieux.
8. Juste avant de servir, **parsemez de coriandre ciselée**.

Top des avis :

" Je n'avais pas de cardamome, j'ai mis des clous de girofle dans l'eau de cuisson. C'était très bon aussi ! " Clemence_327

PLAT

9
MAI

FRICASSÉE DE POULET ET AUBERGINES

Ingrédients :
Aubergines (2)
Escalopes de poulet (2)
Sauce soja douce
(3 c. à soupe)
Miel (2 c. à soupe)
Ail (1 gousse)
Oignon (1)
Huile d'olive
Sel, poivre

recette proposée par
Fanny_1144

Pour 3 personnes
Préparation 10 min
Cuisson 15 min
Très facile
Coût €

1. **Taillez les escalopes en petits dés. Mettez-les dans un bol avec la sauce soja, le miel et l'ail écrasé** et laissez-les mariner.
2. **Émincez l'oignon.**
3. **Coupez les aubergines en deux puis en petits morceaux. Plongez-les dans de l'eau bouillante salée pendant 5 min.**
4. Dans une poêle chaude avec de l'huile d'olive, **faites revenir l'oignon.**
5. **Ajoutez le poulet puis les aubergines essorées. Couvrez et laissez cuire pendant environ 10 min.**
6. **Salez, poivrez** et ajoutez un peu de miel selon votre goût.

Top des avis :

"Excellente recette que j'ai légèrement modifiée. **J'ai fait cuire les aubergines et des poivrons à l'actifrit et j'ai ajouté du gingembre confit : un régal.**"
Grandmazal

"Facile à réaliser et très savoureux. **L'idée de précuire les aubergines à l'eau est excellente.**" MarieCatherine_20

10
MAI

CROUSTILLANTS DE BANANE

Ingrédients :
Bananes un peu fermes (2)
Feuilles de brick (2)
Gingembre frais râpé
(¼ de c. à café)
Sucre roux ou cassonade
(2 c. à soupe)
Beurre (25 g)

recette proposée par
Pierre_65

Pour 2 personnes
Préparation 10 min
Cuisson 10 min
Très facile
Coût €

1. **Épluchez les bananes. Coupez-les en deux, puis fendez chaque morceau en deux** dans le sens de la longueur.
2. **Faites fondre le beurre** à feu doux dans une sauteuse. **Déposez les bananes dans le beurre bien chaud et saupoudrez de sucre**. Laissez caraméliser 2 min de chaque côté : les bananes doivent garder leur tenue. Retirez du feu.
3. **Étalez chaque feuille de brick sur le plan de travail et divisez-les en quatre**.
4. **Répartissez sur chaque quart de brick le gingembre râpé. Posez un morceau de banane** sur la pointe d'un quartier de feuille de brick et **enroulez comme un nem**. Au besoin, collez le rabat de pâte avec un peu de beurre de cuisson des bananes. **Répétez l'opération avec le reste des bananes**.
5. Remettez la sauteuse sur feu moyen, en rajoutant un peu de beurre si nécessaire. **Faites dorer les croustillants dans le beurre bien chaud**.
6. Servez sans attendre.

Top des avis :

“Je les ai servis avec une salade de fruits exotiques relevée au rhum. Un régal ! ” eleonore_28

PLAT

11
MAI

MATELOTE DE LOTTE

Ingrédients :
Lotte (900 g)
Lardons (200 g)
Oignons blancs (12 petits)
Persil (½ bouquet)
Vin rouge (37 cl)
Bouquet garni (1)
Bouillon (1 cube)
Clou de girofle (1)
Farine (20 g) • Beurre (20 g)
Sel • poivre

Pour 6 personnes
Préparation 20 min
Cuisson 45 min
Facile
Coût € €

1. Épluchez et **coupez les oignons en petits morceaux**.
2. Dans une cocotte, **faites rissoler les lardons et les oignons**. Mettez-les de côté.
3. **Ajoutez la lotte** préalablement **coupée en morceaux dans la cocotte**. **Laissez dorer** sur toutes les faces.
4. **Ajoutez le vin rouge et le cube de bouillon**.
5. **Remettez les lardons, les oignons, ajoutez le bouquet garni et le clou de girofle**.
6. **Portez à ébullition**, baissez le feu et **laissez cuire 15 min**.
7. **Malaxez la farine avec le beurre** préalablement ramolli **puis ajoutez-les à la préparation et poursuivez la cuisson 10 min.**
8. **Salez, poivrez et servez parsemé de persil haché.**

Top des avis :

“ **J'ai remplacé le vin rouge par du vin blanc,** et ajouté un peu de safran, avec les lardons et le bouillon cube. Sauce excellente ! ”

beatrice_75

VELOUTÉ GLACÉ MENTHE-PETITS POIS

Ingrédients :
Petits pois frais (550 g)
Yaourts nature (2)
Menthe hachée (2 c. à soupe + quelques brins pour la déco)
Ail (1 gousse)
Bouillon de légumes (1 cube)
Sel, poivre

recette proposée par
Funkybrewster

Pour 4 personnes
Préparation 15 min
Cuisson 15 min
Très facile
Coût €

1. Dans une casserole, **faites cuire les petits pois dans de l'eau bouillante avec le bouillon de légumes** pendant 15 min.
2. **Égouttez les petits pois en conservant un peu de bouillon.** Placez ce bouillon au réfrigérateur.
3. **Plongez les petits pois dans un saladier d'eau glacée** pour qu'ils conservent leur couleur.
4. **Mixez 500 g de petits pois avec les yaourts, la menthe, l'ail et le bouillon refroidi.**
5. **Passez la préparation au chinois** ou dans une passoire fine.
6. **Salez, poivrez puis placez au réfrigérateur.**
7. **Répartissez le velouté dans les verres puis décorez avec les petits pois restants et un brin de menthe.**

Top des avis :

" La menthe et les petits pois **se marient très bien,** j'ai suivi la recette à la lettre et c'était parfait. " Brouskinette

" Moi, **j'ai utilisé des petits pois en boîte que j'ai fait réchauffer 5 minutes dans leur jus.** C'était rapide et délicieux ! " Célinette_156

PLAT

13
MAI

CRUMBLE D'AGNEAU, ORIGAN ET FETA

Ingrédients :
Agneau type gigot ou steak, coupé en cubes (600 g)
Origan (2 c. à café + 1 c. à s.)
Parmesan râpé (50 g)
Feta émiettée (50 g)
Tranches de pommes de terre précuites • Oignons (2)
Ail (1 gousse) • Fond d'agneau (10 cl) • Huile d'olive (2 c. à s.) • Sel, poivre

Pour 4 personnes
Préparation 25 min
Cuisson 25 min
Facile
Coût €

1. Coupez les oignons en lamelles.
2. Pelez et hachez l'ail.
3. Dans une poêle à fond épais, **faites sauter dans 1 c. à soupe d'huile les oignons et l'ail** pendant environ 2 min.
4. **Ajoutez les dés d'agneau et faites revenir 2 min.** Salez, poivrez et **saupoudrez de 1 c. à café d'origan. Ajoutez le fond d'agneau et laissez mijoter environ 5 min.**
5. **Enduisez un plat à gratin d'huile d'olive et tapissez le fond avec les tranches de pommes de terre.**
6. **Saupoudrez de 1 c. à café d'origan.**
7. **Ajoutez l'agneau avec le jus de cuisson.**
8. Préchauffez le four à 220 °C.
9. **Préparez le crumble en mélangeant le parmesan, la feta, l'origan restant, du sel et du poivre.**
10. **Répartissez le crumble sur l'agneau et enfournez pour environ 15 min** jusqu'à ce que le crumble soit bien doré.
11. Servez immédiatement.

Astuce : Remplacez les tranches de pommes de terre par des tranches de céleri-rave.

STREUSEL

Ingrédients :

Pour la brioche : Levure de boulangerie sèche (1 sachet) • Farine (500 g) Beurre (150 g) • Œufs (3) Jaune d'œuf (1) • Sel Sucre (125 g) • Lait (20 cl)

Pour le streusel : Poudre d'amandes (125 g) • Farine (150 g) • Beurre (150 g) Sucre (150 g) • Cannelle

recette proposée par
Babou

Pour 8 personnes
Préparation 15 min
Cuisson 40 min
Repos 1 h 30
Facile
Coût €

1. Préparez la brioche : **versez la farine dans un saladier et incorporez au centre le sucre, une pincée de sel, la levure, le beurre** préalablement **ramolli, les œufs entiers et le lait préalablement tiédi. Mélangez** jusqu'à l'obtention d'une pâte homogène.
2. Couvrez d'un linge et **laissez reposer 1 h.**
3. Pendant ce temps, préparez le streusel : **mélangez la poudre d'amandes, le beurre, la farine, le sucre et 2 pincées de cannelle en poudre** : vous devez obtenir des miettes type crumble. **Mettez de côté.**
4. Au bout de 1 h, **déposez votre pâte à brioche dans un moule** (type moule à tarte) **beurré et fariné.** Couvrez d'un linge et **laissez reposer 30 min.**
5. Préchauffez le four à 210 °C (th. 7).
6. Dorez le dessus de la brioche avec le jaune d'œuf battu.
7. **Répartissez le streusel sur le dessus**.
8. **Enfournez** et laissez cuire **40 min**.

Top des avis :

"Très très bon ! **J'ai rajouté des lamelles de pommes entre la pâte et le streusel** et j'ai eu beaucoup de succès." valerie_224

PENNE COURGETTES-POULET-PARMESAN

Ingrédients :
Blancs de poulet (4)
Penne rigate (500 g)
Courgettes (5)
Parmesan (100 g)
Basilic frais (5 brins)
Piment d'Espelette en poudre (1 pincée)
Crème fraîche (25 cl)
Ail (2 gousses) • Curry
Huile d'olive • Sel, poivre

Pour 4 personnes
Préparation 30 min
Cuisson 20 min
Très facile
Coût €

1. **Émincez les blancs de poulet**.
2. Dans une poêle**, faites-les rissoler** avec 1 c. à soupe d'huile.
3. **Saupoudrez-les de piment d'Espelette**. Réservez au chaud.
4. **Épluchez les courgettes**, puis **prélevez des rubans de chair en passant l'économe jusqu'à l'apparition des grains**.
5. **Faites-les revenir** à la poêle **dans un filet d'huile d'olive**.
6. Portez une grande casserole d'eau à ébullition, salez puis **faites cuire les penne** une douzaine de minutes. Égouttez-les.
7. Dans un saladier, **mélangez la crème fraîche, les courgettes, les gousses d'ail** préalablement **pressées, du sel, du poivre, un peu de curry et les émincés de poulet**.
8. **Versez sur les penne puis ajoutez des copeaux de parmesan frais et des feuilles de basilic frais**.

Top des avis :

“J'ai ajouté des olives vertes et j'ai mis du comté à la place du parmesan.” cathy_1183

16
MAI

SUSHIS CONCOMBRE-SAINT-JACQUES

recette proposée par
Sylvie54

Ingrédients :
Noix de Saint-Jacques (12)
Concombre (1)
Citrons verts (3)
Huile d'olive (1 filet)
Mélange poivre 5 baies
Fleur de sel

Pour 4 personnes
Préparation 20 min
Repos 10 min
Très facile
Coût € € €

1. **Pressez les citrons verts.**
2. **Laissez mariner les noix de Saint-Jacques dans le jus des citrons** une dizaine de minutes (retournez-les au bout de 5 min).
3. **Épluchez le concombre et coupez-le avec un couteau économe en fines lamelles** dans le sens de la longueur.
4. **Enroulez chaque noix de Saint-Jacques dans une lamelle de concombre. Faites tenir le tout avec une pique en bois.**
5. Présentez les sushis sur une assiette.
6. **Assaisonnez de fleur de sel, du mélange 5 baies et d'un filet d'huile d'olive.**

Top des avis :

" Original pour un apéritif. **J'ai fait dorer les noix de Saint-Jacques dans une noisette de beurre puis déglacé au vinaigre de Xérès.** Un délice ! " Fred_237

" La cuisson au citron vert est toujours savoureuse. **J'ai varié en réalisant lamelles de concombre/pétoncles et lamelles de courgettes cuites au citron vert/crevettes.** "

Orflamenu

BLANCS DE POULET AU MIEL

Ingrédients :
Blancs de poulet (2)
Miel (2 c. à soupe)
Crème fraîche (20 cl)
Beurre (1 noix)
Vinaigre balsamique (3 c. à soupe)
Sel, poivre

Pour 2 personnes
Préparation 5 min
Cuisson 10 min
Très facile
Coût €

1. Faites fondre le beurre dans une poêle. **Faites-y dorer les blancs de poulet** (entiers ou coupés en petits cubes selon vos préférences).
2. **Quand les blancs de poulet sont bien dorés, ajoutez la crème fraîche, le miel et le vinaigre**. Salez et poivrez.
3. Servez avec du quinoa.

Top des avis :

" C'est un pur bonheur, merci beaucoup ! **J'ai, pour ma part, remplacé le vinaigre balsamique par de la crème de balsamique, c'était délicieux !** "
GiuliaMgl

" J'ai fait cette recette avec des cuisses et des pilons de poulet. **J'ai ajouté un oignon (par erreur) et je ne l'ai pas regretté.** " odile82

Astuce : Décorez les assiettes avec quelques feuilles de coriandre ou de persil plat.

DESSERT

18
MAI

SALADE DE FRUITS FAÇON CRUMBLE

recette proposée par **Bergie**

Ingrédients :
Mangue (1)
Bananes (2 grosses)
Framboises (125 g)
Palets bretons (3 ou 4)
Rhum (3 c. à soupe)

Pour 4 personnes
Préparation 15 min
Repos 2 h
Très facile
Coût € €

SALADE DE FRUITS FAÇON CRUMBLE

1. Épluchez et **coupez la mangue en petits morceaux**.
2. Épluchez et **coupez les bananes en rondelles.**
3. **Lavez délicatement les framboises**.
4. **Mélangez tous les fruits** dans un saladier.
5. **Versez le rhum**, mélangez.
6. **Placez au réfrigérateur** au minimum 2 h.
7. **Concassez grossièrement les palets** dans un grand bol.
8. Au moment du service, **répartissez les fruits dans des verres et saupoudrez de miettes de palets.**

Top des avis :

" C'était délicieux ! J'ai ajouté un fruit de la passion. **Il vaut mieux mettre les framboises à la fin car sinon elles sont trop « cuites ».** " PASCALINE_136

" Comme il y avait des enfants, **j'avais peur que le rhum soit trop fort, j'ai donc mis 3 c. à soupe pour un grand saladier de 10 personnes.** Résultat : impeccable. "

evolyne_37

MERLU KOSKERA

Ingrédients :
Darnes de merlu (4)
Asperges blanches (1 botte)
Petits pois frais (250 g)
Piment rouge (1)
Persil plat (1 bouquet)
Vin blanc (facultatif)
Ail (1 gousse)
Huile d'olive
Bicarbonate de soude
(1 c. à café) • Sel

Pour 4 personnes
Préparation 20 min
Cuisson 25 min
Facile
Coût € €

1. **Pelez les asperges, lavez-les et ficelez-les**. **Faites-les blanchir** dans une casserole d'eau bouillante avec le bicarbonate de soude pendant 15 à 20 min.
2. **Écossez les petits pois, faites-les cuire 10 à 15 min** dans une casserole d'eau bouillante. Égouttez-les.
3. **Épépinez et coupez le piment en fines lanières**.
4. Épluchez, dégermez et **hachez l'ail**. Effeuillez et **hachez le persil**.
5. **Dans un poêlon en terre, chauffez 3 c. à soupe d'huile et faites revenir les darnes préalablement salées**, 3 min de chaque côté, à feu vif.
6. Baissez le feu et **laissez le poisson rendre son eau 5 min.** S'il n'y a pas assez de liquide, rajoutez du vin blanc.
7. Augmentez le feu et **rajoutez l'huile lentement en remuant le poêlon** d'un vigoureux mouvement de va-et-vient : l'huile et la sauce doivent s'émulsionner.
8. **Ajoutez le piment, l'ail et le persil puis les petits pois et les asperges. Laissez mijoter 5 min**.
9. Goûtez et **rectifiez l'assaisonnement**
10. Servez brûlant dans le plat de cuisson.

SOUPE TOM KHA KAI

Ingrédients :
Poulet (1) • Lait de coco (60 cl) • Le jus de 1 citron
Galanga sec (6 morceaux) ou en poudre (4 c. à café)
Crème de coco (25 cl)
Piments verts frais (3)
Coriandre (4 brins)
Citronnelle (2 tiges) • Sel
Feuilles de citronnier (3)
Sauce de poisson (1 c. à s.)

Pour 6 personnes
Préparation 20 min
Cuisson 1 h
Repos 30 min
Facile
Coût € €

1. **Faites tremper le galanga 30 min dans de l'eau chaude**.
2. **Coupez le poulet en morceaux.**
3. Lavez et **émincez finement la citronnelle.**
4. **Mettez les morceaux de poulet dans une grande casserole avec le lait de coco, le galanga, les piments verts, 2 brins de coriandre** préalablement **hachés, la citronnelle et les feuilles de citronnier**. Salez.
5. **Portez à ébullition puis laissez mijoter** à découvert **jusqu'à ce que le poulet soit cuit**.
6. **Ajoutez la crème de coco et remuez** constamment jusqu'à la reprise de l'ébullition.
7. **Retirez du feu et ajoutez la sauce de poisson et le jus de citron**.
8. Servez dans une soupière, parsemée de feuilles de coriandre.

Top des avis :

"Délicieux, léger et diététique (pas besoin de crème de coco). J'ai rajouté 2 gousses d'ail fendues en quatre avec le lait de coco, ainsi qu'une carotte coupée en lanières."

Julie_360

PLAT

21
MAI

RISOTTO CREVETTES ET ASPERGES

Ingrédients :
Riz spécial risotto (350 g)
Crevettes décortiquées cuites (300 g)
Asperges vertes ou asperges sauvages (300 g)
Bouillon aux légumes (1 l)
Oignons (2 gros)
Vin blanc (20 cl)
Beurre (30 g) • Huile d'olive
Sel, poivre

Pour 4 à 6 personnes
Préparation 30 min
Cuisson 40 min
Facile
Coût € €

1. **Préparez votre bouillon** en faisant bouillir un peu plus de 1 l d'eau et en y ajoutant les 2 cubes.
2. Épluchez et **émincez les oignons.**
3. **Faites revenir les oignons dans de l'huile d'olive** pendant quelques minutes.
4. **Versez-y le riz. Remuez vivement jusqu'à ce qu'il devienne translucide.**
5. **Ajoutez le vin** sans cesser de remuer, à feu assez vif.
6. **Lorsque le vin est quasiment évaporé, ajoutez une louche de bouillon. Laissez le riz s'en imbiber puis ajoutez une louche de bouillon au fur et à mesure jusqu'à ce que le riz soit *al dente* :** comptez entre 15 et 20 min, selon la qualité du riz.
7. **Ajoutez les crevettes, les pointes des asperges vertes** (préalablement cuites si vous utilisez des asperges fraîches) et un peu de poivre. Mélangez le tout et laissez cuire à feu doux pendant quelques minutes.
8. **Ajoutez le beurre, salez, remuez vivement puis couvrez et laissez reposer 2 min.**

Top des avis :

« J'ai ajouté des champignons de Paris en plus. Un vrai régal ! »

Khiang

GÂTEAU FONDANT AU CHOCOLAT PRALINÉ

Ingrédients :
Chocolat praliné type Pralinoise (400 g)
Poudre d'amandes ou de noisettes (65 g)
Crème fraîche épaisse (2 c. à soupe)
Cacao en poudre (20 g)
Beurre (150 g + un peu pour le moule) • Œufs (4)
Sucre (150 g) • Farine (100 g)

recette proposée par
Annesophie_87

Pour 8 personnes
Préparation 20 min
Cuisson 40 min
Repos 4 h
Facile
Coût € €

1. Préchauffez le four à 150 °C (th. 5).
2. Dans un saladier, **travaillez le beurre à la fourchette**, pour qu'il prenne la consistance d'une pommade.
3. **Faites fondre le chocolat praliné** au micro-ondes ou au bain-marie.
4. **À l'aide d'un fouet électrique, mélangez le chocolat fondu avec le beurre.**
5. **Ajoutez les œufs et fouettez** jusqu'à ce que le mélange ressemble à une mousse au chocolat assez claire (comptez environ 4-5 min).
6. Toujours au fouet, **ajoutez la crème fraîche épaisse.**
7. **Incorporez** successivement **le sucre, le cacao, la farine et la poudre d'amandes ou de noisettes.**
8. **Versez la pâte dans un moule à manqué** préalablement beurré.
9. **Enfournez** et laissez cuire 40 min.
10. **Laissez refroidir le gâteau, au minimum 4 h**, avant de le déguster.

Top des avis :

" Délicieux, servi avec **une crème anglaise** ! Il ne faut rien changer à cette recette. "

Estelle 126

ÉMINCÉ DE VEAU À LA ZURICHOISE

Ingrédients :
Émincé de veau dans la noix (500 g) • Rognons de veau émincés (300 g)
Champignons (160 g)
Fond brun lié (10 cl)
Zeste de 1 citron non traité
Échalotes (3) • Farine (50 g)
Beurre (100 g) • Vin blanc sec (12 cl) • Crème liquide (20 cl) • Huile de tournesol

Pour 6 personnes
Préparation 20 min
Cuisson 20 min
Moyennement difficile
Coût € € €

1. Lavez et **émincez les champignons**.
2. Dans une poêle**, faites revenir l'émincé de veau et les rognons dans un peu d'huile**. Gardez au chaud.
3. **Faites suer les échalotes** préalablement **hachées et les champignons** dans un peu d'huile.
4. **Déglacez au vin blanc, ajoutez le fond brun et laissez cuire** quelques instants.
5. Dans un saladier, **travaillez le beurre en pommade puis ajoutez la farine et malaxez** avec les mains jusqu'à l'obtention d'une pâte homogène.
6. **Filtrez la sauce, reversez-la dans la poêle sur feu doux puis ajoutez des morceaux de pâte**, petit bout par petit bout, en mélangeant à l'aide d'un fouet.
7. **Ajoutez la crème liquide, un peu de zeste de citron râpé puis l'émincé de veau, les rognons et les champignons.** Réchauffez sur feu très doux puis servez.

Top des avis :

" Délicieux et rapide !
À accompagner de vrais röstis, évidemment. " Patrick_601

ŒUF COCOTTE AU SAINT-NECTAIRE

Ingrédients :
Saint-nectaire (200 g)
Jambon blanc (1 tranche)
Œufs (4)
Crème fraîche (20 cl)
Sel, poivre

Pour 2 personnes
Préparation 15 min
Cuisson 20 min
Très facile
Coût €

1. Préchauffez le four à 180 °C (th. 6).
2. **Répartissez la crème fraîche et le saint-nectaire dans 2 ramequins** allant au four.
3. **Enfournez pour 15 min** en remuant de temps en temps pour que le fromage fonde uniformément.
4. Quand le mélange crème-fromage est bien lisse, **ajoutez quelques lanières de jambon blanc et cassez 2 œufs dans chaque ramequin.** Salez, poivrez puis remettez au four pour 5 bonnes minutes.
5. Savourez avec des mouillettes de pain.

Top des avis :

“**Simple et très bon.** Je n'ai mis qu'un œuf par personne pour un dîner, accompagné d'une salade d'endives aux noix.” Regine220

“**Un plat rapide et excellent,** j'ai parsemé chaque ramequin de ciboulette pour donner un peu plus de goût.” Estrella1712

“J'ai remplacé le saint-nectaire par du gruyère râpé et **c'était excellent.**” Cleodu57

PLAT

25
MAI

GNOCCHIS SAUCE BACON

Ingrédients :
Gnocchis (600 g)
Munster (200 g)
Bacon (150 g)
Œuf (1)
Crème fraîche
(3 c. à soupe)
Sel, poivre

recette proposée par
celine_2410

Pour 4 personnes
Préparation 20 min
Cuisson 20 min
Très facile
Coût €

1. Préchauffez le four à 180 °C (th. 6).
2. **Plongez les gnocchis dans une casserole d'eau bouillante salée.**
3. Lorsqu'ils remontent à la surface (comptez 2-3 min), **égouttez-les.**
4. **Coupez le munster en cubes, et les tranches de bacon en petits morceaux.**
5. Dans un saladier, **mélangez les gnocchis, le munster et le bacon.**
6. **Versez le tout dans un plat allant au four.**
7. Dans un bol, **mélangez la crème fraîche avec l'œuf et du poivre.**
8. **Versez cette sauce** dans le plat.
9. **Enfournez et laissez cuire 15 min.**

Top des avis :

"Excellent ! Pour ma part, **j'ai fait une version avec du maroilles (fromage du Nord), c'est tout aussi délicieux et ça se marie parfaitement avec le bacon.** Calorique, mais à tester absolument ! " juju_28

Astuce : Vous pouvez remplacer le munster par un demi-reblochon.

DESSERT

26
MAI

SABLÉS FACILES

Ingrédients :
Vanille liquide ou en poudre (1 c. à café)
Beurre (60 g)
Farine (150 g)
Sucre (60 g)
Œuf (1)

Pour 10 sablés
Préparation 10 min
Cuisson 20 min
Très facile
Coût €

1. Préchauffez le four à 170 °C (th. 5-6).
2. Dans un saladier, **mélangez la farine et le sucre.**
3. **Incorporez l'œuf, puis le beurre préalablement ramolli** coupé en dés. **Pétrissez bien.**
4. **Ajoutez la vanille.** Ajoutez un peu de farine si la pâte colle trop aux doigts.
5. **Formez des boules assez grosses** et placez-les sur une plaque de cuisson bien beurrée.
6. Enfournez et **laissez cuire 20 min.**

Top des avis :

" Pour ma part, **j'ai ajouté des noisettes et des amandes concassées** et le résultat est excellent ! " Marie_24

27
MAI

POULET VANILLE-LAIT DE COCO

Ingrédients :
Blancs de poulet (2)
Vanille (¼ de gousse)
Noix de coco râpée (1 c. à soupe) • Lait de coco (15 cl)
Tomate (1) • Citron vert (½)
Gingembre frais râpé (1 c. à café) • Oignon (½)
Ail (½ gousse) • Beurre (15 g) • Curry (1 c. à soupe)
Sel, poivre

Pour 2 personnes
Préparation 25 min
Cuisson 30 min
Repos 30 min
Facile
Coût € €

1. Pelez, épépinez et **coupez la tomate en tout petits morceaux.**
2. **Pelez l'ail et l'oignon. Émincez-les.**
3. **Coupez la gousse de vanille en tout petits morceaux.**
4. Dans un saladier, **mélangez la tomate, l'ail, l'oignon, le curry, le gingembre et le jus du demi-citron vert.**
5. **Coupez le poulet en petits cubes, puis laissez-le mariner** dans la préparation précédente pendant 30 min.
6. **Faites cuire le tout dans une poêle avec un peu de beurre** pendant 8 min puis **arrosez de lait de coco. Ajoutez la vanille.** Salez et poivrez.
7. **Faites mijoter pendant 20 min** à feu doux et à découvert.
8. **Parsemez de noix de coco râpée** et servez.

Top des avis :

"Recette excellente, et comme j'étais pressée, **j'ai utilisé du coulis de tomates en boîte à la place de la tomate fraîche.**"

emilie_2164

ENTRÉE

28
MAI

BÖREKS

Ingrédients :
Feuilles de brick (10)
Fromage de chèvre frais type Chavroux (150 g)
Aneth (3 brins)
Œuf (1)
Huile

recette proposée par
clemoune

Pour 20 böreks
Préparation 15 min
Cuisson 5 min
Très facile
Coût €

1. Dans un saladier, **mélangez le chèvre entier avec l'œuf et l'aneth** préalablement lavé et ciselé afin d'obtenir une pâte bien homogène.
2. **Coupez chaque feuille de brick en deux.**
3. **Déposez une noix de farce au bord de chaque demi-feuille** puis **roulez-les**.
4. **Faites-les dorer** dans une poêle huilée bien chaude et servez chaud.

Top des avis :

"Très bon aussi avec une farce faite avec des épinards, de la feta, de la brousse et des pignons de pin grillés."

Karine_142

29
MAI

COCOTTES DE THON

Ingrédients :
Thon au naturel (1 boîte)
Poivron (1)
Tomates pelées (800 g)
Piment de Cayenne en poudre
Oignon (1)
Huile d'olive
Sel, poivre

recette proposée par
Martine95

Pour 2 personnes
Préparation 10 min
Cuisson 20 min
Très facile
Coût €

1. **Émincez l'oignon puis faites-le rissoler dans de l'huile d'olive.**
2. Dès qu'il est doré, **ajoutez le poivron coupé en lanières, la boîte de thon avec son jus, les tomates pelées et une pincée de piment. Salez et poivrez.**
3. **Laissez cuire 10 min à couvert puis 10 min à découvert** pour faire réduire le jus.
4. Servez dans des cocottes individuelles.

Top des avis :

" J'ai remplacé le piment par du Tabasco et c'était délicieux ! Pas forcément très présentable en l'état, mais c'est le goût qui compte ! " Isabelle_5180

" Dé-li-ci-eux et *light* ! J'ai utilisé des tomates fraîches et remplacé le piment par des herbes de Provence. À la fin de la cuisson, j'ai rajouté de la crème fraîche allégée et des pommes de terre vapeur. " Alexandra_1274

Astuce : Si vous accompagnez ce plat de riz, faites-le cuire directement dans le jus des tomates.

DESSERT

30
MAI

MUFFINS AU CHOCOLAT BLANC

Ingrédients :
Chocolat blanc (200 g)
Amandes effilées (45 g)
Œufs (2)
Farine (375 g)
Levure chimique (1 sachet)
Sucre (125 g)
Lait (37,5 cl)
Beurre (160 g)

recette proposée par
Rondoudou

Pour 10 muffins
Préparation 20 min
Cuisson 25 min
Facile
Coût €

1. Préchauffez le four à 210 °C (th. 7). **Graissez des moules à muffins** avec du beurre ou de l'huile.
2. **Coupez le chocolat blanc en pépites**.
3. **Tamisez la farine** dans un grand saladier, **incorporez le sucre et le chocolat**. Creusez un puits au centre.
4. **Dans un grand bol, fouettez les œufs puis incorporez-y le lait.**
5. **Versez ce mélange dans le puits de farine. Ajoutez le beurre** préalablement **fondu et mélangez** avec une cuillère en bois : la pâte doit être grumeleuse.
6. **Versez la pâte dans les moules à muffins en les remplissant aux trois quarts**.
7. **Parsemez d'amandes effilées** et appuyez légèrement dessus.
8. **Enfournez** et laissez cuire **25 min.**
9. Laissez les muffins dans leurs moules pendant 5 min avant de les démouler.

Top des avis :

"Super ! **J'ai ajouté un cœur de pâte de spéculoos et des miettes de spéculoos sur le dessus !**" gaumar

MERMEZ (RAGOÛT AUX TOMATES)

Ingrédients :
Viande d'agneau (1,6 kg)
Tomates fraîches (500 g)
Poivrons (8) • Sel, poivre
Pois chiches (150 g)
Carvi (½ c. à café)
Harissa (2 c. à café)
Coriandre (½ bouquet)
Oignons (4) • Ail (2 gousses)
Concentré de tomates (100 g)
Huile d'olive (10 cl)

Pour 8 personnes
Préparation 1 h
Cuisson 1 h
Moyennement difficile
Coût €

1. **Coupez la viande en morceaux pas trop gros**.
2. Lavez et **coupez en quartiers les tomates**.
3. Épluchez et **hachez les oignons.**
4. Dans une grande casserole, **faites chauffer l'huile et faites-y rissoler les oignons puis les morceaux de viande**.
5. **Ajoutez les tomates et le concentré de tomates**, remuez.
6. **Ajoutez la harissa, l'ail** préalablement **écrasé, le carvi, la coriandre** préalablement **hachée, du sel et du poivre. Mouillez à hauteur, ajoutez les pois chiches, couvrez et laissez cuire** à feu doux pendant 30 min.
7. Lavez, épépinez et **coupez en lanières les poivrons**.
8. **À mi-cuisson, ajoutez les poivrons** puis **poursuivez la cuisson encore 30 min.**

Top des avis :

" Voilà un plat typiquement **tunisien** et épicé à la manière tunisienne ! Parfait, rien à redire. "yosra

ENTRÉE

1er JUIN

BRUSCHETTAS TOMATES-AUBERGINE

recette proposée par **July21**

Ingrédients :

Pain (4 grosses tranches)
Tomates bien mûres (2)
Aubergine (1 grosse)
Jambon cru (300 g)
Chèvre frais (8 palets)
Basilic (4 feuilles)
Ail (1 gousse)
Huile d'olive
Sel

Pour 4 personnes
Préparation 25 min
Cuisson 10 min
Facile
Coût €

1. Préchauffez le four à 180 °C (th. 6).
2. **Coupez le jambon en lamelles.**
3. Lavez l'aubergine et **coupez-la en tranches de 1 cm d'épaisseur.**
4. **Salez les tranches des 2 côtés et faites-les dégorger** environ 2 min.
5. **Essuyez-les** avec du papier absorbant puis **faites-les revenir dans une poêle avec un peu d'huile d'olive.**
6. **Plongez les tomates quelques secondes dans de l'eau bouillante, épluchez-les, puis découpez-les en petits dés.**
7. **Frottez ensuite les tranches de pain avec la gousse d'ail** coupée en deux et dégermée.
8. **Arrosez les tranches de pain de quelques gouttes d'huile d'olive.**
9. Sur chaque tranche de pain, **posez 2 tranches d'aubergine l'une sur l'autre, quelques dés de tomates, 2 palets de chèvre et des lamelles de jambon cru.**
10. **Enfournez pour 10 min** environ jusqu'à ce que le fromage ait fondu.
11. Avant de servir, **disposez une feuille de basilic sur chaque bruschetta.**

Top des avis :

" Très savoureuse. **Avec des cubes de melon, c'est parfait pour un apéro d'été.** " Annarvi

PLAT

2 JUIN

LAPIN EN CIVET À L'ANCIENNE

recette proposée par
Sarah_2

Pour 6 personnes
Préparation 40 min
Cuisson 1 h 45
Facile
Coût € € €

Ingrédients :
Lapin (1, d'environ 2 kg)
Vin rouge, côtes-du-rhône (45 cl)
Lardons (150 g, facultatif)
Champignons (200 g, facultatif) • Oignon (1)
Farine (2 c. à soupe)
Beurre (150 g)
Laurier (4 feuilles séchées)
Sel, poivre

1. Découpez le lapin.
2. **Faites revenir les morceaux dans une cocotte avec le beurre, l'oignon émincé et quelques pincées de sel** jusqu'à ce qu'ils soient bien dorés.
3. **Ajoutez le foie et les rognons du lapin** et faites-les revenir quelques instants.
4. Ajoutez également les lardons et les champignons.
5. **Saupoudrez de farine. Mouillez avec un petit verre de vin, puis ajoutez progressivement le reste du vin,** en remuant pour bien lier la sauce. Si la sauce est trop forte en goût, ajoutez un petit verre d'eau.
6. **Salez et poivrez puis ajoutez les feuilles de laurier.**
7. **Laissez mijoter** à feu doux pendant environ 1 h 30.

Top des avis :

« **J'ai réalisé cette recette avec du vin blanc,** ce qui est une tradition dans le Lyonnais… **J'ai fait mariner les morceaux la veille.** Résultat excellent. »

Bernadette 91

ALFAJORES

Ingrédients :
Confiture de lait (500 g)
Farine (400 g)
Beurre (200 g)
Sucre (6 c. à soupe)
Sucre glace

Pour 25 biscuits
Préparation 20 min
Cuisson 20 min
Très facile
Coût €

1. Préchauffez le four à 175 °C (th. 5-6).
2. Dans un saladier, **mélangez la farine, le sucre et le beurre.**
3. **Pétrissez bien.**
4. **Formez un boudin puis coupez-le en rondelles de 5 mm d'épaisseur**.
5. **Déposez les biscuits sur une plaque** de cuisson préalablement beurrée et **enfournez 15 à 20 min** : les biscuits doivent être légèrement dorés. Laissez-les refroidir.
6. **Tartinez la moitié des biscuits de confiture de lait puis recouvrez chacun d'un second biscuit**.
7. **Saupoudrez de sucre glace** avant de servir.

Top des avis :

" Une recette délicieuse. **Il ne faut pas faire les biscuits trop épais sinon ils sont trop secs.** " paul179

" Pour améliorer encore un peu la recette, **je rajoute le zeste d'un citron dans la pâte et je saupoudre la confiture de lait de poudre de coco.** "
Margot_122

SALTIMBOCCA D'ESPADON

Ingrédients :
Espadon (4 tranches fines)
Mozzarella (150 g)
Jambon cru (8 tranches fines) • Parmesan râpé (30 g)
Estragon (quelques feuilles)
Persil plat (10 brins)
Vin blanc sec (10 cl)
Ail (1 gousse)
Farine (2 c. à soupe)
Beurre (50 g) • Poivre blanc

recette proposée par
Emma_19

Pour 4 personnes
Préparation 20 min
Cuisson 7 min
Facile
Coût € €

1. **Humidifiez légèrement une spatule** plate et utilisez-la **pour aplatir les tranches de poisson sans les casser.**
2. **Coupez la mozzarella en 8 tranches fines**.
3. **Mettez une tranche de mozzarella et une tranche de jambon sur chaque tranche de poisson**.
4. Épluchez, dégermez puis **pressez l'ail.**
5. Dans un bol, **mélangez l'ail pressé, les herbes préalablement ciselées, le parmesan et le poivre blanc.**
6. **Badigeonnez chaque tranche de jambon de cette préparation puis roulez-les**. Maintenez les rouleaux avec un ou deux cure-dents.
7. **Roulez les rouleaux dans la farine puis faites-les revenir** dans une poêle **avec le beurre** quelques minutes, en les retournant délicatement.
8. **Versez le vin blanc dans la poêle et laissez cuire à feu vif jusqu'à évaporation**.
9. Servez chaud.

Top des avis :

"Un régal !
Pour une cuisson homogène,
je râpe les pommes de terre
et les fais cuire directement

ENTRÉE

5
JUIN

SALADE DE FÈVES AU CHÈVRE FRAIS

recette proposée par
Pirouette

Ingrédients :
Fèves fraîches
ou surgelées (2 kg)
Fromage de chèvre frais
(100 g)
Sarriette ou thym (1 brin)
Œufs (2)
Oignon (1)
Huile d'olive (8 cl)
Vinaigre de Xérès (3 cl)
Sel, poivre

Pour 6 personnes
Préparation 30 min
Cuisson 15 min
Repos 20 min
Très facile
Coût €

1. **Faites cuire les œufs** : plongez-les dans une casserole d'eau froide, portez à ébullition puis laissez cuire 9 min.
2. Épluchez et **émincez l'oignon en fines lamelles.**
3. **Placez-les dans un saladier, mouillez avec le vinaigre, salez et laissez macérer 20 min** pour rendre l'oignon plus tendre.
4. Écalez puis **coupez en quartiers les œufs durs**.
5. **Écossez les fèves**. **Faites-les cuire** 5 min à l'eau bouillante bien salée avec le brin de sarriette ou de thym. Égouttez-les et **rincez-les sous l'eau froide pour stopper la cuisson**.
6. Lorsqu'elles sont froides, **ôtez leur seconde peau**.
7. **Versez l'huile d'olive sur les oignons**.
8. **Ajoutez les fèves, le fromage de chèvre coupé en cubes et, pour finir, les œufs.** Salez et poivrez.
9. **Placez au réfrigérateur jusqu'au moment de servir**.

Top des avis :

"Je n'avais pas de fromage de chèvre, **j'ai utilisé de la feta**, c'était très bon." Poulette26

POULET À LA SAUCE AIGRE-DOUCE

Ingrédients :
Blancs de poulet (250 g)
Tomates (2) • Concombre (¼)
Carotte (1) • Poivron (1)
Piments rouges (2)
Maïzena (½ c. à s.) • Concentré de tomates (1 c. à s.) • Ail (1 gousse) • Vinaigre (2,5 c. à s.)
Sucre (2,5 c. à s.) • Sel (½ c. à café) • Huile de tournesol (3 c. à soupe)

Pour 2 personnes
Préparation 15 min
Cuisson 5 min
Très facile
Coût €

1. Coupez le poulet en morceaux, les tomates en quatre, le concombre, la carotte et le poivron en tranches de 4 cm d'épaisseur.
2. Dans un bol, **mélangez la Maïzena, le concentré de tomates, l'ail** préalablement **écrasé, les piments** préalablement **émincés finement, le vinaigre, le sucre, le sel et 5 c. à soupe d'eau. Mélangez** jusqu'à ce que la sauce soit homogène.
3. **Faites chauffer l'huile à feu vif dans une grande poêle. Ajoutez le poulet et faites-le revenir 2 min** en mélangeant.
4. **Versez la sauce et les légumes et faites mijoter 1 min** en remuant constamment jusqu'à ce que la sauce épaississe et devienne translucide.
5. Servez bien chaud, avec du riz.

Top des avis :

"Délicieux ! **J'ai remplacé le vinaigre par de la sauce soja**. Les légumes sont croquants et la viande fondante."

oufle

TARTE AU CHOCOLAT BLANC ET FRAISES

Ingrédients :
Pâte sablée (1 rouleau)
Chocolat blanc (400 g)
Fraises (500 g)
Crème fraîche épaisse (50 cl)

recette proposée par **Virginie_1063**

Pour 6 personnes
Préparation 20 min
Repos 5 h
Cuisson 20 min
Très facile
Coût € €

1. Préchauffez le four à 160 °C (th. 5-6).
2. **Déroulez la pâte et garnissez-en un moule à tarte.** Piquez-la avec une fourchette. **Faites-la cuire à blanc 15 à 20 min.**
3. **Cassez le chocolat blanc en morceaux** dans un saladier.
4. **Faites chauffer la crème fraîche** dans une casserole sans la faire bouillir puis **versez-la sur le chocolat.** Remuez jusqu'à ce que le chocolat soit fondu.
5. **Versez la préparation sur la pâte cuite** puis **placez au moins 5 h au réfrigérateur.**
6. Lavez les fraises, équeutez-les puis **coupez-les en lamelles.**
7. Au moment de servir, **disposez les lamelles de fraises** (et quelques framboises si vous le souhaitez) **sur la tarte.**

Top des avis :

“ **J'ai mélangé le chocolat blanc avec un tout petit peu de chocolat noir** pour donner une couleur légèrement caramélisée. C'est excellent. ”

Sophie_75

PLAT

8 JUIN

TAJINE TRADITIONNEL

recette proposée par **Emma**

Ingrédients :
Selle d'agneau (2 beaux morceaux) • Courgette (½)
Tomate (1 grosse)
Carotte (1) • Oignon (1 gros)
Mélange 14 épices (2 pincées)
Safran en poudre • Olives vertes (60 g) • Pommes de terre (4) • Sel, poivre
Huile d'olive (10 cl)
Cumin (2 pincées)

Pour 2 personnes
Préparation 15 min
Cuisson 1 h
Très facile
Coût €

1. Épluchez et **coupez les légumes en gros morceaux** (sauf la tomate).
2. **Versez 3 ou 4 c. à soupe d'huile dans un plat à tajine (ou une cocotte** en fonte) posé sur le feu.
3. **Faites-y revenir la viande de chaque côté** (environ 10 min).
4. Baissez un peu le feu et **placez les légumes en pyramide sur la viande, des plus fermes aux plus tendres** (pommes de terre, puis carotte, courgette et enfin oignon), **en les saupoudrant de cumin, du mélange 14 épices, de sel et de poivre**.
5. **Arrosez d'un peu d'eau, saupoudrez de safran pour donner de la couleur et déposez les olives vertes. Couvrez et laissez cuire** à feu doux pendant **30 min**.
6. Au bout de ce temps, **ajoutez la tomate** préalablement **coupée en morceaux dans le plat à tajine, couvrez de nouveau et laissez cuire encore 15 min.**

Top des avis :

"Je n'ai pas trouvé d'épices à tajine mais **une amie m'a conseillé d'utiliser du ras-el-hanout**. Ce que j'ai fait. Un vrai délice et très facile à faire."

Dorothee_288

9
JUIN

ARTICHAUTS À LA BARIGOULE

Ingrédients :
Fonds d'artichaut surgelés (1 kg)
Lardons fumés (250 g)
Bouillon de poule (1 cube)
Thym et romarin (quelques brins)
Oignon (1)
Ail (10 gousses)
Huile d'olive (3 c. à soupe)
Sel, poivre

recette proposée par
florence_2777

Pour 4 personnes
Préparation 15 min
Cuisson 1 h 10
Facile
Coût €

1. **Faites cuire les fonds d'artichaut** dans une casserole d'eau bouillante.
2. Épluchez et **émincez en lamelles l'oignon**.
3. Dans un faitout, **faites revenir les lardons et les lamelles d'oignon** dans l'huile d'olive.
4. **Égouttez les fonds d'artichaut et coupez-les chacun en quatre**.
5. **Ajoutez les fonds d'artichaut, les gousses d'ail préalablement épluchées et émincées**, **le thym, le romarin**, du sel et du poivre dans le faitout. **Ajoutez le bouillon dilué** dans un peu d'eau tiède.
6. **Faites cuire à feu très doux pendant 1 h** à couvert.

Top des avis :

" Servi avec une fricassée de champignons, parfait ! "

Emeline_343

PLAT

10
JUIN

GRENADINS DE VEAU AU MIEL

Plat proposé par **prepognot**

Ingrédients :
Grenadins de veau façon tournedos (3)
Vinaigre balsamique (10 cl)
Miel liquide (1 c. à soupe)
Beurre (10 g)
Sel, poivre

Pour 2 personnes
Préparation 2 min
Cuisson 10 min
Très facile
Coût € €

1. Dans une poêle, **faites revenir tout doucement les grenadins dans le beurre chaud.** Laissez cuire environ 5 min de chaque côté selon l'épaisseur des grenadins.
2. **Salez et poivrez. Sortez les grenadins de la poêle.**
3. **Ajoutez le vinaigre balsamique** pour déglacer la poêle. Mélangez sur feu doux **puis ajoutez le miel.**
4. **Remettez les grenadins dans la poêle** le temps de les réchauffer.
5. Servez aussitot.

Top des avis :

" Ça marche aussi avec de simples escalopes de veau. Beaucoup d'effet. "

Agnes_3

Astuce : Vous pouvez accompagner cette recette d'une purée de pommes de terre maison ou de quinoa.

DESSERT

11
JUIN

GÂTEAU À LA RHUBARBE

Ingrédients :
Rhubarbe (4 ou 5 branches)
Fromage blanc (500 g)
Semoule de blé (65 g)
Œufs (2)
Sucre (150 g + un peu pour les fruits)
Beurre (65 g)
Sel (1 pincée)

recette proposée par
Marc_57

Pour 6 personnes
Préparation 20 min
Cuisson 50 min
Facile
Coût €

1. Préchauffez le four à 220 °C (th. 7-8).
2. Lavez et **épluchez la rhubarbe. Coupez-la en dés**.
3. Dans un saladier, **faites macérer la rhubarbe avec un peu de sucre.**
4. Dans un autre saladier, **mélangez le sucre et les œufs. Ajoutez le fromage blanc et le beurre fondu**, puis mélangez.
5. **Incorporez la semoule et le sel.**
6. **Ajoutez les dés de rhubarbe macérés**, mélangez.
7. **Versez la préparation dans un plat à gratin préalablement beurré et enfournez 15 min puis baissez la température du four** à 175 °C (th. 5-6) **et laissez cuire encore 35 min.**

Top des avis :

“ Excellent et démoulage impeccable. **J'ai utilisé de la semoule de coucous.** ”
Elise_20

“ Ce gâteau frais et léger est tout simplement délicieux ! **J'ai utilisé du fromage blanc en faisselle (égoutté la veille).** ”
DameMarmotte

SAUMON À L'ÉCHALOTE

Ingrédients :
Saumon frais (4 pavés)
Échalotes (5)
Vinaigre balsamique (4 c. à soupe)
Crème fraîche (4 c. à soupe)
Moutarde (1 pointe)
Beurre (1 noisette)
Sel

recette proposée par
Nathalie_163

Pour 4 personnes
Préparation 10 min
Cuisson 20 min
Très facile
Coût €

1. Épluchez et **émincez les échalotes.**
2. **Faites-les revenir dans une poêle avec une noix de beurre jusqu'à ce qu'elles soient translucides.**
3. **Déposez les pavés de saumon dans la même poêle** et salez légèrement.
4. **Quand le saumon est cuit, mettez-le de côté** sur une assiette.
5. **Versez sur les échalotes le vinaigre balsamique** coupé avec un peu d'eau. **Ajoutez une pointe de moutarde, laissez mijoter 2 à 3 min puis ajoutez la crème.**
6. **Remettez les pavés de saumon dans la poêle juste avant de servir** afin de les réchauffer.
7. Servez avec du riz ou, pourquoi pas, du chou romanesco !

Top des avis :

" Tout le monde s'est régalé. **J'ai juste ajouté la moitié d'un bouillon de poule** et un peu plus d'eau pour diluer et je n'ai mis que 2 c. à soupe de vinaigre balsamique. À refaire ! "

Freeksauce

SALADE LIÉGEOISE

recette proposée par **Marielle**

Ingrédients :
Haricots verts (400 g)
Lardons nature (200 g)
Vinaigre de vin blanc (5 c. à soupe)
Persil plat (5 brins)
Pommes de terre à chair ferme (400 g)
Oignon (1 gros)
Beurre
Sel, poivre

Pour 4 personnes
Préparation 20 min
Cuisson 45 min
Très facile
Coût €

1. **Lavez les pommes de terre**, ne les pelez pas.
2. Dans une casserole, **faites cuire les pommes de terre à l'eau bouillante salée pendant 20 min** : elles doivent être cuites mais rester fermes.
3. **Lavez et équeutez les haricots. Faites-les cuire** dans une casserole d'eau.
4. **Épluchez l'oignon et hachez-le grossièrement**.
5. **Égouttez les pommes de terre et les haricots verts**.
6. **Mettez les haricots dans une casserole propre**.
7. **Pelez les pommes de terre et coupez-les en morceaux**. **Ajoutez-les aux haricots**.
8. Faites fondre le beurre dans une poêle et **faites-y revenir l'oignon et les lardons à feu moyen**.
9. Salez peu, poivrez généreusement et **ajoutez le vinaigre de vin**. Laissez réduire un peu.
10. **Versez le contenu de la poêle dans la casserole avec les pommes de terre et les haricots verts**, mélangez délicatement.
11. **Réchauffez le tout à feu doux**.
12. Servez bien chaud et **parsemez de persil haché**.

Astuce : Ajoutez des cubes ou des lamelles de gruyère

QUEUE DE LOTTE FAÇON GRAND-MÈRE

Ingrédients :
Queue de lotte (1 kg)
Tomates (4)
Poivrons rouges (2)
Curcuma (½ c. à café)
Paprika (½ c. à café)
Crème fraîche (50 cl)
Huile d'olive (4 c. à soupe)
Sel, poivre

Pour 4 personnes
Préparation 15 min
Cuisson 20 min
Très facile
Coût € € €

1. **Coupez la lotte** en morceaux.
2. Dans une sauteuse, **faites revenir la lotte** dans 2 c. à soupe d'huile d'olive. Mettez de côté.
3. **Émincez les poivrons en lanières fines et coupez les tomates en morceaux.**
4. Dans la sauteuse, **faites revenir les légumes avec les épices** dans 2 c. à soupe d'huile.
5. **Ajoutez la lotte**, salez, poivrez et mélangez bien.
6. **Quelques minutes avant de servir, ajoutez la crème fraîche.** Laissez mijoter quelques minutes.
7. Servez accompagné de riz blanc et de carottes vapeur.

Top des avis :

" Excellent. **J'ai rajouté un oignon coupé en dés et des épices à couscous.** " Catherine_2396

" C'était très bon. **J'ai mis des poivrons de toutes les couleurs pour que la présentation soit encore plus belle.** "
Charlotte_445

TIRAMISU GLACÉ

Ingrédients :
Mascarpone (125 g)
Bailey's (5 cl)
Spéculoos (6)
Œuf (1)
Sucre (60 g)
Cacao en poudre
Sel

recette proposée par
Gaetane_55

Pour 2 personnes
Préparation 20 min
Repos 4 h
Facile
Coût €

TIRAMISU GLACÉ

1. Dans un saladier, **battez le jaune d'œuf avec 20 g de sucre** jusqu'à ce que le mélange blanchisse.
2. **Ajoutez** ensuite **le mascarpone et le Bailey's.**
3. Dans un autre saladier, **montez le blanc d'œuf en neige, ajoutez le reste de sucre et une pincée de sel.**
4. **Mélangez les deux éléments** afin d'obtenir une préparation mousseuse.
5. Dans une assiette, **cassez les spéculoos en miettes grossières**.
6. **Déposez, dans 2 verrines, une couche de miettes de spéculoos, une couche de crème, une couche de miettes de spéculoos, une couche de crème et terminez par une couche de miettes de spéculoos.**
7. **Mettez au congélateur au moins 4 h**.
8. Le tiramisu se sert glacé et saupoudré de cacao en poudre.

Top des avis :

"**Moi, je ne mets que deux couches de spéculoos** : au fond, cassés en morceaux grossiers et un peu imbibés de Bailey's dilué dans un peu d'eau et, juste au-dessus, finement émiettés pour recouvrir la crème. " Sege26

GÜVEÇ

recette proposée par **koray**

Ingrédients :
Bœuf pour bourguignon (1,5 kg)
Aubergines (500 g)
Tomates (500 g)
Champignons de Paris (5 à 6 gros)
Poivron (1) • Ail (4 gousses)
Concentré de tomates (1 petite boîte) • Sel
Huile de tournesol (5 cl)

Pour 4 personnes
Préparation 25 min
Cuisson 2 h
Repos 30 min
Facile
Coût € €

1. Épluchez et **coupez les aubergines en petits cubes**.
2. **Mettez-les dans un récipient avec 1 verre d'eau et 1 c. à soupe de sel. Laissez mariner 30 min**.
3. **Coupez la viande en morceaux**. **Placez-la dans une cocotte-minute avec 1 verre d'eau et un peu de sel. Laissez cuire pendant 30 à 45 min** jusqu'à ce qu'il n'y ait plus d'eau.
4. Épluchez et **coupez en petits morceaux les tomates et le poivron.**
5. Lavez et **émincez finement les champignons**.
6. Épluchez, **coupez en deux et dégermez les gousses d'ail**.
7. **Ajoutez l'huile de tournesol et le concentré de tomates** dans la cocotte puis faites revenir le tout à feu moyen.
8. **Ajoutez les aubergines préalablement égouttées puis les tomates, le poivron, les champignons et enfin l'ail.**
9. **Ajoutez un peu de sel et un demi-verre d'eau. Ne mélangez pas et laissez cuire à feu doux et à couvert** jusqu'à ce que les légumes soient bien cuits (comptez 30 à 45 min).

ENTRÉE

17
JUIN

SALADE D'AUBERGINE GRILLÉE

Ingrédients :
Aubergine (1) • Viande des Grisons (4 tranches) • Basilic (5 branches) • Sel, poivre
Salade verte (1) • Œufs (2)
Pignons de pin (20 g)
Huile de noix (2 c. à soupe)
Huile d'olive • Vinaigre balsamique (1 c. à soupe)
Moutarde forte (1 c. à café)
Ail moulu • Échalote moulue

Pour 2 personnes
Préparation 15 min
Cuisson 15 min
Très facile
Coût € €

1. Lavez et **coupez l'aubergine en tranches dans le sens de la longueur.**
2. **Faites-les cuire** à la vapeur ou au micro-ondes.
3. **Badigeonnez-les d'huile d'olive, parsemez-les de feuilles de basilic** préalablement ciselées **et faites-les griller** à la poêle ou au four.
4. **Faites cuire les œufs mollets** : comptez environ 6 min à partir de l'ébullition.
5. **Grillez les pignons** dans une poêle à sec.
6. **Coupez la viande en lamelles**.
7. **Assaisonnez la salade** avec le vinaigre, l'huile de noix, la moutarde, du sel, du poivre, un peu d'ail et d'échalote.
8. Dans un saladier, **mélangez les pignons et la viande avec la salade, puis ajoutez les aubergines tiédies**.
9. **Terminez en déposant les œufs** préalablement coupés en quatre.

Top des avis :

"Extra ! **J'ai remplacé la viande des Grisons par du jambon cru et les pignons par des amandes râpées.**"

Yana

PLAT

18 JUIN

QUICHE ANDALOUSE

recette proposée par **Isa89**

Ingrédients :
Pâte brisée ou feuilletée (1 rouleau)
Poivrons rouges (2)
Poivron vert (1)
Chorizo (20 rondelles)
Œufs (6)
Crème fraîche (30 cl)
Beurre
Sel, poivre

Pour 6 personnes
Préparation 20 min
Cuisson 35 min
Facile
Coût €

1. Préchauffez le four à 160 °C (th. 5-6).
2. **Plongez les poivrons dans une casserole d'eau bouillante pendant 5 min** pour les peler plus facilement.
3. **Pelez les poivrons, épépinez-les et coupez-les en fines lanières.**
4. Dans un saladier, **mélangez les œufs et la crème fraîche**. Salez et poivrez.
5. **Incorporez les poivrons et le chorizo.**
6. **Étalez la pâte dans un moule à tarte** préalablement beurré. **Piquez le fond** avec une fourchette.
7. **Versez la préparation sur le fond de tarte puis enfournez** et laissez cuire **30 min.**

Top des avis :

“Très bonne quiche. **J'ai ajouté du safran dans la crème fraîche !**”

DESSERT

19
JUIN

KHEER (RIZ AU LAIT)

Ingrédients :
Riz thaï ou basmati (100 g)
Cardamome verte (4 gousses)
Pistaches non salées (1 c. à soupe)
Safran (1 dose)
Amandes effilées (1 c. à soupe)
Lait (80 cl)
Sucre (4 c. à soupe)

Pour 6 personnes
Préparation 5 min
Cuisson 30 min
Très facile
Coût €

1. **Dans une casserole, mettez le lait, les gousses de cardamome** préalablement **écrasées et le riz.**
2. **Portez à ébullition puis laissez cuire à petits bouillons** jusqu'à ce que le riz soit très cuit.
3. **Ajoutez les amandes et les pistaches** puis laissez cuire encore quelques minutes.
4. **Ajoutez le sucre et le safran.** Mélangez bien sur feu doux jusqu'à ce que le sucre soit bien dissous.
5. Servez tiède ou frais.

Top des avis :

" J'ai utilisé du riz rond et remplacé une partie du lait par de la crème. Le résultat était très moelleux. " LaureB33

AXOA DE VEAU

recette proposée par **annesophie_6**

Ingrédients :
Épaule de veau (1 kg)
Poivron rouge (1)
Piments verts doux (8)
Persil (3 brins)
Thym (2 brins)
Oignon (1) • Ail (1 gousse)
Huile d'arachide
Laurier (1 feuille) • Sel
Piment d'Espelette (1 pincée)

Pour 6 personnes
Préparation 20 min
Cuisson 1 h 15
Très facile
Coût € €

1. Épluchez et **émincez l'oignon et l'ail**.
2. **Ôtez les pépins des piments et des poivrons puis coupez-les** en petits dés.
3. **Coupez la viande en très petits morceaux**.
4. Dans un faitout, **faites revenir l'oignon, l'ail, les piments et le poivron dans de l'huile** pendant 10 bonnes minutes.
5. **Ajoutez la viande, les herbes, du sel et le piment d'Espelette**.
6. **Faites sauter le tout** puis **mouillez avec un verre d'eau**.
7. **Laissez mijoter** à couvert **45 min à 1 h**.
8. **Une dizaine de minutes avant la fin de la cuisson, ôtez le couvercle** pour que le jus accumulé s'évapore.
9. Accompagnez ce plat d'une purée de pommes de terre.

Top des avis :

"Excellent, j'ai remplacé les poivrons et le piment doux par des cornes de bœuf.

ENTRÉE

21
JUIN

SALADE DE CHÈVRE CHAUD AU MIEL

recette proposée par **Anazian**

Ingrédients :

Chèvre en bûche (1)
Roquette (100 g)
Tomates cerises (8)
Pain de campagne (4 tranches)
Pesto (4 c. à café)
Miel liquide (4 c. à café)

Pour 4 personnes
Préparation 10 min
Cuisson 10 min
Très facile
Coût €

1. Préchauffez le four à 200 °C (th. 6-7).
2. **Lavez et essorez la roquette**.
3. Lavez les tomates cerises et **coupez-les en deux**.
4. **Faites une couronne avec la roquette** dans chaque assiette puis **déposez-y les tomates cerises**.
5. **Coupez les tranches de pain en deux**. Posez-les sur la grille du four recouverte d'une feuille d'aluminium.
6. **Coupez la bûche de chèvre en 4 rondelles**.
7. **Badigeonnez le dessus de pesto**, **déposez une rondelle de chèvre sur chaque tranche de pain et versez du miel** sur chaque chèvre.
8. **Enfournez jusqu'à ce que le dessus des chèvres brunisse** (comptez 10 min environ).
9. Préparez l'assaisonnement : dans un bol, **mélangez le vinaigre**, **l'huile d'olive**, **du sel et du poivre**.
10. **Arrosez les couronnes de roquette de vinaigrette**.
11. **Déposez les toasts de chèvre au milieu** de la couronne de roquette et servez.

Astuce : Ajoutez des lardons revenus dans une poêle avec du vinaigre balsamique jusqu'à ce qu'ils soient bien caramélisés.

FLAMMENKÜCHE EXPRESS

Pâte feuilletée (1 rouleau)
Lardons allumettes nature (100 g)
Gruyère râpé (150 g)
Oignon (1)
Crème fraîche épaisse (15 cl)

Pour 4 personnes
Préparation 15 min
Cuisson 5 à 10 min
Très facile
Coût €

1. Préchauffez le four à 250 °C.
2. Épluchez et **hachez finement l'oignon.**
3. **Étalez la pâte sur une plaque** recouverte de papier sulfurisé.
4. **Étalez la crème fraîche.**
5. **Parsemez les lardons puis l'oignon haché. Terminez par le fromage râpé.**
6. **Enfournez pour 5 à 10 min** jusqu'à ce que le fromage soit légèrement doré.
7. Servez avec une salade.

Top des avis :

“ **On peut ajouter aussi des champignons ou du jambon blanc.** Je fais toujours revenir les oignons à la poêle avant avec du beurre ou de l'huile d'olive. Le succès est garanti ! ”

Laura18

“ Rapide et simple. Tout le monde a aimé ! **Attention, elle cuit très vite ! Surveillez la cuisson !** ”

Virginie_992

Astuce : Parfumez cette flammenküche avec un peu de noix de muscade

DESSERT

23
JUIN

GÂTEAU MARBRÉ

Ingrédients :
Sucre vanillé (1 sachet)
Chocolat en poudre (25 g)
Levure chimique (1 sachet)
Beurre (125 g + 10 g)
Œufs (3)
Farine (200 g + 10 g)
Lait (6 c. à soupe)
Sucre (200 g)

recette proposée par
Fidelise

Pour 8 personnes
Préparation 15 min
Cuisson 40 min
Très facile
Coût €

1. Préchauffez le four à 150 °C (th. 3).
2. **Séparez les blancs des jaunes d'œuf.**
3. Dans un saladier, **mélangez énergiquement le beurre avec le sucre.**
4. **Ajoutez les jaunes d'œuf, le lait, la farine et la levure.**
5. **Battez les blancs d'œuf en neige.**
6. **Ajoutez-les** à la pâte.
7. **Séparez la pâte en deux : ajoutez le sachet de sucre vanillé à l'une et le chocolat à l'autre.**
8. Beurrez et farinez un moule à cake.
9. **Versez les deux préparations en alternance** dans le moule.
10. **Enfournez** et laissez cuire pendant **40 min.**

Top des avis :

" Moelleux à souhait ! **J'ai remplacé le cacao par 100 g de chocolat noir pâtissier fondu dans 3 c. à soupe de lait** (c'est plus gourmand !) " Pucette06

" Léger et goûteux. Je l'ajoute dans mes classiques ! **J'ai utilisé du cacao 100 % noir non sucré** (2-3 c. à soupe), belle couleur assurée ! " Steph2tlse

PLAT

24
JUIN

SALADE PIÉMONTAISE

recette proposée par **calista**

Ingrédients :
Pommes de terre charlotte (5) • Maïs (1 petite boîte) • Blanc de poulet (1)
Persil haché (1 c. à soupe)
Tomates (2) • Œufs (2)
Cornichons (10 petits)
Mayonnaise (2 c. à soupe)
Crème liquide (2 c. à soupe)
Vinaigre de vin (1 c. à café)
Sel, poivre

Pour 4 personnes
Préparation 30 min
Cuisson 25 min
Repos 1 h
Très facile
Coût €

1. **Pelez les pommes de terre et faites-les cuire** dans un autocuiseur 8 à 9 min puis laissez-les refroidir.
2. Pendant la cuisson des pommes de terre, **faites cuire les œufs dans une casserole d'eau** : comptez 10 min de cuisson à partir de l'ébullition.
3. **Coupez le blanc de poulet en dés. Faites-le cuire jusqu'à ce qu'il soit bien doré.** Comptez environ 15 min.
4. **Égouttez le maïs, évidez les tomates et détaillez la chair en petits dés**.
5. **Coupez les pommes de terre en gros dés**.
6. Dans un saladier, **mettez les pommes de terre puis les tomates, le maïs, le poulet, les œufs coupés en petits morceaux, les cornichons coupés en rondelles et le persil haché**.
7. **Préparez la sauce en mélangeant la mayonnaise, la crème liquide et le vinaigre**. Salez et poivrez.
8. **Versez la sauce sur la salade et mélangez bien**. Laissez reposer au frais au moins 1 h.

Top des avis :

" Bonne recette, **j'ai remplacé la crème par des blancs en neige mélangés à la mayonnaise,** c'est plus léger. " Antelane

ENTRÉE

25
JUIN

VERRINES CONCOMBRE-SAUMON FUMÉ

Ingrédients :
Saumon fumé (4 tranches)
Concombre (½)
Ciboulette (6-7 brins)
Œufs de lump noirs (3 c. à café)
Fromages blancs à 20 % de M.G. (2)
Crème fraîche épaisse à 15 % de M.G. (4 c. à soupe)
Citron (1) • Sel, poivre

Pour 4 personnes
Préparation 20 min
Repos 6 h
Facile
Coût € €

1. **Coupez les tranches de saumon en lanières** (pas trop longues).
2. **Pressez le citron et versez-le dans un bol avec un peu de sel, de poivre et la ciboulette hachée. Ajoutez la crème fraîche et les fromages blancs** et mélangez délicatement.
3. **Épluchez le concombre,** coupez-le en deux dans le sens de la longueur et enlevez les graines avec une petite cuillère. **Râpez-le** avec une râpe à gros trous. Laissez-le s'égoutter 15 min dans une passoire.
4. **Mélangez le concombre et la crème au citron.**
5. **Répartissez la crème dans les verres, puis déposez les lanières de saumon et 1 c. à café d'œufs de lump.**
6. **Placez les verrines 6 h au frais** avant dégustation.

Top des avis :

" Bonne recette pleine de saveurs. J'ai rajouté des perles du Japon. Ne pas hésiter à rajouter des herbes pour l'assaisonnement. "

Perotine

PLAT

26
JUIN

CHICH TAOUK

Ingrédients :
Blancs de poulet (6)
Pour la marinade :
Piment doux (1 c. à café)
Cumin moulu (1 c. à café)
Sumac (1 c. à café)
Safran (1 dose) • Citrons (2)
Cannelle (1 c. à café)
Ail (4 gousses)
Huile d'olive (3 c. à soupe)
Thym (1 c. à café) • Sel

Pour 6 personnes
Préparation 10 min
Cuisson 15 min
Repos 12 h
Très facile
Coût €

1. Épluchez, dégermez et **hachez les gousses d'ail**.
2. **Pressez les citrons**.
3. Préparez la marinade : dans un plat creux, **mélangez l'ail haché, le jus de citron, l'huile, le thym et les épices**.
4. **Coupez le poulet en morceaux**.
5. **Laissez mariner le poulet** dans la marinade pendant **une nuit**.
6. **Enfilez les morceaux de poulet sur des brochettes**.
7. **Faites griller les brochettes 15 min** au barbecue en les retournant.
8. **Servez les brochettes avec du boulgour ou de la semoule.**

Top des avis :

"Délicieux, je les ai cuites au four (25 min à 210 °C, th. 7) et **j'ai utilisé du citron vert**." Autan311

"Excellent ! **J'ai simplement ajouté du yaourt à la marinade pour que le poulet reste bien tendre**." Fegele

Astuce : Accompagnez ces brochettes de tzatziki.

PAPILLOTES PÊCHES-FRAMBOISES

Ingrédients :
Pêches (4)
Framboises (125 g)
Sucre (8 morceaux)
Glace vanille (facultatif)

recette proposée
par **Dominique_30**

Pour 4 personnes
Préparation 10 min
Cuisson 20 min
Très facile
Coût € €

1. Préparez 16 carrés de feuilles d'aluminium.
2. Lavez puis **coupez les pêches en deux et dénoyautez-les**.
3. **Déposez chaque demi-pêche sur 2 feuilles d'aluminium** superposées.
4. Sur chaque demi-pêche, **déposez un morceau de sucre et quelques framboises**.
5. **Fermez les papillotes** en serrant le papier d'aluminium au-dessus des fruits.
6. **Posez les papillotes sur le barbecue** et laissez cuire **une vingtaine de minutes**.
7. Servez avec de la glace à la vanille.

Top des avis :

" Une merveille ! **J'ai ajouté une feuille de menthe juste avant de servir**. " Marielala368

" Un dessert parfait et léger. **Avec une crème anglaise, c'est aussi très bon**. " Mickaelouni7

" **N'ayant pas de pêches, j'ai utilisé des abricots, ça marche très bien aussi**. " David6989

Astuce : Remplacez la moitié des framboises par des fraises.

PLAT

28
JUIN

FLAMICHE AU MAROILLES

Ingrédients :
Maroilles (¼)
Levure de boulanger fraîche (15 g)
Farine (180 g)
Lait (4 c. à soupe)
Œuf (1)
Beurre (80 g)
Crème fraîche (20 cl)
Sel, poivre

recette proposée par
Florence_43

Pour 4 personnes
Préparation 25 min
Cuisson 20 min
Repos 30 min
Facile
Coût €

1. **Faites fondre le beurre** dans une casserole ou au micro-ondes.
2. **Faites tiédir le lait** dans une casserole ou au micro-ondes.
3. Dans un bol, **diluez la levure émiettée dans le lait tiède.**
4. **Mettez la farine dans un grand saladier**, faites un puits.
5. **Cassez l'œuf au centre, ajoutez une pincée de sel.**
6. **Versez la levure diluée et mélangez** avec une fourchette.
7. **Ajoutez peu à peu le beurre fondu.**
8. **Continuez de mélanger puis de pétrir** jusqu'à ce que la pâte se décolle de la paroi du saladier.
9. Déposez la boule de pâte dans une tourtière. **Laissez reposer 30 min** près d'une source de chaleur.
10. Préchauffez le four à 210 °C (th. 7).
11. **Étalez la pâte à la main dans la tourtière** préalablement beurrée.
12. **Disposez dessus le maroilles coupé en tranches puis recouvrez avec la crème fraîche et poivrez.**
13. **Enfournez** et laissez cuire **20 min.**

ENTRÉE

29 JUIN

VELOUTÉ FROID DE BETTERAVES

recette proposée par **Vivi**

Ingrédients :

Betteraves (2)
Yaourts bulgares (2)
Concombre (¼)
Ail (1 gousse)
Huile d'olive (1 c. à café)
Sel, poivre

Pour 4 personnes
Préparation 20 min
Cuisson 30 min
Repos 1 h
Très facile
Coût €

1. **Déposez les betteraves dans une cocotte-minute, couvrez d'eau puis faites-les cuire 20 à 30 min** à partir de la rotation de la soupape. (Si vous le souhaitez, vous pouvez aussi utiliser des betteraves déjà cuites.)
2. Laissez refroidir les betteraves puis **épluchez-les.**
3. Lavez, épluchez et coupez le concombre en petits dés.
4. **Mixez les betteraves avec les yaourts, l'huile d'olive, le concombre, l'ail, du sel et du poivre.**
5. Répartissez le velouté dans des verres, placez au réfrigérateur 1 h avant de servir.

Top des avis :

“Je l'ai présenté en verrines avec de la ciboulette coupée en petits morceaux dessus et du concombre en spirale. Le goût est très intéressant.”

Tatiana57

“On s'est régalés ! Je l'ai agrémenté d'une mini brochette feta-betterave et, comme touche finale, j'ai saupoudré de paprika.”

PLAT

30 JUIN

SALADE DE POIS GOURMANDS À L'ŒUF

Ingrédients :

Pois gourmands (300 g)
Parmesan (50 g)
Tomates cerises (6)
Ciboulette (quelques brins)
Œufs (2) • Vinaigre
Pour l'assaisonnement :
Moutarde à l'ancienne (1 c. à soupe) • Citron (1)
Crème fraîche allégée (1 c. à soupe) • Sel, poivre

Pour 2 personnes
Préparation 15 min
Cuisson 10 min
Très facile
Coût €

SALADE DE POIS GOURMANDS À L'ŒUF

1. Équeutez, lavez puis **plongez les pois gourmands dans une casserole d'eau bouillante** avec du sel et laissez les cuire 5 à 7 min.
2. Passez-les sous l'eau froide, **égouttez-les puis disposez-les dans deux assiettes**.
3. Dans une casserole, **faites bouillir de l'eau avec un peu de vinaigre**.
4. **Cassez les œufs un par un et glissez-les dans la casserole d'eau bouillante** : pour des œufs un peu mollets, comptez entre 2 et 3 min de cuisson.
5. **Sortez-les de l'eau avec une écumoire,** disposez-les sur les pois.
6. Avec un couteau économe, **coupez des lamelles de parmesan**.
7. **Lavez les tomates**. **Coupez-les en deux**.
8. **Répartissez les copeaux de parmesan et les tomates dans les assiettes**.
9. **Pressez le citron**.
10. Préparez l'assaisonnement : dans un bol, **mélangez le jus de citron et la moutarde**. Salez, poivrez. **Ajoutez la crème fraîche** et mélangez fermement.
11. **Arrosez la salade de vinaigrette** puis décorez avec quelques brins de ciboulette.

Astuce : Parsemez la salade de quelques baies roses

LES PRODUITS DE SAISON

Légumes

Légumes	Juil.	Août	Sep.
Ail	●	●	
Artichaut	●	●	●
Asperge	●		
Aubergine	●	●	●
Basilic	●		
Batavia		●	
Bolet			●
Brocoli	●		
Carotte	●	●	●
Céleri	●	●	●
Cèpe			●
Champignon de Paris			●
Chou-fleur	●	●	●
Chou blanc	●	●	●
Chou de Bruxelles			●
Ciboulette	●	●	●
Concombre	●	●	●
Courge			●
Courgette	●	●	●
Cresson			●
Épinard	●	●	●
Fenouil	●	●	●
Fève	●		
Girolle	●	●	●
Haricot vert	●	●	●
Laitue	●	●	●
Lentille	●	●	●
Maïs	●	●	●
Menthe	●		
Mesclun	●		
Oignon	●	●	●
Oseille	●		
Patate douce	●	●	●
Pâtisson	●	●	●
Persil	●	●	●
Pied-de-mouton		●	●
Poireau	●	●	
Poivron	●	●	●
Pomme de terre	●	●	●
Potiron		●	●
Radis	●	●	●
Radis noir			●
Roquette	●	●	●
Salsifis			●
Tomate	●	●	●

LES PRODUITS DE SAISON

Fruits	Juil.	Août	Sep.
Abricot	●	●	
Airelle		●	●
Brugnon	●	●	
Châtaigne			●
Cassis	●	●	
Cerise	●	●	
Citron	●	●	●
Figue	●	●	●
Fraise	●	●	●
Framboise	●	●	●
Groseille	●	●	
Melon	●	●	●
Mirabelle		●	●
Mûre	●	●	●
Myrtille	●	●	●
Nectarine	●	●	●
Noix			●
Pastèque	●	●	
Pêche	●	●	
Poire		●	●
Pomme			●
Prune	●	●	●
Quetsche		●	●
Raisin		●	●
Reine-claude			●

Viandes	Juil.	Août	Sep.
Agneau	●		
Caille			●
Canard	●	●	●
Faisan			●
Lapin	●	●	●
Perdrix			●
Pigeon	●	●	●
Porc			●
Poule	●	●	●
Poulet	●	●	●

LES PRODUITS DE SAISON

Poissons

	Juil.	Août	Sep.
Anchois	●	●	●
Anchois de méditerranée			●
Anguille	●	●	
Bigorneau			●
Cabillaud	●	●	●
Calamar			●
Carpe	●	●	●
Colin	●		
Coques			●
Crabe	●		
Crevette	●	●	●
Crevette grise	●	●	●
Daurade royale	●	●	●
Dorade	●	●	●
Dorade grise	●	●	●
Ecrevisse	●	●	●
Eglefin	●	●	●
Gambas	●		
Grenadier	●	●	
Grondin rouge			●
Hareng	●	●	●
Homard	●	●	
Langouste	●	●	●
Langoustine	●	●	
Lieu jaune	●	●	●
Lieu noir	●	●	●
Maquereau	●	●	●
Merlan	●	●	●

	Juil.	Août	Sep.
Moule			●
Moules de bouchot	●		
Perche	●	●	●
Rouget	●	●	
Rouget barbet			●
Rouget de roche			●
Saint-pierre	●		●
Sandre	●	●	
Sardine	●	●	●
Saumon	●	●	●
Seiche			●
Sole	●	●	●
Tacaud	●	●	●
Thon			●
Thon blanc ou germon	●	●	
Tourteau	●	●	●
Truite	●	●	

Fromages

Fromages	Juil.	Août	Sep.
Abondance	●	●	●
Beaufort	●	●	
Bleu d'Auvergne	●	●	●
Bleu de Bresse	●	●	●
Bleu de Gex	●	●	
Bleu des Causses	●	●	●
Boulette d'Avesnes	●	●	
Brie de Meaux	●	●	●
Brie de Melun	●	●	●
Brillat-Savarin	●	●	●
Cabécou	●	●	●
Camembert	●	●	
Cancoillotte	●	●	●
Cantal	●	●	●
Chabichou	●	●	
Chaource	●	●	●
Comté	●	●	●
Coulomniers	●	●	
Crotin de chavignol	●	●	●
Emmental	●	●	●
Époisses	●	●	●
Fourme d'Ambert	●	●	●
Gruyère	●	●	●
Langres	●	●	
Livarot	●	●	●
Maroilles	●	●	
Mimolette	●	●	●
Morbier	●	●	●
Munster	●	●	●
Ossau-iraty	●	●	●
Parmesan	●	●	●
Pont l'Évêque	●	●	●
Pouligny saint-pierre	●	●	●
Reblochon	●	●	●
Rocamadour	●	●	●
Roquefort	●	●	●
Sainte-maure	●	●	
Saint-félicien	●	●	●
Saint-nectaire	●	●	●
Salers			●
Selles-sur-cher	●	●	
Tomme de Savoie	●	●	●
Valançay	●	●	
Vieux-Lille	●	●	●

SALADE DE PÊCHES BLANCHES

Ingrédients :

Pêches blanches (8)

Pour l'assaisonnement :

Sirop de sucre de canne (5 c. à soupe)

Eau de fleur d'oranger (1 c. à soupe)

Menthe fraîche (1 branche)

Sucre vanillé (1 sachet)

recette proposée par **sylvie_386**

Pour 4 personnes

Préparation 15 min

Repos 4 h

Très facile

Coût €

1. **Lavez les pêches**, retirez le noyau et **coupez-les en quartiers de 1 cm d'épaisseur** environ.
2. **Placez-les dans un saladier**.
3. Préparez l'assaisonnement : **ajoutez le sirop de sucre, le sucre vanillé, l'eau de fleur d'oranger et la menthe** préalablement **lavée et effeuillée**.
4. Mélangez bien le tout et **placez au réfrigérateur au moins 4 h**.
5. Servez bien frais.

Top des avis :

" Recette réalisée avec des pêches jaunes. **J'ai remplacé l'eau de fleur d'oranger par 1 c. à café d'eau-de-vie de prunes.** "

mariecricri

" Excellent dessert, frais et léger, idéal pour l'été. **Je l'ai servi avec un granité de thé à la menthe, cela a eu beaucoup de succès.** "

Katia_148

Astuce : Vous pouvez ajouter un peu de cointreau

PLAT

2 JUILLET

BŒUF HACHÉ AUX POIVRONS

Ingrédients :
Viande de bœuf hachée (400 g)
Poivron rouge (1)
Oignons jaunes ou blancs (2)
Coulis ou sauce tomate (10 cl) • Citron (½)
Yaourt bulgare (1)
Paprika doux (1 c. à soupe)
Maïzena (½ c. à café)
Huile (3 c. à café) • Sel, poivre

recette proposée par **Estelle**

Pour 4 personnes
Préparation 15 min
Cuisson 10 min
Très facile
Coût €

1. **Lavez le poivron, coupez-le en deux, enlevez les parties blanches et les graines, puis coupez-le en petits dés.**
2. Pelez et **coupez les oignons en petits dés**.
3. **Chauffez 2 c. à café d'huile dans une poêle. Faites-y revenir les oignons et le poivron** environ 5 min, à feu doux, jusqu'à ce que les oignons soient légèrement translucides.
4. Pressez le citron. Dans un petit bol, **mélangez le yaourt, le jus du demi-citron et la Maïzena**.
5. **Enlevez le poivron de la poêle. Rajoutez 1 c. à café d'huile et faites-y revenir la viande hachée** 2 min à feu vif, en l'écrasant à la fourchette. **Salez, poivrez.**
6. **Ajoutez le mélange de légumes, le paprika et le coulis de tomates**. Poursuivez la cuisson 2 min en mélangeant bien.
7. **Hors du feu, ajoutez le mélange au yaourt**. Remuez puis servez aussitôt.

Top des avis :

“J'ai fait la recette la veille et j'ai ajouté la sauce au yaourt au dernier moment, c'était

ENTRÉE

3
JUILLET

CANAPÉS DE CONCOMBRE

recette proposée par **Cachou**

Ingrédients :
Boursin (250 g)
Concombre (1)
Œufs de lump (100 g)
Ciboulette (½ botte)
Crème fraîche (1 c. à soupe)
Sel, poivre

Pour 4 personnes
Préparation 15 min
Très facile
Coût €

1. Lavez le concombre, **coupez-le en rondelles assez épaisses** (environ 1 cm d'épaisseur).
2. Dans un bol, **mélangez le fromage avec la ciboulette ciselée et la crème fraîche.**
3. Salez et poivrez.
4. **Déposez 1 c. à café de mousse sur chaque rondelle de concombre.**
5. **Déposez ensuite 1 c. à café d'œufs de lump sur le dessus.**
6. Placez les canapés sur un plat de service au réfrigérateur.

Top des avis :

“ **C'est très joli sur un plateau argenté.** J'ai laissé libre cours à mon imagination quant aux couleurs et aux saveurs : crevettes à la mayonnaise, rillettes de thon, surimi au yaourt… ” Isabelle_2315

“ Très bon. **J'ai remplacé les œufs de lump par des petits morceaux de saumon fumé.** ”
Cricrimx

Astuce : Préparez chaque élément à l'avance mais montez les canapés au dernier moment afin que le concombre reste croquant

MOELLEUX À LA PÊCHE

recette proposée par **Nono**

Ingrédients :
Pêches au sirop (6 demies)
Œuf (1 gros)
Lait (2 c. à soupe)
Huile (3 c. à soupe)
Sucre (60 g + 3 c. à soupe)
Levure (1/2 sachet)
Beurre (20 g) • Farine (60 g)
Pour la finition :
Beurre demi-sel (75 g)
Œuf (1) • Sucre (100 g)

Pour 4 personnes
Préparation 15 min
Cuisson 35 min
Facile
Coût €

1. Préchauffez le four à 180 °C (th. 6).
2. **Beurrez et sucrez avec 3 c. à soupe de sucre un moule rectangulaire.**
3. **Égouttez les pêches au sirop. Coupez-les en gros morceaux. Répartissez-les dans le moule.**
4. Dans un grand saladier, **mélangez l'œuf entier avec le lait, l'huile, 60 g de sucre, la farine et la levure.**
5. **Versez cette pâte fluide et lisse sur les pêches**, vous obtiendrez l'épaisseur d'une tarte fine.
6. **Placez dans le four** et laissez cuire pendant **20 min**.
7. Entre-temps, préparez la finition du gâteau : **faites fondre le beurre demi-sel**, puis laissez tiédir.
8. Dans un bol, **battez l'œuf à la fourchette avec le sucre et le beurre fondu.**
9. **Après les 20 minutes de cuisson, étalez cette préparation sur toute la surface du gâteau. Puis replacez au four** et poursuivez la cuisson pendant **15 min**.
10. Servez bien froid.

Astuce : Une variante tout aussi économique : remplacez les pêches par des abricots au sirop.

SAUTÉ DE VEAU AUX OLIVES

Ingrédients :
Épaule de veau (600 g)
Lardons (100 g) • Poivre
Olives vertes (100 g)
Graines de fenouil
(1 c. à café) • Vin blanc (15 cl)
Bouquet garni (1) • Sel
Ail (1 gousse) • Oignon (1)
Farine (1 c. à soupe)
Concentré de tomate (1 c. à soupe) • Huile d'olive

recette proposée par
Virginie_1047

Pour 3 personnes
Préparation 30 min
Cuisson 2 h 15
Facile
Coût € €

1. **Coupez le veau en gros morceaux**.
2. **Faites blanchir les olives** 15 s dans une casserole d'eau bouillante. Égouttez-les.
3. Épluchez l'oignon et l'ail. **Émincez l'oignon, écrasez l'ail**.
4. Faites chauffer un peu d'huile d'olive dans une cocotte puis **faites-y dorer les morceaux de veau et les lardons, sur feu doux**.
5. **Ajoutez l'oignon et l'ail**, et prolongez la cuisson de 2 ou 3 min. **Saupoudrez de farine et mélangez** pendant encore 2 ou 3 min.
6. **Ajoutez le vin blanc et les graines de fenouil, versez de l'eau** jusqu'à hauteur de la viande. **Ajoutez le concentré de tomate, le bouquet garni, salez et poivrez**. Mélangez.
7. **Laissez mijoter**, en remuant délicatement de temps en temps, pendant **1 h 30**.
8. **Ajoutez les olives et prolongez la cuisson de 30 min**.

Top des avis :

" Super recette, facile à réaliser. **Nous l'avons testée avec du porc et de la dinde** et le résultat est tout aussi excellent. "

Lolo5133

ENTRÉE

7 JUILLET

TABOULÉ À LA MENTHE

Ingrédients :
Boulgour (500 g)
Citrons (5)
Tomates (8)
Persil frais (10 branches)
Menthe fraîche (25 feuilles)
Huile d'olive (3 c. à soupe)
Mélange 5 baies (quelques pincées)
Moutarde forte (1 c. à café)
Sel, poivre

recette proposée par
Elvire59

Pour 8 personnes
Préparation 20 min
Cuisson 5 min
Repos 12 h
Très facile
Coût €

1. **Faites cuire le boulgour** dans une casserole d'eau salée. Égouttez-le.
2. Épépinez les tomates et **coupez-les en petits morceaux**.
3. Dans un bol, **mélangez le jus des citrons, l'huile, la moutarde, du sel, du poivre et du mélange 5 baies**.
4. **Dans un beau plat creux, mettez le boulgour, le persil et la menthe hachés grossièrement puis les tomates**. Remuez.
5. **Ajoutez la sauce**. Mélangez soigneusement.
6. **Couvrez d'un film transparent et placez au réfrigérateur jusqu'au lendemain**.
7. Mélangez bien le taboulé avant de servir.

Top des avis :

" Pour ma part, **j'ajoute des dés de concombre, un oignon blanc (des Cévennes) coupé en lamelles, des fines rondelles de piment à salade pour le décor** et je laisse reposer quelques heures au réfrigérateur. " Isamarant

" Très rafraîchissant ! **J'ai ajouté du concombre et des raisins secs.** " Carole 1998

PLAT

8 JUILLET

TAJINE DE KEFTAS AUX ŒUFS

Ingrédients :
Viande hachée : agneau ou mélange bœuf et agneau (500 g)
Tomates pelées (1 grande boîte)
Ras-el-hanout (2 c. à café)
Pain rassis (1 tranche) • Œufs (4)
Cumin en grains (1 c. à café)
Poivre de Cayenne (1 c. à café)
Curcuma (1 c. à café) • Lait (12 cl)
Oignon (1) • Ail (2 gousses)
Coriandre (1 bouquet) • Sel, poivre

Pour 4 personnes
Préparation 30 min
Cuisson 40 min
Facile
Coût €

1. Dans un bol, **faites tremper le pain dans le lait**.
2. Dans un plat, **mélangez la viande, l'oignon émincé, les feuilles de coriandre, le ras-el-hanout, le cumin, le poivre de Cayenne, le pain essoré, du sel et du poivre. Formez de toutes petites boulettes**.
3. **Dans le tajine (ou une sauteuse), faites réduire 10 min les tomates avec l'ail** préalablement pélé et émincé, **le curcuma, du sel et du poivre**.
4. **Ajoutez les boulettes** : elles doivent être bien couvertes par les tomates. Mettez le couvercle. **Faites cuire 30 min**.
5. **Cinq minutes avant la fin, cassez les œufs entre les boulettes**. Remettez le couvercle.
6. Dès que les œufs sont bien cuits, servez.

Top des avis :

“ **J'ai remplacé la boîte de tomates par cinq tomates fraîches**, ajouté un verre d'eau au moment où j'ai mis les boulettes, 1 c. à soupe de concentré de tomates et deux petites boîtes de petits pois pour faire un plat complet. ”

Miammiam72300

DESSERT

9
JUILLET

BROCHETTES DE FRUITS

Ingrédients :
Pêche jaune (1)
Banane (1)
Fraises (300 g) • Ananas (½)
Pour la marinade :
Rhum (2 c. à soupe)
Cardamome en poudre (1 c. à café)
Miel (3 c. à soupe)
Sucre roux (3 c. à soupe)
Beurre (50 g)

recette proposée par
Estelle_4

Pour 4 personnes
Préparation 35 min
Cuisson 10 min
Repos 1 h
Très facile
Coût €

1. Préparez la marinade : dans un bol, **mélangez le miel et le beurre** préalablement **fondu, puis le sucre, le rhum et la cardamome**.
2. Lavez et **équeutez les fraises**.
3. **Lavez la pêche, épluchez-la et coupez-la en quartiers**.
4. **Épluchez la banane** et **coupez-la en rondelles épaisses**.
5. **Épluchez l'ananas et coupez-le en morceaux**.
6. Préparez les brochettes **en alternant une fraise, un quartier de pêche, une rondelle de banane, un morceau d'ananas et une fraise**.
7. Posez les brochettes dans un plat, **arrosez-les de marinade**.
8. **Laissez reposer** au moins **1 h**.
9. **Faites cuire les brochettes au barbecue quelques minutes** sur une feuille de papier d'aluminium, en les retournant de temps en temps.

Top des avis :

“ Avant de les cuire, je parsème les brochettes de coco râpée. ”

Seb22

TOMATES À LA PROVENÇALE

Ingrédients :
Tomates rondes (8)
Persil plat (1 bouquet)
Mie de pain rassie (30 g)
Ail (2 gousses)
Huile d'olive
Sel, poivre

Pour 4 personnes
Préparation 10 min
Cuisson 20 min
Très facile
Coût €

1. **Lavez les tomates, ôtez le pédoncule et coupez-les en deux.**
2. **Épluchez et dégermez les gousses d'ail.**
3. Lavez et **effeuillez le persil.**
4. **Hachez menu l'ail, le persil et la mie de pain.**
5. **Déposez les tomates, côté peau, dans une poêle**. Salez et poivrez.
6. **Déposez sur chaque demi-tomate une cuillerée de mélange ail-persil. Arrosez généreusement d'huile d'olive puis chauffez** sur feu vif quelques minutes.
7. **Baissez le feu, couvrez et laissez cuire 10 à 15 min** : les tomates doivent être tendres.

Top des avis :

"Facile et rapide. **J'ajoute du basilic et je fais cuire au four pendant 20 min.**"

Vanessa_1353

ENTRÉE

11
JUILLET

ROULADES DE POIVRON THON-FETA

Ingrédients :
Poivrons rouges (4)
Oignon rouge (1)
Thon au naturel (200 g)
Feta (180 g)
Persil (quelques brins)
Huile d'olive (5 cl)
Sel, poivre

Pour 4 personnes
Préparation 40 min
Cuisson 15 min
Repos 30 min
Facile
Coût €

1. Préchauffez votre four à 180 °C (th. 6).
2. **Lavez et coupez les poivrons en quatre, retirez les fibres blanches et les graines.**
3. **Placez les poivrons dans un plat sous le gril** du four.
4. **Laissez cuire jusqu'à ce que la peau se boursoufle** (comptez une quinzaine de minutes).
5. **Coupez l'oignon rouge en lamelles.**
6. Dans un bol, **mixez la feta, le thon et l'ail.**
7. **Ajoutez l'huile d'olive** afin d'obtenir une mousse. Salez et poivrez.
8. **Épluchez les morceaux de poivrons.**
9. **Déposez 1 c. à soupe de mousse sur le bord d'un morceau de poivron, ajoutez quelques lamelles d'oignons rouges et un peu de persil, puis roulez-le** et faites tenir la roulade avec une pique.
10. Réalisez ainsi les autres roulades.
11. **Placez 30 min au réfrigérateur avant de servir.**

Top des avis :

" Excellente recette, c'est très frais et facile à faire et **on peut la préparer la veille.** "

Lapolonaise59

PLAT

12 JUILLET

SALADE DE PÂTES JAMBON-MIMOLETTE

Ingrédients :
Penne de couleur (500 g)
Jambon cru Serrano
(6 tranches) • Basilic
Mimolette (150 g)
Tomates cerises (12)
Pour l'assaisonnement :
Huile d'olive (3 c. à soupe)
Moutarde (1 c. à soupe)
Vinaigre balsamique
(1 c. à soupe) • Sel, poivre

recette proposée par
NatdeLYON

Pour 6 personnes
Préparation 10 min
Cuisson 10 min
Très facile
Coût € €

1. **Faites cuire les pâtes *al dente*** dans une grande casserole d'eau bouillante salée.
2. Égouttez-les et **rincez-les à l'eau fraîche**.
3. Mettez-les dans un saladier.
4. **Coupez la mimolette en dés et le jambon en lanières épaisses**.
5. Préparez l'assaisonnement : dans un bol, **mélangez l'huile, le vinaigre, la moutarde, du sel et du poivre**.
6. **Versez la sauce sur les pâtes, ajoutez la mimolette** et mélangez bien.
7. **Ajoutez le jambon** et remuez à peine.
8. Lavez et **coupez les tomates en deux**.
9. **Lavez les feuilles de basilic**.
10. Juste avant de servir, **déposez sur la salade les tomates et le basilic**.

Top des avis :

“ **J'ai ajouté du concombre qui donne du croquant à cette salade délicieuse** et, comme je préfère les vinaigrettes plutôt onctueuses pour les pâtes, j'ai ajouté à la vinaigrette de la crème fleurette liquide semi-épaisse. ”

Xalianis

DESSERT

13
JUILLET

ABRICOTS GRATINÉS À LA CANNELLE

Ingrédients :
Abricots bien mûrs (16)
Beurre (30 g)
Pour la marinade :
Sucre ou cassonade
(4 c. à soupe)
Cannelle (1 c. à café)

recette proposée par
Carambole

Pour 4 personnes
Préparation 5 min
Cuisson 10 min
Repos 10 min
Très facile
Coût €

1. **Lavez les abricots, coupez-les en deux et dénoyautez-les.**
2. Dans un saladier, **disposez les demi-abricots avec le sucre et la cannelle**, remuez et **laissez mariner 10 min.**
3. **Répartissez les abricots sur 4 feuilles d'aluminium** ou de papier sulfurisé beurrées.
4. **Parsemez de morceaux de beurre.**
5. **Fermez les papillotes** hermétiquement et **faites-les cuire 10 min sur la grille du barbecue** en les retournant à mi-cuisson.
6. **Laissez reposer 2 à 3 min** avant de servir.

Top des avis :
" Délicieux ! Pas trop sucré, pas trop de cannelle, le mélange parfait. **J'ai fait cuire un peu moins longtemps mes fruits comme j'avais des abricots bien mûrs. Recette idéale après un bon barbecue**, simple et plutôt rapide. " Hel1

Astuce : Vous pouvez accompagner ces abricots

PLAT

14
JUILLET

SALADE DE BŒUF À LA CITRONNELLE

Ingrédients :
Bœuf type rumsteck (1 kg)
Citronnelle (5 ou 6 tiges)
Citrons verts non traités (4 ou 5)
Poivron rouge (1) • Menthe (1 bouquet) • Ail (3 gousses)
Carottes (4) • Salade verte (1)
Pousses de soja (300 g)
Cacahuètes (1 poignée)
Nuoc-mâm (1 c. à café)
Vinaigre de vin (1 c. à soupe)

recette proposée par
anne_158

Pour 10 personnes
Préparation 30 min
Repos 6 h
Très facile
Coût € €

1. **Émincez la viande** en très fines lanières.
2. Épluchez et **pilez l'ail**, **émincez la citronnelle**.
3. **Zestez les citrons et prélevez leur jus**.
4. Dans un saladier, **mélangez la viande**, **l'ail**, **la citronnelle**, **le jus et les zestes de citron**. Laissez mariner au frais pendant au moins 6 h.
5. **Lavez et essorez la salade**. **Émincez-la** finement.
6. Épluchez les carottes et **émincez-les finement**.
7. Lavez, **épépinez et émincez finement le poivron**.
8. Effeuillez, lavez et **ciselez la menthe**.
9. **Broyez les cacahuètes** à l'aide d'un mortier.
10. Juste avant de servir, **mélangez la viande et sa marinade avec les légumes, les pousses de soja et la menthe**.
11. Préparez l'assaisonnement : dans un bol, **mélangez le nuoc-mâm**, **le vinaigre et les cacahuètes**.
12. **Versez la sauce sur la salade**, mélangez et servez.

ENTRÉE

15
JUILLET

BEIGNETS DE MOZZARELLA

Ingrédients :
Tomates (4)
Mozzarella (200 g)
Basilic (6 feuilles)
Chapelure (2 c. à soupe)
Huile d'olive (3 c. à soupe)
Œuf (1)
Sel, poivre

Pour 4 personnes
Préparation 5 min
Cuisson 10 min
Très facile
Coût €

1. Lavez et **ciselez les feuilles de basilic.**
2. Lavez et **coupez en deux les tomates.**
3. **Faites-les revenir pendant 5 min** dans une poêle avec 2 c. à soupe d'huile d'olive. Salez et poivrez.
4. Égouttez et **coupez en tranches épaisses la mozzarella.**
5. **Passez chaque tranche dans l'œuf préalablement battu puis dans la chapelure.**
6. **Faites dorer** dans la poêle avec le reste d'huile.
7. **Disposez ces beignets sur les tomates, parsemez de basilic ciselé** et servez.

Top des avis :

" Je trouve que c'est encore meilleur avec des tomates crues. " Sakura41

" On peut aussi remplacer la mozzarella par de la Vache qui rit : les enfants adorent ! " MariePierre_33

Astuce : Vous pouvez présenter les tomates dans un bol, chacun

TARTE À LA PIPERADE

Ingrédients :
Pâte feuilletée ou brisée (1 rouleau)
Poivrons (1 jaune, 1 rouge, 1 vert)
Fromage de brebis type Etorki (125 g)
Tomates (2)
Courgettes (2) • Oignon (1)
Œufs (3) • Huile d'olive
Beurre • Sel, poivre

recette proposée par
ingrid_58

Pour 6 personnes
Préparation 30 min
Cuisson 50 min
Facile
Coût €

1. Lavez puis **émincez l'oignon, les poivrons, les tomates et les courgettes**.
2. **Faites chauffer un peu d'huile dans une poêle. Faites-y revenir l'oignon. Ajoutez les poivrons puis les courgettes et les tomates**. Salez un peu et poivrez.
3. **Laissez cuire 20 à 25 min** en remuant régulièrement.
4. Dans un bol, **battez les œufs en omelette**.
5. **Râpez le fromage**.
6. Préchauffez le four à 200 °C (th. 6-7).
7. **Laissez refroidir les légumes puis ajoutez les œufs battus et le fromage râpé**. Mélangez bien.
8. **Déroulez la pâte dans un moule à tarte** préalablement **beurré.** Piquez le fond avec une fourchette.
9. **Versez la préparation sur la pâte puis enfournez 25 min**.

Top des avis :

“Excellente ! Faite avec une pâte brisée et du fromage de chèvre à la place du fromage de brebis.”

17 JUILLET

MARQUISE GLACÉE AUX DEUX CHOCOLATS

Ingrédients :
Chocolat noir pâtissier (400 g)
Chocolat blanc (150 g)
Crème fleurette (15 cl)
Œufs (6)
Beurre (200 g)
Lait (5 cl)
Café fort (1 c. à café)

Pour 6 personnes
Préparation 25 min
Cuisson 5 min
Repos 6 h
Facile
Coût €

1. **Faites fondre le chocolat noir avec le café** au bain-marie ou au micro-ondes.
2. Dans un saladier, **incorporez le beurre** préalablement **ramolli** au chocolat fondu.
3. **Ajoutez les jaunes d'œufs un à un** en mélangeant bien entre chaque ajout.
4. **Montez les blancs d'œufs en neige ferme.**
5. **Ajoutez 1 c. à soupe de blancs en neige à la préparation précédente,** sans précaution. **Puis incorporez le reste des blancs** très délicatement.
6. **Faites fondre le chocolat blanc avec le lait** au micro-ondes ou dans une casserole.
7. Dans un saladier, **montez la crème fleurette en chantilly puis incorporez-la au chocolat blanc fondu.**
8. **Versez une couche d'appareil au chocolat noir dans un moule à cake** largement recouvert de film alimentaire. **Versez une fine couche de mousse au chocolat blanc puis recouvrez du reste d'appareil au chocolat noir. Terminez par une fine couche de mousse au chocolat blanc.**
9. **Placez 6 h au congélateur.**
10. Démoulez puis coupez en tranches fines.

SALADE ACIDULÉE AU CAMEMBERT

Ingrédients :
Camembert (1) • Mélange carottes-chou blanc râpés (150 g) Lardons (100 g) • Roquette (50 g) Tomates cerises (12) • Noix de pécan (8-10) • Poivre de Cayenne Framboises (12) • Croûtons (10) Pomme (1) • Miel (1 c. à café) Huile d'olive (2 c. à soupe) • Sel Moutarde (1 c. à café) • Poivre Vinaigre (1 c. à soupe)

recette proposée par
laurence78

Pour 2 personnes
Préparation 15 min
Cuisson 15 min
Facile
Coût €

1. Préchauffez le four à 180 °C (th. 6).
2. **Coupez le camembert en deux dans l'épaisseur, saupoudrez chaque partie d'un peu de poivre de Cayenne.**
3. **Placez-le dans un plat et enfournez jusqu'à ce qu'il coule.**
4. Pendant ce temps, **lavez la roquette** et séchez-la.
5. Dans une poêle, **faites revenir les lardons sans matières grasses.**
6. **Épluchez la pomme et coupez-la en bâtonnets.**
7. Sur 2 assiettes, **répartissez le mélange carottes-chou râpés puis la roquette.**
8. **Disposez les croûtons, les framboises, les tomates cerises, les noix de pécan et les morceaux de pomme.**
9. Préparez l'assaisonnement : dans un bol, **mélangez l'huile, le vinaigre et la moutarde. Ajoutez le miel, salez et poivrez.**
10. **Versez la sauce sur la salade.**
11. **Disposez les lardons et le camembert coulant sur la salade.**
12. Dégustez sans attendre avec un petit morceau de pain frais.

RATATOUILLE MÉRIDIONALE

recette proposée par
francoise_673

Pour 4 personnes
Préparation 25 min
Cuisson 30 min
Très facile
Coût €

Ingrédients :
Aubergines (2)
Courgettes (2)
Poivrons (2)
Tomates (4)
Olives noires dénoyautées (10)
Oignon (1)
Ail (3 gousses) • Thym
Huile d'olive (6 c. à soupe)
Sel, poivre

1. Lavez les légumes, **coupez les aubergines et les courgettes en tranches un peu épaisses** (1 cm) dans le sens de la longueur et sans les éplucher.
2. **Détaillez ces tranches en bâtonnets de 1 cm de large. Coupez ces bâtonnets en petits cubes.**
3. **Retirez le pédoncule et les graines des poivrons. Taillez-les en lanières puis en petits cubes** de la même taille que les courgettes.
4. **Épépinez les tomates et coupez-les également en petits cubes.**
5. **Tranchez finement l'ail préalablement** épluché et dégermé **et les olives noires.**
6. Épluchez et **détaillez en petits morceaux l'oignon.**
7. **Versez l'huile dans une sauteuse et faites-y revenir tous les légumes** à feu moyen.
8. **Salez, poivrez, ajoutez le thym et laissez revenir à feu doux et à couvert pendant 20 min** en remuant de temps en temps.
9. Servez chaud.

Top des avis :

“ J'ajoute des navets coupés **en gros morceaux** qui absorbent le jus et je laisse reposer une journée

GÂTEAU AU VIN BLANC

recette proposée par **mimi**

Ingrédients :

Vin blanc sec (20 cl)
Farine (200 g)
Sucre (200 g)
Œufs (3)
Levure chimique (1 sachet)
Huile d'arachide (10 cl)
Beurre
Sucre glace

Pour 6 personnes
Préparation 15 min
Cuisson 45 min
Très facile
Coût €

1. Préchauffez le four à 210 °C (th. 7).
2. Dans un saladier, **mélangez les œufs avec le sucre**.
3. **Incorporez la farine, la levure puis le vin blanc et l'huile**.
4. **Beurrez un moule à cake**.
5. **Enfournez** et laissez cuire **40 à 45 min**.
6. Laissez refroidir puis démoulez et saupoudrez de sucre glace.

Top des avis :

“ Je l'ai fait avec du vin blanc moelleux, en réduisant le sucre. ” Cricrinc

“ Super, c'est la recette que je recherchais ! Par contre **je règle le four th. 5 et je fais cuire pendant 1 heure,** comme ça c'est super moelleux ! ”
Emeline_30

LANGOUSTINES CROUSTILLANTES

Ingrédients :

Langoustines crues (16)
Feuilles de brick (2)
Basilic (8 belles feuilles)
Huile d'olive
Sel, poivre

recette proposée par
Tiphaine

Pour 4 personnes
Préparation 45 min
Cuisson 3 min
Très facile
Coût € € €

1. **Décortiquez les langoustines.**
2. **Découpez les feuilles de brick en 8 parts** chacune (comme on coupe une tarte). On obtient 16 triangles de brick.
3. **Sur chaque triangle, disposez une langoustine et une demi-feuille de basilic.** Salez et poivrez.
4. **Roulez le tout** en serrant légèrement pour former des papillotes. Transpercez chaque croustillant avec un cure-dents, pour les maintenir.
5. **Faites dorer ces papillotes** sur feu vif, dans une poêle avec un peu d'huile d'olive, pendant 2 à 3 min, en les retournant souvent. Les croustillants de langoustines doivent être bien dorés.
6. Servez avec une sauce tartare ou du pesto.

Top des avis :

"Pas facile de décortiquer les langoustines, mais c'est bien plus fin au palais que les crevettes. **J'ai remplacé les feuilles de brick par des feuilles de riz préalablement trempées dans de l'eau. Un régal !**" Barbarbara

SALADE DE RIZ À L'INDIENNE

Ingrédients :
Thon au naturel (1 petite boîte)
Tomates (2 ou 3) • Olives (8)
Câpres (1 c. à café) • Œufs (2)
Riz (200 g) • Curry (2 c. à soupe)
Pour l'assaisonnement :
Achard de légumes ou
de sauce Piccalilli (2 c. à soupe)
Échalotes (3) • Sel, poivre
Huile d'olive (3 c. à soupe)
Moutarde (1 c. à soupe)

Pour 2 personnes
Préparation 20 min
Cuisson 20 min
Repos 12 h
Facile
Coût € €

1. **Faites cuire les œufs** : plongez-les dans une casserole d'eau froide, portez à ébullition puis comptez 9 min de cuisson.
2. **Faites cuire le riz *al dente*** dans une grande casserole d'eau bouillante additionnée de curry.
3. **Égouttez-le et laissez-le complètement refroidir**.
4. Épluchez et **coupez finement les échalotes**.
5. Préparez l'assaisonnement : dans un bol, **mélangez l'achard de légumes, les échalotes, l'huile, la moutarde, du sel, du poivre** de manière à obtenir une sauce assez épaisse.
6. Écalez **les œufs durs** et **coupez-les en morceaux.**
7. Lavez puis **coupez en rondelles les tomates**.
8. **Égouttez et émiettez le thon**.
9. Dans un saladier, **mélangez le riz, le thon, les tomates et les œufs. Ajoutez les olives et les câpres**.
10. **Versez la sauce sur la salade** et mélangez bien.
11. Réservez au frais 12 h avant de servir.

Astuce : Ajoutez des dés de poivron rouge crus ou juste revenus à la poêle

DESSERT

25
JUILLET

TARTE AUX PÊCHES

Ingrédients :
Pâte feuilletée (1 rouleau)
Pêches mûres (6)
Œufs (2)
Sucre (75 g)
Crème fraîche (10 cl)

recette proposée par
Christine_3348

Pour 8 personnes
Préparation 20 min
Cuisson 35 min
Facile
Coût €

1. Préchauffez le four à 160 °C (th. 5-6).
2. **Étalez la pâte dans un moule à tarte,** piquez-la avec une fourchette. **Faites-la précuire une vingtaine de minutes.**
3. **Fouettez les œufs** dans un saladier.
4. **Ajoutez le sucre et la crème fraîche.** Mélangez bien.
5. **Épluchez les pêches, dénoyautez-les puis coupez-les en tranches.**
6. **Répartissez les tranches de pêche sur la pâte** précuite.
7. **Versez la crème dessus.**
8. Augmentez la température du four à 200 °C (th. 6-7), enfournez et **laissez cuire 15 min.**

Top des avis :

“ Délicieuse en été ! **J'ai ajouté un peu de poudre d'amandes au mélange, du sucre vanillé, et sur le dessus des amandes effilées.** ” grabougnousse

GAMBAS À LA FETA ET AUX OLIVES

recette proposée par **Mitsuko**

Ingrédients :

Gambas (6 grosses)
Feta (50 g)
Olives noires dénoyautées (50 g)
Poivron (1)
Tomates cerises (10)
Basilic frais (5 feuilles)
Ail (2 gousses)
Sel, poivre
Thym, origan (facultatif)

Pour 2 personnes
Préparation 25 min
Cuisson 45 min
Facile
Coût € €

1. Préchauffez le four à 180 °C (th. 6).
2. Nettoyez et **épépinez le poivron. Coupez-le en dés**.
3. **Coupez les tomates cerises en deux, et les olives en rondelles**. **Coupez les gousses d'ail** préalablement épluchées **en quatre**.
4. **Répartissez le poivron et les tomates cerises dans un plat allant au four. Ajoutez l'ail, les olives, le basilic et la feta émiettée**.
5. **Ajoutez les gambas** dans le plat, salez et poivrez. Vous pouvez ajouter un peu de thym et d'origan si vous le souhaitez.
6. **Enfournez** et laissez cuire pendant **45 min**.
7. Servez avec des pâtes ou du riz.

Top des avis :

“Magnifique ! **Je l'ai faite plusieurs fois en poêlant légèrement les poivrons avant**.”

chrislene67

Astuce : Parsemez les légumes de curcuma ou de safran

ENTRÉE

27
JUILLET

TARTARE DE CRUDITÉS

Ingrédients :
Tomates (4)
Concombre (1)
Radis (1 botte)
Mozzarella (2 petites boules)
Menthe (quelques feuilles)
Basilic (quelques feuilles)
Huile d'olive
Sel, poivre

recette proposée par
SANDRINE_118

Pour 4 personnes
Préparation 40 min
Repos 1 h
Très facile
Coût €

1. **Coupez les tomates en quatre, épépinez-les et taillez-les en petits dés.**
2. **Pelez le concombre, épépinez le et taillez-le en petits dés.**
3. **Taillez les radis en rondelles.**
4. **Coupez la mozzarella en petits dés.**
5. **Mélangez le tout** dans un saladier **en ajoutant les herbes finement ciselées**, du sel, du poivre et un filet d'huile d'olive.
6. Répartissez cette préparation dans 4 ramequins puis **placez au frais pendant 1 h minimum**.
7. Démoulez au moment de servir.

Top des avis :

"Cette entrée a eu un succès fou, **je l'ai présentée directement dans les assiettes avec un trait de vinaigre balsamique et des petits triangles de pain de mie grillés**... Beau et très bon !" Catherine_3915

"**Excellent en remplaçant la mozzarella par de la feta** et en rajoutant du jambon cru. Attention à ne pas trop saler les légumes !" Isabelle_7255

BROCHETTES DE BŒUF MARINÉES

Ingrédients :
Bœuf (1,5 kg)
Pour la marinade :
Citron (1) • Rhum brun (6 cl)
Concentré de tomates (35 g)
Échalotes (2)
Bouillon de bœuf (1 cube)
Herbes de Provence
(2 c. à soupe) • Sel
Huile d'arachide ou de
tournesol (4 c. à soupe)

recette proposée par
audrey017

Pour 8 personnes
Préparation 15 min
Cuisson 10 min
Repos 12 h
Facile
Coût € €

1. **Coupez la viande en dés** et mettez-la dans un grand saladier.
2. Épluchez et **coupez très finement les échalotes** de manière à ce qu'elles soient presque hachées.
3. **Pressez le citron**.
4. Préparez la marinade : dans un saladier, **ajoutez les échalotes, le jus de citron, le rhum, le concentré de tomates, l'huile, les herbes de Provence et le sel**.
5. **Émiettez le bouillon cube** au-dessus du saladier : il doit être réduit en poudre.
6. **Mélangez à la main** jusqu'à ce que tous les dés de viande soient bien imprégnés de tous les ingrédients.
7. **Couvrez le saladier** avec une assiette ou du film alimentaire et **laissez mariner** au réfrigérateur pendant **12 h**.
8. **Embrochez les morceaux de viande** sur les piques à brochette.
9. **Faites griller les brochettes au barbecue 5 à 10 min**.

Astuce : Ajoutez quelques zestes de citron dans la marinade.

DESSERT

29
JUILLET

PANNA COTTA COCO ET FRUITS ROUGES

Ingrédients :
Lait de coco (400 g)
Crème fraîche épaisse (100 g)
Fruits rouges (450 g)
Citron (½)
Gélatine (4 feuilles)
Sucre (50 g)
Sucre vanillé (1 sachet)

recette proposée par
Elisabeth_1274

Pour 6 personnes
Préparation 15 min
Repos 3 h minimum
Cuisson 5 min
Très facile
Coût €

PANNA COTTA COCO ET FRUITS ROUGES

1. **Faites tremper les feuilles de gélatine dans de l'eau froide** pendant 5 à 10 min.
2. Pendant ce temps, **versez dans une casserole le lait de coco, la crème épaisse et le sucre.**
3. **Mélangez puis portez à ébullition.**
4. Hors du feu, **ajoutez la gélatine essorée et fouettez vivement**.
5. **Répartissez le mélange dans des verres.**
6. Laissez refroidir puis **placez au moins 3 h** (une nuit de préférence) **au réfrigérateur**.
7. Dans un saladier, **mélangez les fruits rouges** (réservez-en quelques-uns pour la décoration)**, le sucre vanillé et un filet de jus de citron**.
8. **Mixez** puis filtrez si besoin. Placez au réfrigérateur jusqu'au service.
9. Un peu avant de servir, **répartissez le coulis sur les panna cotta et décorez avec les fruits mis de côté**.

Astuce : Remplacez le coulis de fruits rouges par un coulis de

PLAT

30
JUILLET

QUICHE COURGETTE ET FETA

Ingrédients :
Pâte feuilletée (1 rouleau)
Courgette (1)
Feta (200 g)
Basilic (½ bouquet)
Oignons (2) • Ail (2 gousses)
Crème légère (15 cl)
Lait (10 cl)
Œufs (2)
Gruyère râpé • Sel, poivre
Huile d'olive • Beurre

recette proposée par
Muriel_38

Pour 6 personnes
Préparation 20 min
Cuisson 55 min
Facile
Coût €

QUICHE COURGETTE ET FETA

1. Préchauffez le four à 180 °C (th. 6).
2. **Hachez les oignons.**
3. **Faites-les revenir dans un peu d'huile d'olive.**
4. **Lavez, épluchez et taillez la courgette en fines lamelles.**
5. **Ajoutez-les aux oignons. Salez, poivrez et laissez mijoter quelques instants.**
6. **Hachez le basilic et l'ail puis ajoutez-les à la préparation.** Mélangez.
7. Étalez la pâte dans un moule à tarte beurré ou garni de papier sulfurisé. Piquez le fond avec une fourchette.
8. **Coupez la feta en petits dés.**
9. **Répartissez les courgettes-oignons sur la préparation puis parsemez de dés de feta.**
10. Dans un bol, **mélangez les œufs battus, le lait et la crème fraîche.** Salez et poivrez.
11. **Versez cette crème sur la tarte puis parsemez de gruyère râpé.**
12. **Enfournez** et laissez cuire **35 min.**

Top des avis :

" Franchement succulent. **J'ai mis de la crème fraîche liquide à la place du lait.** " Kati_5

ENTRÉE

31
JUILLET

RILLETTES DE THON AU BASILIC

Ingrédients :
Thon au naturel (300 g)
Basilic haché (1 c. à soupe)
Petits-suisses (2)
Citron (½)
Crème fraîche (2 c. à soupe)
Moutarde (1 c. à café)
Paprika
Sel, poivre

recette proposée par
Marie_1055

Pour 4 personnes
Préparation 15 min
Repos 30 min
Très facile
Coût €

1. **Pressez le demi-citron.**
2. **Égouttez le thon et émiettez-le** avec une fourchette.
3. **Ajoutez,** dans l'ordre, **les petits-suisses égouttés, la crème fraîche, la moutarde, le jus de citron, le basilic, du sel et du poivre.** Mélangez.
4. **Placez au réfrigérateur** au moins 30 min et **saupoudrez de paprika au moment de servir.**

Top des avis :

"Une réussite pour l'apéro, à servir bien frais. **J'ai ajouté de la ciboulette en plus du basilic.** À refaire, c'est certain !"

Pakeret

PLAT

1er AOÛT

SALADE MARCO POLO

Ingrédients :
Bâtonnets de crabe (15)
Crevettes roses (200 g)
Poivron vert (⅓)
Mayonnaise (3 c. à soupe)
Aneth (quelques brins)
Tagliatelles (150 g)
Gruyère (150 g)
Sel, poivre

Pour 4 personnes
Préparation 15 min
Cuisson 12 min
Très facile
Coût €

1. **Faites cuire les tagliatelles** dans une casserole d'eau bouillante.
2. Égouttez-les et **passez-les sous l'eau froide**.
3. Dans un grand saladier, **mélangez les tagliatelles et la mayonnaise**.
4. **Décortiquez les crevettes**.
5. **Coupez les bâtonnets de crabe en lamelles**.
6. **Coupez le gruyère en cubes**.
7. Lavez et **coupez le poivron en dés**.
8. Lavez et **ciselez finement l'aneth**.
9. **Ajoutez tous ces ingrédients aux tagliatelles**.
10. Salez et poivrez. **Mélangez bien et servez**.

Top des avis :

" Très bon. **J'ai utilisé des farfalles et j'ai ajouté des noix de cajou et des tomates,** sans les poivrons. Un succès. "
sophie_1433

" Excellent, il n'en est pas resté une miette ! **J'ai ajouté un peu d'estragon, c'est délicieux !** "

NAVETTES MARSEILLAISES

recette proposée par
Pitchoune

Pour 8 personnes
Préparation 30 min
Cuisson 20 min
Facile
Coût €

Ingrédients :
Eau de fleur d'oranger (8 c. à soupe)
Farine (750 g)
Œufs (3)
Sucre (350 g)
Levure chimique (½ sachet)
Beurre (70 g)
Sel (1 pincée)

1. Préchauffez le four à 180 °C (th. 6).
2. Dans un saladier, **mélangez la farine et la levure chimique**.
3. **Creusez un puits, mettez au milieu le beurre** préalablement **ramolli, les œufs** préalablement **battus, le sel, le sucre et l'eau de fleur d'oranger**.
4. **Mélangez le tout à l'aide d'une spatule**, en partant du milieu, puis continuez de mélanger avec le bout des doigts. Ajoutez un peu d'eau si nécessaire pour obtenir une pâte bien liée.
5. **Formez une trentaine de gâteaux en forme de bateau, déposez-les sur une plaque** garnie de papier sulfurisé. **Façonnez les 2 extrémités en pointe et creusez le milieu avec la pointe d'un couteau**.
6. **Enfournez** et laissez cuire **20 min environ**. Détachez-les de la plaque dès la sortie du four.

Top des avis :

"J'ai divisé la pâte en deux et j'ai aromatisé une moitié à la fleur d'oranger (5 c. à soupe) et l'autre moitié au pastis (2 bouchons). Très bonne recette ! "

gamg42260

PLAT

3
AOÛT

CEVICHE

Ingrédients :
Filets de poisson blanc (500 g) • Tomates (5)
Citrons jaunes (4) ou verts (8)
Coriandre (10 brins)
Avocat (1)
Olives noires (5-6)
Oignon (½)
Huile d'olive (3 c. à soupe)
Origan (1 pincée)
Sel (1 pincée)

Pour 6 personnes
Préparation 20 min
Repos 6 h
Très facile
Coût € €

1. **Coupez les filets de poisson en cubes, posez-les dans un plat**.
2. **Pressez les citrons et arrosez le poisson. Laissez mariner** au réfrigérateur, en recouvrant le plat, pendant **au moins 6 h**.
3. **Égouttez le poisson**.
4. **Hachez l'oignon. Coupez les olives en petits morceaux**.
5. Dans un saladier, **mélangez l'oignon, l'huile d'olive, les olives, l'origan et le sel.**
6. **Lavez et coupez les tomates en deux, épépinez-les et découpez-les en petits cubes**. Ajoutez-les dans le saladier.
7. **Mélangez tous ces ingrédients puis ajoutez la coriandre préalablement lavée et hachée**.
8. **Répartissez la préparation dans des coupes**.
9. **Coupez l'avocat en cubes puis répartissez-le dans les coupes.** Servez bien frais.

Top des avis :

" Cette recette est excellente avec du loup. Je l'ai agrémentée de piment oiseau coupé très fin. "

VERRINES DE SAUMON AU CITRON VERT

recette proposée par
Catherine_2756

Ingrédients :
Saumon fumé (4 tranches)
Surimi (10 bâtons)
Fromage crémeux type Gervita (200 g)
Ciboulette (quelques brins)
Citron vert (1)
Échalote (1)
Poivre rose

Pour 4 personnes
Préparation 15 min
Très facile
Coût €

1. **Hachez le saumon et le surimi** avec un hachoir à viande (grille moyenne).
2. **Hachez finement l'échalote et la ciboulette.**
3. Dans un saladier, **mélangez le saumon, le surimi et le mélange échalote-ciboulette. Poivrez.**
4. **Ajoutez le jus du citron vert et le fromage crémeux.**
5. **Répartissez cette préparation dans des verrines** et réservez au réfrigérateur jusqu'au service.

Top des avis :

“**J'ai ajouté une pincée de gingembre en poudre puis servi dans des tronçons de concombre évidés accompagnés de tomates cerise.** Un régal pour tous.” Angie32

“Facile et fait de l'effet ! J'ai mis de l'aneth. **Ne pas oublier de garder un peu de saumon pour**

PLAT

5
AOÛT

SALADE DE QUINOA, FIGUES ET CHÈVRE

recette proposée par
Gloria

Pour 2 personnes
Préparation 10 min
Cuisson 15 min
Très facile
Coût € €

Ingrédients :
Quinoa (125 g)
Figues fraîches (3 ou 4)
Bûche de chèvre
(5 ou 6 tranches)
Pour l'assaisonnement :
Huile d'olive (2 c. à soupe)
Vinaigre balsamique
(½ c. à soupe)
Sel, poivre

1. **Rincez le quinoa** à l'eau froide.
2. **Versez le quinoa avec 40 cl d'eau dans une casserole et portez à ébullition**. Baissez le feu et **laissez cuire à feu doux jusqu'à ce que le quinoa ait absorbé toute l'eau**.
3. **Lavez les figues et coupez-les en petits morceaux**.
4. **Coupez les tranches de chèvre en petits cubes**.
5. **Égouttez le quinoa**. Placez-le dans un saladier.
6. **Ajoutez les figues et le chèvre**, mélangez bien.
7. Préparez l'assaisonnement : dans un bol, **mélangez l'huile, le vinaigre, du sel et du poivre**.
8. **Versez la vinaigrette sur la salade**, mélangez puis servez.

Top des avis :

" **À défaut de quinoa, j'ai utilisé du boulgour.** Sur le boulgour encore tiède, les morceaux de chèvre ont légèrement fondu et, avec des figues fraîches bien mûres, nous nous sommes

DESSERT

6
AOÛT

GÂTEAU DE SEMOULE À LA ROSE

Ingrédients :
Semoule moyenne (4 verres)
Yaourts nature (3)
Eau de rose (20 cl)
Sucre (1,5 verre)
Bicarbonate de soude
(1 c. à café) • Beurre
Levure chimique (1 sachet)
Pour le sirop de sucre :
Eau de rose (4 cl) • Sucre (200 g)
Le jus de 1 citron

recette proposée par
suzanne_123g

Pour 8 personnes
Préparation 10 min
Cuisson 30 min
Facile
Coût €

1. Préchauffez le four à 210 °C (th. 7).
2. Dans un saladier, **mélangez le sucre et les yaourts.**
3. **Ajoutez la semoule, la levure, le bicarbonate de soude et l'eau de rose.** Mélangez bien.
4. **Beurrez un moule** rectangulaire allant au four et **versez-y la pâte.**
5. **Enfournez** et laissez cuire **20 min.**
6. Préparez le sirop de sucre : **versez le sucre, 5 cl d'eau, le jus de citron et l'eau de rose dans une casserole. Faites chauffer** sur feu doux jusqu'à épaississement du sirop. Retirez du feu.
7. **Dès la fin de la cuisson du gâteau, versez le sirop de sucre dessus et laissez refroidir.**
8. **Découpez le gâteau en petits carrés.** Vous pouvez décorer chaque carré avec un pignon de pin ou une amande.

Top des avis :

“ À défaut d'eau de rose, j'ai mis de la fleur d'oranger et c'était tout aussi bien. J'ai remplacé les 3 yaourts par un yaourt et du lait demi-écrémé. ” Adija

PAPILLOTE PERCHE-FRUITS DE MER

Ingrédients :
Filet de perche (600 g)
Fruits de mer surgelés (250 g)
Oignon rouge (½)
Pour l'assaisonnement :
Sauce soja (1 c. à soupe)
Citron (1)
Romarin (2 brins)
Ail (3 gousses)
Huile d'olive

recette proposée par
laettt

Pour 4 personnes
Préparation 10 min
Cuisson 20 min
Facile
Coût € €

1. Découpez une grande feuille de papier d'aluminium.
2. **Placez le filet de perche sur le papier d'aluminium, puis les fruits de mer** (sans les décongeler) **par-dessus**.
3. Épluchez et **émincez l'oignon et l'ail** puis **ajoutez-les sur le poisson**.
4. **Pressez le citron**.
5. **Émiettez le romarin sur le poisson, versez la sauce soja, un filet d'huile d'olive et le jus de citron**.
6. **Fermez la papillote** et **mettez sur la grille du barbecue 20 min** sans retourner la papillote.
7. Avant de retirer la papillote du barbecue, ouvrez-la pour vérifier la cuisson.

Top des avis :

"J'ai fait revenir les oignons avant de les mettre dans la papillote. À refaire et à refaire ! Claire_664

"Je n'ai pas trouvé de perche, j'ai donc utilisé du flétan, c'était vraiment bon. Clopinmalin2

VERRINES COLORÉES

Ingrédients :
Croûtons à l'ail (1 sachet)
Tomates (3) • Concombre (1)
Basilic (½ bouquet)
Pour la sauce :
Crème fraîche entière épaisse (20 cl)
Herbes au choix (½ bouquet)
Moutarde (1 c. à soupe)
Vinaigre (2 c. à café)
Échalote (½) • Sel, poivre

recette proposée par
Marioum

Pour 6 à 8 personnes
Préparation 15 min
Très facile
Coût €

1. **Écrasez les croûtons :** comptez-en entre 4 et 6 par verrine (selon leur taille). **Déposez-les au fond des verrines** sur une épaisseur d'environ 0,5 cm.
2. **Lavez les tomates. Coupez-les en quatre, ôtez les graines puis émincez-les** en tout petits dés. **Répartissez-les dans les verrines,** sur 1,5 cm d'épaisseur.
3. **Lavez les feuilles de basilic puis hachez-les finement. Répartissez-les sur les tomates.**
4. **Épluchez et épépinez,** avec une petite cuillère, **le concombre. Coupez-le en petits dés et répartissez-le dans les verrines,** sur 1 cm d'épaisseur.
5. Pour la sauce, dans un bol, **mélangez la crème à la moutarde.** Salez et poivrez. **Ajoutez le vinaigre** en remuant entre chaque cuillère.
6. **Ajoutez ensuite l'échalote émincée finement et les herbes hachées. Mélangez bien.**
7. **Versez un peu de sauce dans chaque verrine.**
8. Servez bien frais.

Astuce : Vous pouvez préparer tous les ingrédients séparément à l'avance et les assembler dans les verrines au dernier moment

PLAT

9
AOÛT

SALADE CAJUN

Ingrédients :
Dés de lardons fumés (200 g)
Dés d'épaule (100 g)
Haricots rouges cuits (50 g)
Poivron rouge (1)
Maïs (50 g) • Oignon
rouge (1) • Riz (50 g)
Pour l'assaisonnement :
Miel (2 c. à soupe) • Sel, poivre
Huile végétale (2 c. à soupe)
Vinaigre de vin (2 c. à soupe)

Pour 4 personnes
Préparation 15 min
Cuisson 10 min
Très facile
Coût €

1. **Faites cuire le riz** dans une casserole d'eau bouillante puis égouttez-le.
2. Lavez puis **coupez le poivron en dés**.
3. Épluchez et **émincez l'oignon en rondelles**.
4. **Faites dorer les lardons** dans une poêle sans matières grasses.
5. Préparez l'assaisonnement : dans un bol, **mélangez le miel, le vinaigre et l'huile**. Salez et poivrez.
6. **Égouttez les lardons**.
7. **Dans 4 assiettes, répartissez successivement le riz, les haricots rouges, les grains de maïs, les lardons, les dés d'épaule et les rondelles d'oignon**.
8. **Arrosez de la sauce au miel** et servez.

Top des avis :

“ Excellentissime ! J'en ai fait pour 12 personnes. **J'ai pris soin de bien faire caraméliser les lardons avec le miel. Le saladier s'est vidé en quelques minutes !** ” herve_282

“ **J'ai juste relevé la sauce d'un peu de piment et de moutarde**, et ajouté quelques cœurs de palmiers. Délicieux ! ” elmaya

DESSERT

10
AOÛT

GÂTEAU NAPOLITAIN

Ingrédients :
Confiture de votre choix (1 petit pot)
Farine (250 g)
Beurre (75 g)
Œuf (1)
Sucre (140 g)
Levure chimique (1 sachet)
Sucre vanillé (2 sachets)
Sel (1 pincée)

recette proposée par
Carala67

Pour 6 personnes
Préparation 30 min
Cuisson 30 min
Facile
Coût €

1. Préchauffez le four à 180 °C (th. 6). Faites fondre le beurre.
2. **Mélangez la farine et la levure** dans un saladier. **Faites-y un puits et versez au centre le beurre préalablement fondu, l'œuf entier, le sucre, le sucre vanillé et le sel.**
3. **Pétrissez** bien le tout. Formez une boule.
4. Beurrez un plat à tarte ou une tourtière.
5. **Prenez les trois quarts de la pâte. Étalez-la** avec un rouleau à pâtisserie avec un peu de farine.
6. **Disposez la pâte dans le moule puis étalez une couche épaisse de confiture dessus.**
7. **Étalez le reste de la pâte, coupez-la en bandes et disposez celles-ci en quadrillage** sur la confiture.
8. **Enfournez** la tarte et laissez cuire pendant **30 min**.

Top des avis :

" Croustillant dessus, moelleux à l'intérieur, cette recette est un délice. **N'hésitez pas à la recouvrir de beaucoup de confiture** car la pâte gonfle et après on sent moins la confiture. " AmO

PLAT

11
AOÛT

PAINS PITA GARNIS

Ingrédients :
Pains pita ronds (4) • Tomate (1)
Concombre (½) • Laitue (½)
Poivron vert (½) • Feta (150 g)
Yaourt nature (1) • Jus de citron (2 c. à soupe) • Oignon (1) • Ail (1 gousse) • Sucre (1 c. à café)
Olives dénoyautées (12) • Sel (1 c. à café) • Poivre (½ c. à café)
Huile d'olive (6 c. à soupe)
Origan frais (1 c. à café)

recette proposée par
theo_18

Pour 6 personnes
Préparation 25 min
Très facile
Coût €

1. Épluchez, **coupez l'oignon et le concombre en rondelles.**
2. **Coupez les olives en fines rondelles et la feta en petits dés.**
3. Lavez, **coupez la tomate et le poivron en petits dés.**
4. Lavez et **émincez la laitue en julienne**.
5. Dans un saladier, **mélangez l'huile d'olive, le yaourt, le jus de citron, l'ail et l'origan** préalablement **hachés, le sucre, le sel et le poivre.**
6. **Ajoutez les légumes**.
7. **Toastez légèrement les pains pita**.
8. **Ouvrez les pains pita et garnissez-les généreusement**. Fermez-les et dégustez.

Top des avis :
" Délicieux. **J'ai utilisé l'huile du pot de la feta, un demi-poivron rouge et j'ai ajouté des petits dés de tomates confites**, sinon rien à changer c'était parfait. " france_104

Astuce : Vous pouvez aussi manger cette préparation en salade, sans les pains pita

MUFFINS DE COURGETTES ET CHÈVRE

Ingrédients :
Courgettes (2 moyennes)
Fromages de chèvre, type Cabécou (3)
Citron non traité (1)
Farine (100 g) • Œufs (2)
Yaourt (1)
Levure chimique (1 c. à café)
Huile (2 c. à soupe)
Cumin • Sel, poivre

recette proposée par
Gazzouh

Pour 8 muffins
Préparation 15 min
Cuisson 25 min
Facile
Coût €

1. Préchauffez le four à 190 °C (th. 6-7).
2. Lavez le citron, **prélevez le zeste puis pressez le citron.**
3. **Râpez les courgettes.**
4. **Émiettez les chèvres.**
5. Dans un bol, **mélangez la farine et la levure.**
6. Dans un saladier, **fouettez les œufs, le yaourt, l'huile, le zeste du citron, du sel, du poivre et du cumin.**
7. **Incorporez délicatement le mélange farine-levure, puis le jus du citron.**
8. **Incorporez enfin les courgettes râpées et les fromages de chèvre émiettés.**
9. **Remplissez aux ¾ les moules à muffins de pâte.**
10. **Enfournez** et laissez cuire **25 min.**

Top des avis :

"Délicieux ! Mais **j'ai testé une variante : supprimez le Cabécou, remplissez les moules à moitié avec la pâte, ajoutez la moitié d'un Kiri et recouvrez de pâte.** Parfait !" Marionad

PLAT

13
AOÛT

SALADE FRUITÉE DE CREVETTES

Ingrédients :
Nectarines (4)
Pâtes orecchiette (200 g)
Crevettes cuites (10-15)
Huile d'olive (2 c. à soupe)
Pour l'assaisonnement :
Moutarde à l'ancienne (1 c. à café) • Aneth (4 brins)
Curry (1 c. à café rase)
Crème fraîche (15 cl)
Sel, poivre

Pour 2 personnes
Préparation 15 min
Cuisson 10 min
Facile
Coût €

1. **Faites cuire les pâtes** dans une grande casserole d'eau bouillante.
2. **Décortiquez les crevettes**.
3. **Faites revenir les crevettes à la poêle** dans 1 c. à soupe d'huile d'olive. Mettez-les de côté.
4. **Égouttez les pâtes et mélangez-les aussitôt** dans un saladier **avec 1 c. à soupe d'huile d'olive**.
5. **Ciselez l'aneth**.
6. Préparez l'assaisonnement : dans un bol, **mélangez la crème fraîche**, **la moutarde**, **le curry et l'aneth**. **Salez et poivrez**.
7. **Versez la crème au curry sur les pâtes**.
8. Lavez, pelez et **coupez les nectarines en petits cubes**.
9. **Ajoutez-les** à la préparation précédente.
10. **Disposez les crevettes sur la préparation**.
11. Dégustez tiède.

Top des avis :

"Excellent : j'ai ajouté des crevettes sauvages décortiquées et des gambas, c'était délicieux. **Il faut mettre suffisamment de nectarines pour que leur goût ressorte bien.**"

MARGOT 27

DESSERT

14 AOÛT

TARTE AUX GROSEILLES

Ingrédients :
Groseilles fraîches (500 g)
Pâte brisée ou sablée (1 rouleau)
Armagnac (1 c. à soupe)
Sucre (9 c. à soupe)
Crème fraîche (3 c. à soupe)
Œufs (3)
Sucre vanillé (7,5 g)
Lait (4 c. à soupe)
Farine (1 c. à soupe)

Pour 6 personnes
Préparation 15 min
Repos 12 h
Cuisson 35 min
Facile
Coût €

1. **La veille, mélangez les groseilles, 5 c. à soupe de sucre et l'armagnac. Laissez reposer au frais** toute la nuit : ainsi, l'acidité des groseilles diminuera et un sirop se formera, qui rendra la pâte à tarte moins sèche.
2. Préchauffez le four à 200 °C (th. 6-7).
3. **Étalez la pâte sur du papier sulfurisé dans un moule à tarte.**
4. **Répartissez les groseilles et leur sirop** sur le fond de tarte.
5. Dans un saladier, **mélangez les œufs, la crème fraîche, 4 c. à soupe de sucre, le lait, la farine et le sucre vanillé.**
6. **Versez cet appareil sur les groseilles.**
7. Enfournez et **laissez cuire 30 à 35 min.**

Top des avis :

" J'ai réalisé cette excellente tarte avec seulement un œuf pour l'appareil et du cognac pour la « marinade ». Elle a été très appréciée par tous. "

PLAT

15
AOÛT

BRASUCADE DE MOULES

Ingrédients :
Moules (2 kg)
Pour l'assaisonnement :
Aneth (5 brins)
Thym (3 brins)
Romarin (3 brins)
Huile d'olive (10 cl)
Sel, poivre

Pour 2 personnes
Préparation 10 min
Cuisson 25 min
Très facile
Coût €

1. **Nettoyez les moules**. Ôtez les barbes.
2. Lavez, séchez et **effeuillez l'aneth, le thym et le romarin**.
3. Préparez la sauce : dans un bol, **mélangez les herbes et l'huile d'olive**. Laissez mariner.
4. **Mettez les moules dans un grand plat** type poêle à paëlla.
5. **Posez le plat sur la grille du barbecue** sur des braises bien chaudes.
6. **Au bout de 10 min de cuisson, jetez le premier jus de cuisson**.
7. **Salez et poivrez**.
8. **Au bout de 15 min, arrosez les moules de la sauce aux herbes**. Servez.

Top des avis :

" **C'est un pur délice, très simple à préparer.** J'ajoute parfois de l'ail à la sauce. " Alain_503

" Apprécié de tous et surtout très convivial ! **J'ajoute au dernier moment, juste avant de servir, un filet de jus de citron.** " Virginie_4649

Astuce : Arrosez les moules d'une huile à l'ail et au persil

VERRINES DE RADIS AU CHÈVRE FRAIS

Ingrédients :

Fromage de chèvre frais, type Petit Billy (1)
Citron (1)
Baies roses (20)
Ciboulette (1 bouquet)
Radis (1 botte)
Crème liquide (25 cl)
Ail (1 gousse)
Sel, poivre

recette proposée par
Carolyn

Pour 4 personnes
Préparation 10 min
Repos 30 min
Très facile
Coût €

1. Dans un bol, **mélangez le chèvre frais avec la crème, la ciboulette, l'ail émincé très fin, du sel et du poivre.**
2. **Nettoyez les radis et coupez-les en fines rondelles. Mélangez-les à la préparation** précédente, gardez quelques rondelles pour la décoration.
3. **Mettez un peu de préparation dans chaque verrine,** en veillant à ne pas salir les bords.
4. Terminez par quelques rondelles de radis, vous pouvez planter quelques tiges de ciboulette dans chaque verrine et **ajouter quelques baies roses.**
5. **Laissez reposer au frais pendant 30 min.**
6. **Sortez les verrines du réfrigérateur 5 min avant de les servir.** Si vous le souhaitez, ajoutez un petit gressin et une rondelle de citron dans chaque verrine.

Top des avis :
"**Bon et joli, j'ai fait des couches avec quelques tranches de radis.** Je n'ai pas utilisé de crème mais du lait pour détendre le chèvre." Bloody_1

Astuce : Décorez le bord de chaque verrine d'une rondelle de

17
AOÛT

FILETS DE SOLE EN NID DE TOMATES

Ingrédients :
Sole (8 filets)
Tomates fermes (8)
Beurre demi-sel (100 g)
Basilic frais (8 feuilles)
Persil haché (4 c. à soupe)
Sel, poivre du moulin

recette proposée par
Anette_3

Pour 4 personnes
Préparation 20 min
Cuisson 15 min
Très facile
Coût €

1. Préchauffez le four à 150 °C.
2. **Plongez les tomates 20 s dans de l'eau bouillante puis enlevez leur peau. Ensuite coupez le dessus des tomates et videz-les.**
3. **Rangez les tomates dans un plat creux allant au four. Salez légèrement et poivrez l'intérieur des tomates** avant d'y déposer une belle feuille de basilic frais.
4. **Parsemez chaque filet de sole de ½ c. à soupe de persil frais haché, salez légèrement et poivrez puis roulez les filets et déposez-les dans chaque tomate.**
5. **Coupez 50 g de beurre en morceaux et répartissez-les sur les tomates.**
6. **Enfournez pour 15 min.** Sortez le plat du four et **déposez le reste du beurre** coupé en morceaux sur les filets bien chauds.

Top des avis :

" Vraiment très bon. J'ai utilisé des tomates crues que j'ai évidées et j'ai mélangé la pulpe avec du riz. **J'ai remplacé le beurre par un peu de crème allégée**

18
AOÛT

LOSANGES À LA CANNELLE

Ingrédients :
Beurre (200 g)
Œuf (1)
Cannelle en poudre (3 c. à soupe)
Farine (300 g)
Sucre (150 g)

recette proposée par
carala67

Pour 8 personnes
Préparation 15 min
Cuisson 20 min
Facile
Coût €

1. Préchauffez le four à 160 °C (th. 5-6).
2. Dans un saladier, **battez l'œuf avec le sucre**.
3. Lorsque le mélange est onctueux, **ajoutez le beurre** préalablement **fondu et la cannelle**, **puis la farine**.
4. **Étalez la pâte à l'aide d'une spatule métallique sur une plaque** ou une tôle bien beurrée, sur 1 cm d'épaisseur.
5. **Lissez le dessus puis enfournez** et laissez cuire environ **20 min** (surveillez la cuisson).
6. Dès la sortie du four, **découpez directement dans le moule des losanges** et, à l'aide d'une spatule, disposez-les sur une grille puis laissez-les refroidir.

Top des avis :

“ Essayez la même recette en remplaçant la cannelle par le jus et le zeste d'un citron non traité. C'est exquis ! ” jammy

“ J'en ai fait aussi en rajoutant du chocolat en poudre à la pâte et ça a été un grand succès. ”

RÂBLES DE LAPIN EN PAPILLOTE

Ingrédients :
Râbles de lapin (4)
Lard fumé (4 tranches)
Vin blanc (5 cl)
Romarin (quelques brins)
Moutarde forte
(4 c. à soupe)
Huile d'olive
Sel, poivre

recette proposée par
florine_2

Pour 4 personnes
Préparation 15 min
Cuisson 30 min
Très facile
Coût € €

1. **Badigeonnez les râbles de lapin de moutarde**.
2. **Enroulez 1 tranche de lard autour de chaque râble**.
3. **Découpez 4 grandes feuilles de papier d'aluminium**.
4. **Déposez un râble sur chaque feuille**.
5. **Salez, poivrez, parsemez de brins de romarin**, arrosez d'un filet d'huile d'olive et d'un filet de vin blanc.
6. **Refermez la papillote** en laissant une cheminée.
7. **Déposez les papillotes sur le barbecue** et laissez cuire **une trentaine de minutes**.

Top des avis :

"Excellent ! **J'ai servi ce plat avec une jardinière de petits légumes nouveaux**." coquelicot126

"**J'ai ajouté un demi-oignon émincé dans chaque papillote, c'était parfait**."
Mamamiel477

Astuce : Ajoutez dans chaque papillote quelques dés de carotte

ENTRÉE

20
AOÛT

PAIN DE COURGETTES AU SURIMI

Ingrédients :
Courgettes (2)
Surimi (15 bâtonnets)
Ail (1 gousse)
Œufs (6)
Maïzena (1 c. à soupe)
Crème fraîche épaisse
(2 c. à soupe)
Oignons (2)
Beurre
Sel, poivre

Pour 6 personnes
Préparation 30 min
Cuisson 1 h 40
Facile
Coût €

1. Préchauffez le four à 180 °C (th. 6).
2. Pelez et **émincez les oignons**.
3. Épluchez et **coupez les courgettes en rondelles**.
4. Épluchez et **écrasez l'ail**.
5. Dans une poêle, **faites fondre les oignons émincés dans une noix de beurre** sur feu doux.
6. **Ajoutez les courgettes et l'ail écrasé**. Salez et poivrez. **Laissez réduire une dizaine de minutes** puis égouttez la préparation.
7. Versez le tout dans un saladier.
8. **Incorporez les œufs** préalablement battus en omelette, **la Maïzena et la crème fraîche**.
9. **Ajoutez enfin les bâtonnets de surimi** préalablement détaillés en petits cubes.
10. **Versez la préparation dans un moule à cake beurré**.
11. Placez le moule dans un plat rempli d'eau à mi-hauteur, **enfournez** et laissez cuire **1 h 30**.
12. **Démoulez le pain de courgettes** sur un plat de service et servez-le accompagné d'une mayonnaise agrémentée d'un peu de ketchup.

PLAT

21
AOÛT

SALADE TIÈDE ROQUETTE ET POULET

recette proposée par
karo_4

Ingrédients :
Blancs de poulet (3)
Bacon (4 ou 5 tranches)
Oignon rose (1 gros)
Roquette (1 poignée)
Miel (1 c. à soupe)
Ail (2 gousses)
Échalotes (2 ou 3)
Huile d'olive
Vinaigre balsamique
(3 c. à soupe)

Pour 2 personnes
Préparation 15 min
Cuisson 10 min
Repos 1 h
Très facile
Coût €

1. **Émincez le poulet** en fines lamelles.
2. Épluchez et **écrasez l'ail**.
3. **Disposez le poulet dans une assiette, arrosez-le d'huile d'olive et parsemez-le d'ail écrasé. Placez au réfrigérateur au moins 1 h**.
4. Épluchez et **émincez finement l'oignon et les échalotes**.
5. **Coupez le bacon en fines lamelles**.
6. Dans une poêle, **faites revenir l'oignon et les échalotes** avec 1 c. à soupe d'huile d'olive.
7. **Ajoutez le poulet puis les lamelles de bacon**. Remuez vivement jusqu'à ce que le poulet soit bien doré et les lamelles de bacon bien croustillantes.
8. **Ajoutez alors le miel et laissez caraméliser** le tout.
9. **Versez enfin le vinaigre**. Saisissez le tout vivement.
10. **Lavez et essorez la roquette**.
11. **Répartissez-la sur les assiettes, déposez dessus tous les ingrédients de la poêle**.
12. Servez immédiatement.

Astuce : Agrémentez cette salade

DESSERT

22
AOÛT

TERRINE DE FRAISES AU CHOCOLAT BLANC

recette proposée par
Floroy

Ingrédients :
Palets bretons (1 paquet)
Chocolat blanc (180 g)
Fromage blanc (250 g)
Fraises (300 g)
Beurre (30 g)
Lait (10 cl)
Gélatine (3 feuilles)

Pour 6 personnes
Préparation 40 min
Repos 6 à 8 h
Très facile
Coût € €

1. Pensez à préparer le dessert la veille ou le matin pour le soir.
2. Tapissez un moule à cake de film alimentaire.
3. **Émiettez** ou écrasez au rouleau à pâtisserie **les biscuits.**
4. Dans un saladier, **mélangez à la spatule les biscuits et le beurre préalablement fondu, pour obtenir une pâte sableuse,** comme pour un crumble.
5. **Garnissez le fond du moule avec cette préparation.**
6. **Faites fondre le chocolat au bain-marie.**
7. **Faites chauffer le lait.**
8. **Faites ramollir les feuilles de gélatine** dans un bol d'eau froide.
9. **Égouttez la gélatine,** essorez-la bien puis **incorporez-la au lait chaud. Fouettez bien** pour que la gélatine fonde.
10. **Ajoutez ensuite le chocolat fondu, puis le fromage blanc battu.**
11. **Versez un peu de préparation au chocolat dans le moule, ajoutez les fraises** (entières ou en morceaux si elles sont trop grosses) **puis versez le reste de la préparation.**
12. **Placez au réfrigérateur.**
13. Au moment de servir, **démoulez la terrine sur un plat et retirez délicatement le film.**

PLAT

23
AOÛT

THON GRILLÉ À LA MÉDITERRANÉENNE

Ingrédients :
Thon rouge (4 tranches)
Citron (1)
Gingembre frais (1 petit morceau)
Coriandre fraîche (quelques brins) ou safran (2 g)
Cumin (1 c. à café)
Ail (1 gousse)
Huile d'olive • Sel, poivre

Pour 4 personnes
Préparation 10 min
Repos 1 h
Cuisson 5 min
Très facile
Coût €

1. **Pressez le citron**.
2. Épluchez, dégermez et **pressez l'ail**.
3. Épluchez et **râpez le gingembre**.
4. Lavez, effeuillez et **ciselez la coriandre**.
5. **Déposez les tranches de thon dans un plat creux et arrosez-les du jus de citron et d'un filet d'huile d'olive**.
6. **Ajoutez l'ail, le cumin, le gingembre et la coriandre (ou le safran)**. Salez et poivrez.
7. **Laissez reposer au moins 1 h** en arrosant le thon régulièrement.
8. **Placez les tranches de thon sur la grille du barbecue ou sur une poêle-gril bien chaude** et laissez cuire quelques minutes de chaque côté : le thon doit rester bien rosé.

Top des avis :

" J'ai fait cuire les tranches de poisson et la marinade au four pendant environ 10 minutes à 200 °C. Je me suis régalée et mon mari aussi ! "

Chocoliline

SALADE D'ÉTÉ AU MELON

recette proposée par
Raphaelle_38

Pour 4 personnes
Préparation 20 min
Très facile
Coût €

Ingrédients :
Mesclun (250 g)
Melons (2)
Feta (200 g)
Tomates cerises (10-15)
Basilic (1 gros bouquet)
Pour l'assaisonnement :
Citron (1)
Huile d'olive (5 c. à soupe)
Sel, poivre

1. **Lavez et essorez le mesclun**.
2. **Mettez le mesclun dans un saladier**.
3. **Coupez la feta en cubes** au-dessus de la salade.
4. Lavez puis **coupez en deux les tomates cerises**.
5. **Coupez les melons en deux**, ôtez les graines puis **prélevez des boules** à l'aide d'une cuillère parisienne et ajoutez-les à la salade.
6. Lavez, séchez, **effeuillez puis ciselez le basilic**.
7. **Ajoutez le basilic, du sel et du poivre**. **Mélangez** puis réservez au frais.
8. **Pressez le citron**.
9. Préparez l'assaisonnement : dans un bol, **mélangez l'huile d'olive et le jus du citron**.
10. Au dernier moment, **ajoutez la vinaigrette à la salade, mélangez** puis dégustez.

Top des avis :

“ J'ai également rajouté des pignons de pin grillés et fait une vinaigrette classique avec de la moutarde, de l'huile d'olive et du vinaigre balsamique. À refaire très vite. ”

TATIN D'AUBERGINES

Ingrédients :
Pâte feuilletée (1 rouleau)
Aubergines (1 ou 2)
ou tranches d'aubergines surgelées (350 g)
Tomates pelées en boîte (200 g) • Romarin
Sucre ou cassonade (2 c. à soupe)
Huile d'olive • Poivre

Pour 4 à 6 personnes
Préparation 25 min
Cuisson 55 min
Facile
Coût € €

1 **Coupez les aubergines en tranches** puis **faites-les griller** dans de l'huile d'olive pendant 15 à 20 min.

2 **Huilez un moule à tarte, saupoudrez le fond de sucre, des tomates pelées en purée et du romarin.**

3 **Déposez les tranches d'aubergines dessus et arrosez d'un peu d'huile d'olive.** Poivrez.

4 **Étalez dessus la pâte feuilletée** en rentrant le bord sur les côtés. **Enfournez pour 35 min.**

5 **Démoulez la tatin** en retournant le moule sur une assiette : les légumes ont caramélisé.

Top des avis :

"Un vrai délice. **J'ai ajouté deux gousses d'ail et des tomates.** Nous nous sommes régalés ! " Mélanie

"Cette recette est simple, rapide et très bonne. **N'hésitez pas à utiliser des aubergines grillées surgelées**, c'est un gain de temps et ça reste tout aussi bon." Vanessa_143

TORIJAS (PAIN PERDU)

Ingrédients :
Baguette rassie (1)
Vin rouge (50 cl)
Lait (50 cl)
Jaunes d'œufs (3)
Cannelle en poudre (2 c. à café)
Huile d'olive (4 c. à soupe)
Sucre (200 g)

Pour 4 personnes
Préparation 10 min
Cuisson 15 min
Très facile
Coût €

1. **Coupez la baguette en rondelles d'environ 2 cm d'épaisseur**.
2. **Faites-les tremper dans une assiette quelques secondes dans le lait** préalablement **tiédi et additionné de 1 c. à café de cannelle** (ne laissez pas le pain se décomposer).
3. Dans une assiette creuse, **battez les jaunes d'œufs**.
4. **Faites tremper les rondelles de baguette imprégnées de lait dans les jaunes d'œufs.**
5. **Dans une poêle, faites chauffer l'huile d'olive. Dorez les rondelles de baguette de chaque côté** et réservez-les dans un plat large et peu profond.
6. **Déglacez les sucs de cuisson avec le vin rouge, ajoutez 1 c. à café de cannelle et le sucre**. **Faites réduire de moitié** ou jusqu'à ce que le mélange ait épaissi.
7. **Versez ce sirop sur les rondelles de baguette dorées** à la façon d'un pain perdu. Consommez tiède ou froid.

Top des avis :

" J'ai préféré ne pas faire le sirop au vin et, à la place, j'ai déglacé avec le reste de lait, sans rajouter de sucre. "

PLAT

27
AOÛT

BROCHETTES DE QUENELLES

Ingrédients :
Quenelles (4)
Lard fumé (16 tranches)
Pruneaux dénoyautés (300 g)

Pour 4 personnes
Préparation 15 min
Cuisson 20 min
Très facile
Coût €

1. **Coupez chaque quenelle en 8 morceaux**.
2. **Coupez les tranches de lard en deux** dans le sens de la largeur.
3. **Enroulez chaque morceau de quenelles de la moitié d'une tranche de lard**.
4. **Piquez les quenelles sur une brochette en alternant chaque morceau avec un pruneau**.
5. **Déposez les brochettes directement sur la grille du barbecue** ou sur une feuille de papier d'aluminium.
6. **Laissez cuire 20 min** en n'oubliant pas de retourner les brochettes régulièrement.

Top des avis :

" J'ai coupé les tranches de lard en gros lardons, j'ai fait revenir le tout à la poêle puis j'ai enfilé le tout sur les brochettes et servi avec une salade verte ! Tout simplement extra et très joli ! "
Sandrine_4303

" J'ai adoré cette recette ! J'ai simplement remplacé les pruneaux par des tomates cerise et des champignons de Paris frais. "

28
AOÛT

SALADE FRAÎCHEUR AUX LÉGUMES

Ingrédients :
Tomates (2) • Carottes (2)
Poivron jaune (1)
Poivron rouge (1)
Pomme granny-smith (1)
Oignon (1)
Fromage blanc à 0 %
(2 c. à soupe)
Vinaigre de noix (2 c. à soupe) • Basilic (5 brins)
Échalote (½) • Sel, poivre

recette proposée par
Jiminy

Pour 4 personnes
Préparation 30 min
Cuisson 10 min
Très facile
Coût €

SALADE FRAÎCHEUR AUX LÉGUMES

1. Lavez les légumes et la pomme. **Épluchez les carottes et la pomme**.
2. **Émincez les légumes, l'oignon et la pomme en fines lamelles**, au robot ou à la main.
3. **Plongez les lamelles de carottes 5 à 10 min dans une casserole d'eau bouillante**, passez-les sous l'eau froide et égouttez-les.
4. Épluchez et **émincez finement la demi-échalote**.
5. Lavez, effeuillez et **ciselez le basilic**.
6. Préparez l'assaisonnement : dans un saladier, **mélangez le fromage blanc, le vinaigre, l'échalote, le basilic, du sel et du poivre**.
7. **Ajoutez** dans le saladier **les légumes et la pomme. Mélangez**.
8. **Placez le tout au réfrigérateur** jusqu'au service.

Top des avis :

“J'ai mis des carottes râpées, des tomates que j'ai coupées en dés, une pomme granny coupée en dés, des poivrons rouges, jaunes et verts que j'ai cuits avant à la poêle et **j'ai ajouté des cubes de cantal. Un vrai régal.**”

orlane02

PLAT

29
AOÛT

PAPILLOTES SAUMON-MOZZARELLA

Ingrédients :
Saumon (2 pavés)
Mozzarella (1 boule)
Tomates (2)
Olives noires (2)
Basilic
Herbes de Provence
Ail (2 gousses)
Huile d'olive
Sel, poivre

recette proposée par
Celine_1

Pour 2 personnes
Préparation 20 min
Cuisson 35 min
Facile
Coût €

1. Préchauffez le four à 210 °C.
2. **Mettez chaque pavé de saumon sur une feuille de papier d'aluminium.**
3. **Coupez les tomates et la mozzarella en fines tranches.**
4. **Disposez sur chaque pavé, en alternance : 1 tranche de tomate, 1 tranche de mozzarella, 1 tranche de tomate, etc.**
5. **Émincez les olives et les gousses d'ail, répartissez-les sur les pavés de saumon.**
6. Salez et poivrez puis **saupoudrez de basilic haché et d'herbes de Provence**.
7. **Arrosez chaque pavé** de l'équivalent de 2 c. à café d'huile d'olive.
8. **Refermez chaque feuille d'aluminium en papillote et disposez-les dans un plat** à gratin.
9. **Enfournez pour 35 min :** le saumon est cuit lorsque sa peau s'est bien éclaircie. Servez avec du riz basmati parfumé et une salade verte (dans laquelle vous aurez rajouté un peu d'oignon).

Astuce : À l'aide d'une spatule, sortez le poisson des papillotes et déposez-les dans les assiettes. Servez le riz préalablement moulé dans un ramequin

DESSERT

30 AOÛT

FONDANT AU CHOCOLAT

Ingrédients :
Chocolat pâtissier (250 g)
Œufs (5)
Beurre (100 g)
Sucre (100 g)
Farine (4 c. à soupe)

Pour 6 à 8 personnes
Préparation 15 min
Cuisson 20 min
Très facile
Coût €

1. Préchauffez le four à 200 °C (th. 6-7).
2. Dans une casserole, **faites fondre le chocolat et le beurre** au bain-marie à feu doux, ou dans un bol au micro-ondes sur le programme « décongélation ».
3. **Séparez les blancs des jaunes d'œuf.**
4. Quand le mélange est bien fondu, **ajoutez les jaunes d'œuf au chocolat fondu et mélangez bien.**
5. **Ajoutez ensuite le sucre et la farine.**
6. Dans un saladier, **montez les blancs d'œuf en neige bien ferme puis incorporez-les à la préparation.**
7. **Beurrez et farinez un moule à manqué. Versez-y la préparation.**
8. **Enfournez pour 15-20 min.**

Top des avis :

" Très bon gâteau mais **encore meilleur avec une crème anglaise.** " Rose0126

" Merveilleux, mais **je l'ai fait dans des moules en silicone et j'ai ajouté un carré de chocolat pour que cela coule bien.** "

PLAT

31 AOÛT

PÂTES AUX POIVRONS ET AU CHÈVRE

Ingrédients :
Pipe rigate (600 g)
Poivrons rouges (2)
Poivron vert (1)
Chèvre (½ bûche)
Crème fraîche (250 g)
Herbes de Provence
Huile d'olive
Sel, poivre

Pour 4 personnes
Préparation 10 min
Cuisson 15 min
Très facile
Coût €

1. Lavez et **épépinez les poivrons puis coupez-les en dés**.
2. **Faites-les revenir** dans une casserole avec un peu d'huile d'olive.
3. **Salez, poivrez et parsemez d'herbes de Provence, laissez cuire 10 min à feu doux** : les poivrons vont confire.
4. **Faites cuire les pâtes** dans de l'eau bouillante salée.
5. **Égouttez les pâtes**.
6. **Ajoutez le chèvre coupé en petits morceaux et la crème fraîche**. Laissez cuire 2 min en remuant.
7. **Versez les poivrons sur les pâtes**.
8. Servez aussitôt !

Top des avis :

" Cette recette est délicieuse ! **Je n'ai mis que deux poivrons, une bûche de chèvre entière, des oignons et des champignons**, tout le monde a adoré. " aurelie_2840

" **Nous n'avons mis qu'une petite cuillère à café de crème fraîche et cela était amplement suffisant.** Un véritable régal ! "

ENTRÉE

1er SEPTEMBRE

BRUSCHETTA

Ingrédients :
Pain de campagne (8 tranches un peu épaisses)
Tomates Roma (8)
Huile d'olive (2 c. à soupe)
Ail (1 gousse)
Sel

Pour 4 personnes
Préparation 10 min
Cuisson 2 min
Très facile
Coût €

1. **Lavez et coupez les tomates en petits dés** après avoir retiré le pédoncule.
2. **Placez-les dans un saladier avec l'huile d'olive et du sel**. Mélangez.
3. **Faites griller les tranches de pain de campagne** au grille-pain ou au four.
4. **Frottez-les avec l'ail préalablement** coupé en deux et dégermé.
5. **Disposez généreusement le mélange tomates-huile d'olive sur chaque tartine**. Dégustez aussitôt.

Top des avis :

" J'ai ajouté du basilic à la purée de tomates ainsi que du jambon fumé et de la mozzarella : 10 minutes sous le gril du four, c'était parfait ! " Celinecc

" Attention à prendre des tomates qui ont du goût pour faire cette recette ! " violinecurieuse

PLAT

2
SEPTEMBRE

FILET MIGNON AU BARBECUE

Ingrédients :
Filet mignon (1)
Jambon fumé
(5 ou 6 tranches)
Moutarde (5 c. à soupe)
Thym (2 branches)
Laurier (2 feuilles)

recette proposée par
ancelu

Pour 4 personnes
Préparation 10 min
Cuisson 30 min
Très facile
Coût € €

FILET MIGNON AU BARBECUE

❶ **Étalez les tranches de jambon fumé** côte à côte en les superposant légèrement.

❷ **Déposez le filet mignon sur celles-ci** perpendiculairement.

❸ **Étalez généreusement la moutarde** sur chaque face du filet mignon. Recouvrez de thym et de laurier.

❹ **Roulez le jambon autour du filet mignon** en serrant bien.

❺ **Ficelez le tout**.

❻ **Faites cuire sur la grille du barbecue**, en position haute, **environ 30 min**.

❼ Servez les tranches de filet mignon avec du riz.

Top des avis :

“ Rapide, simple et savoureux… **Je l'ai fait avec du bacon et c'est très bon aussi !** ” victoriamarsollat

“ **Une très bonne recette. Toutes les saveurs ont imprégné la viande.** À refaire ! ” sachagathe

“ Je remplace le laurier par du romarin, c'est très réussi. ” Lolobile25

FLAN AUX ŒUFS

Ingrédients :
Sucre vanillé (2 sachets)
Œufs (6)
Lait (1 l)
Sucre (125 g)
Fruits rouges et sucre glace (facultatifs)

recette proposée par
Eudo7

Pour 5 personnes
Préparation 10 min
Cuisson 1 h
Très facile
Coût €

1. Préchauffez le four à 180 °C (th. 6).
2. Dans une casserole, **portez à ébullition le lait avec les différents sucres.**
3. Dans un saladier, **battez les œufs en omelette.**
4. **Versez le lait bouillant petit à petit sur les œufs** en remuant énergiquement.
5. **Versez la préparation dans un grand moule** (l'idéal est un moule à soufflé), ou dans de petits pots individuels.
6. **Placez le moule dans un plat allant au four rempli à moitié d'eau** et **enfournez** pour environ **1 h** : le flan ne doit plus être liquide.
7. Décorez vos flans de quelques fruits rouges et d'un peu de sucre glace. Servez bien froid.

Top des avis :

" J'ai ajouté de l'extrait de vanille. Un délice. " Framboise40

" J'ai mis 1 c. à soupe d'eau de fleur d'oranger à la place du sucre vanillé. À refaire ! " Hlfh

Astuce : Ajoutez du caramel au fond du moule avant de verser

PLAT

4 SEPTEMBRE

ACHARD DE LÉGUMES

recette proposée par **Jill**

Ingrédients :
Carottes (300 g)
Chou-fleur (200 g)
Chou blanc (200 g)
Haricots verts (200 g)
Oignon (1 gros) • Ail (4 gousses)
Gingembre frais (50 g)
Piments verts (5)
Graines de moutarde (1 c. à café) • Safran (1 dose)
Huile • Vinaigre • Sel

Pour 4 personnes
Préparation 20 min
Cuisson 5 min
Très facile
Coût € €

❶ Lavez et **épépinez les piments et coupez-les en quatre** dans le sens de la longueur. Épluchez et **émincez l'oignon. Épluchez Les carottes, lavez et équeutez les haricots verts. Émincez le tout en fins bâtonnets. Coupez les feuilles de chou blanc en fines lanières. Séparez le chou-fleur en petits bouquets.**

❷ **Pilez ensemble l'ail épluché et dégermé, le gingembre épluché et les graines de moutarde.**

❸ Dans une poêle, **faites chauffer 6 c. à soupe d'huile et faites-y revenir l'oignon émincé 30 s. Ajoutez le mélange ail-gingembre-graines de moutarde puis le safran**. Mélangez bien puis **ajoutez les légumes**. **Faites-les rissoler 2 min** en remuant sans les écraser.

❹ Laissez refroidir puis **ajoutez 1 c. à soupe de vinaigre et un peu de sel.**

Top des avis :

" Je l'ai fait avec du chou rouge

ENTRÉE

5
SEPTEMBRE

SALADE DE HARENGS FUMÉS

Ingrédients :
Harengs fumés (200 g)
Oignon blanc (½)
Carotte (1)
Jus de citron (2 c. à soupe)
Pommes de terre (6 petites)
Huile d'arachide
Poivre (5 baies de préférence)

recette proposée par
carole_974

Pour 4 personnes
Préparation 15 min
Cuisson 6 min
Très facile
Coût €

1. **Épluchez et coupez les pommes de terre en quatre.**
2. Épluchez et **coupez la carotte et le demi-oignon en rondelles**.
3. **Faites cuire les pommes de terre et la carotte environ 6 min au micro-ondes**, à couvert.
4. **Coupez les filets de hareng en petits morceaux** (2 × 1 cm environ).
5. **Dans un saladier, mettez les morceaux de hareng, les rondelles de carotte et d'oignon et les pommes de terre. Arrosez de jus de citron et poivrez** généreusement.
6. **Arrosez d'huile** : selon les goûts, on peut immerger le poisson pour faire comme une marinade, ou bien mettre seulement 2 ou 3 c. à soupe d'huile pour l'onctuosité.
7. **Mélangez** délicatement avant de déguster.

Top des avis :

" J'ai fait cuire les légumes à la cocotte-minute 8 min. "

PLAT

6
SEPTEMBRE

MOUSSAKA RAPIDE

Ingrédients :
Steaks hachés (6) • Feta (20 g)
Aubergines (5 grosses)
Tomates un peu molles (4)
Gruyère râpé (10 g)
Concentré de tomates (2 c. à soupe) • Oignon (1 gros)
Basilic haché (2 c. à soupe)
Bouillon de bœuf (facultatif)
Huile de friture • Huile d'olive
Sel, poivre

recette proposée par
Zora

Pour 4 personnes
Préparation 15 min
Cuisson 20 min
Très facile
Coût €

1. **Coupez les aubergines en fines tranches et faites-les cuire dans une friteuse** jusqu'à ce qu'elles soient bien molles (comptez environ 5 min) puis déposez-les sur du papier absorbant et saupoudrez-les d'un peu de sel.
2. **Faites revenir l'oignon émincé dans un peu d'huile d'olive.**
3. **Ajoutez les steaks et séparez bien la chair à l'aide d'une cuillère en bois.**
4. Quand la viande est dorée, **détaillez les tomates en petits dés et déposez-les dans la poêle avec le basilic. Remuez bien puis ajoutez le concentré de tomates, le bouillon, 12 cl d'eau et le gruyère sans cesser de remuer. Laissez cuire à feu doux pendant 5 min. Salez et poivrez.**
5. Dans un plat à gratin, **tapissez le fond avec les aubergines puis recouvrez avec la viande. Ajoutez une dernière couche d'aubergines. Émiettez dessus la feta et enfournez la moussaka** en position gril pour environ 5 min.

Top des avis :

" Une super recette ! **Faite sans feta, avec du gruyère râpé et des rondelles de chèvre sur le dessous,** un régal à

DESSERT

7 SEPTEMBRE

TARTE AUX NOIX ET AU SIROP D'ÉRABLE

Ingrédients :
Pâte brisée ou feuilletée (1 rouleau)
Cerneaux de noix (130 g)
Sirop d'érable (15 cl)
Vanille liquide (½ c. à café)
Œufs (2)
Jaune d'œuf (1)
Sucre roux (100 g)
Beurre (30 g)

recette proposée par
celine_1

Pour 6 personnes
Préparation 15 min
Cuisson 30 min
Très facile
Coût €

1. Préchauffez le four à 180 °C (th. 6).
2. **Beurrez un moule à tarte et placez-y la pâte.**
3. **Piquez le fond** avec une fourchette.
4. Dans une terrine, **battez les œufs entiers et le jaune d'œuf.**
5. **Ajoutez le sucre et le beurre** préalablement **fondu puis le sirop d'érable et la vanille liquide.** Mélangez bien.
6. **Concassez grossièrement les noix puis disposez-les sur la pâte**.
7. **Versez la préparation au sirop d'érable dessus**.
8. **Enfournez** et laissez cuire pendant **30 min** : la pâte doit être dorée et le mélange doit avoir bien pris (vérifiez avec un couteau : il doit ressortir humide mais sans résidu).

Top des avis :

" J'utilise de la vergeoise brune à la place du sucre roux. " Ejej62

" Rapide à faire et excellente. **J'ai fait griller les noix et ajouté 50 g de sucre à la fin pour les caraméliser.** " Sd888

ENTRÉE

9 SEPTEMBRE

SOUPE FROIDE AU YAOURT ET À L'ANETH

Ingrédients :
Yaourts grecs (2)
Aneth (1 c. à soupe)
Riz blanc (100 g)
Bouillon de volaille (1 cube)
Beurre (25 g)
Ail (1 gousse)
Sel, poivre

recette proposée par
Emilie_98

Pour 4 personnes
Préparation 15 min
Cuisson 20 min
Repos 1 h
Très facile
Coût €

1. **Faites cuire le riz dans une casserole d'eau bouillante salée,** pendant 15 à 18 min. Égouttez-le.
2. Épluchez, dégermez et **pressez l'ail**.
3. Dans une casserole, **faites blondir l'ail dans le beurre** une trentaine de secondes.
4. **Ajoutez le cube de bouillon** préalablement **émietté, 15 cl d'eau et le riz cuit et égoutté.** Laissez chauffer 1 ou 2 min.
5. **Versez les yaourts dans un saladier, fouettez-les pour bien les lisser puis salez et poivrez. Versez le contenu de la casserole sur les yaourts** et mélangez.
6. **Ajoutez l'aneth** préalablement lavé et **ciselé et mettez au frais 1 h** avant de servir.

Top des avis :

" C'est un régal bien frais. **J'ai accompagné ce plat de côtes grillées au barbecue :** un vrai dîner d'été ! "

ommalo

PLAT

10 SEPTEMBRE

SAUTÉ DE PORC À LA TOMATE

Ingrédients :
Échine de porc (500 g)
Poivron vert (½)
Tomates (1 kg)
Vin blanc sec (30 cl)
Oignon (1)
Ail (2 gousses)
Bouillon de poule (1 cube)
Huile d'olive
Sel, poivre

recette proposée par
Marie_456

Pour 4 personnes
Préparation 30 min
Cuisson 1 h 40
Moyennement difficile
Coût € €

1. **Coupez le porc en dés.**
2. Lavez, épépinez et **coupez le poivron.** Épluchez et **coupez l'oignon en fine julienne**.
3. Dans une cocotte, **faites revenir le poivron et l'oignon à feu doux dans un peu d'huile d'olive**. Mettez de côté.
4. **Versez de nouveau de l'huile dans la cocotte et faites-y dorer les morceaux de porc préalablement salés et poivrés.**
5. **Ajoutez l'ail** préalablement **haché et faites-le dorer** 30 s.
6. **Diluez le cube de bouillon de poule dans 1 l d'eau.**
7. **Remettez les morceaux de poivron et d'oignon dans la cocotte, puis versez le vin blanc à mi-hauteur** du porc.
8. **Versez le bouillon de poule** de sorte que la viande soit tout juste recouverte. **Laissez cuire à découvert environ 30 min**.
9. Épluchez et **coupez les tomates en petits dés**.
10. **Ajoutez les tomates dans la cocotte et poursuivez la cuisson sur feu moyen encore 1 h : le jus doit être assez épais.**

Astuce : Faites cuire des pommes de terre coupées en morceaux dans la sauce

DESSERT

11
SEPTEMBRE

PAVLOVA AUX FRUITS ROUGES

Ingrédients :
Blancs d'œuf (6)
Crème chantilly
Fraises et framboises (150 g)
Vinaigre, de malt de préférence (1,5 c. à café)
Maïzena (1,5 c. à café)
Sucre (350 g)
Huile

recette proposée par
Laurence_8

Pour 4 personnes
Préparation 20 min
Cuisson 1 h 15
Très facile
Coût €

1. Préchauffez le four à 130 °C.
2. **Battez les blancs d'œuf en neige** très ferme **en ajoutant le sucre** progressivement.
3. **Ajoutez le vinaigre et la Maïzena.** Battez encore : le mélange doit être très ferme et brillant.
4. **Versez cette préparation sur une plaque très légèrement huilée (ou, mieux encore, recouverte de papier sulfurisé), de manière à obtenir un cercle assez épais** (8 à 10 cm d'épaisseur).
5. **Enfournez pour 1 h 15.**
6. Laissez refroidir, transvasez la meringue sur le plat de service puis placez au réfrigérateur.
7. **Une heure avant de servir, recouvrez la meringue de chantilly puis déposez les fruits choisis par-dessus.**

Top des avis :

" Je fais la meringue et je coupe les fruits à l'avance, on peut faire de même pour la chantilly, et je garnis au dernier moment pour garder le croustillant de la meringue. " Awac

PLAT

12
SEPTEMBRE

WOK POISSON-CREVETTES AU CURRY

Ingrédients :
Nouilles chinoises (125 g)
Poisson blanc surgelé (2 filets)
Crevettes surgelées (150 g)
Poivron rouge (½)
Tomates (3 petites)
Curry (3 c. à café)
Eau (20 cl)
Huile d'olive (3 c. à soupe)
Sel, poivre

recette proposée par
michele63

Pour 2 personnes
Préparation 20 min
Cuisson 20 min
Très facile
Coût €

1. **Faites décongeler les crevettes et les filets de poisson. Coupez les filets en lamelles.**
2. **Coupez le poivron en lamelles fines.**
3. **Coupez les tomates** en deux, enlevez les pépins et coupez-les **en petits dés**.
4. **Dans un wok avec un peu d'huile d'olive, faites revenir les crevettes et les lamelles de poisson, ajoutez du sel, du poivre et le curry. Ajoutez les pâtes et l'eau**, baissez à thermostat 3 et laissez cuire jusqu'à évaporation du liquide, cela prend environ 15 min.
5. **Ajoutez les légumes 5 min avant la fin de la cuisson** pour qu'ils restent légèrement croquants.

Top des avis :

"Je fais mariner poisson et crevettes dans de la sauce soja pendant 1 h avant de commencer. Pour le poisson, je recommande de la julienne qui ne s'émiette pas à la cuisson."

CookingPedro

ENTRÉE

13 SEPTEMBRE

CROQUETTES DE CAROTTES

Ingrédients :
Carottes (10)
Poivron (½)
Persil (1 petit bouquet)
Œufs (3)
Farine (3 c. à soupe)
Ail (1 ou 2 gousses)
Curry en poudre (1 c. à café)
Huile d'olive ou de tournesol
Chapelure (150 g)
Sel, poivre

recette proposée par
anita_51

Pour 4 personnes
Préparation 25 min
Cuisson 15 min
Très facile
Coût €

1. **Pelez les carottes et râpez-les.**
2. **Coupez le poivron en petits dés.**
3. Épluchez et **émincez l'ail.**
4. Dans une sauteuse, faites chauffer un peu d'huile puis **faites-y revenir les carottes, les dés de poivron et l'ail.**
5. **Laissez cuire environ 10 min à feu doux** (le mélange doit être fondant) **puis versez la préparation dans un saladier.**
6. **Ajoutez les œufs, le persil haché, le curry et la farine.** Salez et poivrez puis mélangez.
7. Avec 2 cuillères à soupe, **prélevez un peu de préparation de manière à former des petites boules.**
8. Dans une assiette creuse, **roulez vos croquettes dans la chapelure.**
9. Dans une sauteuse, **faites frire les croquettes** quelques instants de chaque côté dans de l'huile bien chaude.
10. **Posez les croquettes sur du papier absorbant.**
11. Servez-les avec des crudités.

Top des avis :

" C'est délicieux ! **J'ai assaisonné avec du cumin et un peu de piment.** " Luzzi

PLAT

14 SEPTEMBRE

RISOTTO AUX CHIPOLATAS

Ingrédients :

Chipolatas (8)
Riz rond (250 g)
Courgette (1)
Carottes (2)
Poivron (1)
Tomate (1)
Bouillon de légumes (75 cl)
Oignon (1)
Huile d'olive
Sel, poivre

recette proposée par
Djeze

Pour 4 personnes
Préparation 15 min
Cuisson 35 min
Facile
Coût €

1. Faites chauffer le bouillon dans une casserole.
2. Épluchez et **émincez l'oignon.**
3. Épluchez et **coupez les carottes en petits dés.**
4. **Lavez et coupez la courgette, le poivron et la tomate en petits dés.**
5. Dans une sauteuse, **faites revenir les chipolatas** dans 2 c. à soupe d'huile d'olive. Lorsqu'elles sont dorées, retirez-les et mettez-les sur une assiette.
6. **Coupez-les en petites rondelles** d'environ 1 cm d'épaisseur.
7. **Mettez l'oignon, les carottes, la courgette et le poivron dans la sauteuse et faites-les revenir vivement.**
8. **Après 5 min, ajoutez la tomate** et laissez revenir encore 2 min.
9. **Ajoutez le riz** et attendez qu'il devienne translucide.
10. **Ajoutez les saucisses et versez le bouillon très chaud.**
11. Salez, poivrez et **faites cuire à petit feu pendant 20 min.** Tout le bouillon doit être absorbé.

Astuce : Complétez ou remplacez
les chipolatas par des merguez

TARTE AMANDINE AUX POIRES

Ingrédients :
Pâte brisée (1 rouleau)
Poires au sirop (1 ou 2 boîtes)
Amandes en poudre (100 g)
Alcool de poire ou autre (5 cl)
Beurre (100 g)
Sucre (100 g)
Œufs (2)
Farine (25 g)

Pour 6 personnes
Préparation 25 min
Cuisson 30 min
Très facile
Coût €

1. Préchauffez le four à 180 °C (th. 6).
2. Dans un saladier, **mélangez le beurre** préalablement **ramolli avec le sucre.**
3. **Battez les œufs** dans un bol. **Ajoutez-les dans le saladier avec les amandes en poudre et la farine tamisée.**
4. **Parfumez avec l'alcool** de poire.
5. **Étalez la pâte brisée au fond d'un moule à tarte.** Piquez-en le fond et **versez-y le mélange.**
6. **Placez les poires sur le mélange** en les enfonçant délicatement.
7. **Enfournez** pour **30 min**.

Top des avis :

"Excellente recette, **je mets du chocolat fondu avec de la crème fraîche sur la pâte avant le reste**, ça n'en est que meilleur." Sabrina1910

"Très bonne recette, **j'ai remplacé les poires par des abricots et j'ai ajouté quelques gouttes**

TACOS

Ingrédients :
Tortillas pour tacos (8)
Bœuf haché (250 g)
Tomates (2)
Haricots rouges (1 petite boîte) • Poivron vert (½)
Laitue (8 grosses feuilles)
Oignon blanc (1)
Tabasco • Coulis de tomates (10 cl) • Cumin en poudre
Huile d'olive • Sel, poivre

recette proposée par
Melanie_187

Pour 4 personnes
Préparation 20 min
Cuisson 20 min
Très facile
Coût €

1. Épluchez et **émincez l'oignon**.
2. Dans une poêle, **faites dorer l'oignon dans un peu d'huile d'olive**.
3. **Ajoutez le bœuf, salez, poivrez** et **laissez cuire 5 min**.
4. **Lavez et séchez les feuilles de laitue**.
5. Lavez et **coupez les tomates et le poivron en petits dés**.
6. **Ajoutez les tomates et le poivron dans la poêle avec le coulis de tomates** et **poursuivez la cuisson 5 min.**
7. **Égouttez les haricots rouges puis ajoutez-les à la préparation** 2 min avant la fin de la cuisson.
8. **Hors du feu, rectifiez l'assaisonnement et saupoudrez généreusement de cumin**. Ajoutez quelques gouttes de Tabasco.
9. **Garnissez chaque tortilla de préparation et refermez-la en la roulant comme une crêpe.**
10. **Disposez 1 feuille de laitue sur chaque taco avant de servir.**

Astuce : Accompagnez ces tacos de guacamole et/ou de maïs. Pour une version plus légère, supprimer

17
SEPTEMBRE

SMOOTHIE AU CONCOMBRE

Ingrédients :
Concombre (½)
Fromage blanc à 0 % (8 cl)
Carrés frais 0 % (3)
Menthe fraîche
(⅓ de bouquet)
Piment d'Espelette
(½ c. à café)
Ail (½ gousse)
Crème fraîche
Sel

Pour 2 personnes
Préparation 10 min
Très facile
Coût €

1. **Lavez le concombre et pelez-le. Coupez-le en deux.**
2. **Enlevez les pépins du milieu.**
3. **Coupez-le en petits morceaux.**
4. Dans un saladier, **mélangez les morceaux de concombre avec le fromage blanc, les Carrés frais, l'ail pressé et les feuilles de menthe ciselées**.
5. **Mixez** le tout de façon à obtenir une préparation liquide et homogène.
6. **Ajoutez du sel et le piment d'Espelette** (n'hésitez pas à goûter pour adapter l'assaisonnement).
7. **Servez dans des verres** avec un nuage de crème fraîche et une pincée de piment d'Espelette.

Top des avis :

" Très frais ! J'ai ajouté pour la déco et le goût des petits morceaux de bacon grillé et des mini croûtons de pain... "
blueeyes57

" À la place du piment (je n'en avais pas), j'ai mis du jus de citron. Cette boisson a été très

PLAT

18
SEPTEMBRE

FILETS DE DINDE AU YAOURT

recette proposée par
philippe_47

Ingrédients :
Filets de dinde (4)
Pour la marinade :
Yaourt nature (1)
Menthe (10 brins)
Poivre de Cayenne
(une pointe de couteau)
Ail (3 gousses)
Sel, poivre

Pour 4 personnes
Préparation 10 min
Cuisson 8 min
Repos 1 h
Très facile
Coût €

1. Épluchez, dégermez et **pressez l'ail**.
2. Préparez la marinade : **versez le yaourt dans un bol, ajoutez l'ail pressé, le poivre de Cayenne, la menthe** préalablement lavée et **ciselée et du sel**.
3. **Enduisez les filets de dinde de sauce au yaourt, et déposez-les dans un plat creux**.
4. **Laissez mariner** 1 h au réfrigérateur.
5. **Déposez les filets de dinde sur le barbecue et laissez-les cuire 4 min par face**.
6. Servez les filets de dinde avec des légumes grillés.

Top des avis :

"Un régal ! **J'ai mélangé le yaourt avec de la ciboulette, de l'aneth, du persil, du basilic et un trait de citron.** La viande fond dans la bouche !" Baff10

"Très très bon ! **J'ai fait en accompagnement un confit de courgettes et tomates.**"

19
SEPTEMBRE

PUDDING

Ingrédients :
Pain rassi (150 g)
Raisins secs, morceaux de fruits ou confiture de votre choix (2 c. à soupe)
Cannelle en poudre (1 pincée) • Beurre
Cassonade ou vergeoise (2 c. à soupe)
Œufs (3) • Lait (50 cl)
Sucre vanillé (1 sachet)

Dessert proposé par
Missepices

Pour 6 personnes
Préparation 45 min
Cuisson 45 min
Très facile
Coût €

1. Préchauffez le four à 180 °C (th. 6).
2. **Émiettez ou mixez le pain rassi.**
3. Dans une casserole, **faites chauffer le lait avec le sucre vanillé et la cassonade.**
4. Dans un saladier, **fouettez les œufs.**
5. **Versez le lait chaud dessus en fouettant. Ajoutez une pincée de cannelle puis le pain émietté.**
6. **Mélangez** bien.
7. **Ajoutez** ensuite, au choix, **la confiture, les morceaux de fruits ou les raisins secs.**
8. **Versez la préparation dans un moule beurré, enfournez et laissez cuire 45 min.**

Top des avis :

“Fait avec 200 g de pain, du rhum arrangé à la vanille et une pomme coupée en quartiers au fond du moule. Pour le reste, j'ai suivi la recette. Très simple mais

TARTE AUX POMMES DE TERRE

Ingrédients :
Pâte feuilletée ou brisée (1 rouleau)
Pommes de terre roseval (6 à 8 petites)
Roquefort (100 g)
Gruyère râpé (1 poignée)
Œuf (1) • Lait (20 cl)
Crème fraîche épaisse (1 c. à soupe)
Beurre • Sel, poivre

recette proposée par
Benedicte_68

Pour 4 personnes
Préparation 15 min
Cuisson 45 min
Très facile
Coût €

1. Préchauffez le four à 200 °C (th. 6-7).
2. **Mettez les pommes de terre lavées mais non épluchées dans une casserole d'eau froide salée. Faites bouillir 15 min.**
3. Égouttez-les puis **coupez-les en rondelles.**
4. **Étalez la pâte dans un moule de 25 cm de diamètre** préalablement beurré. Piquez le fond avec une fourchette.
5. **Disposez les rondelles de pomme de terre sur la pâte** en les faisant se chevaucher.
6. **Émiettez le roquefort dessus, parsemez de gruyère râpé.**
7. Dans un bol, **mélangez l'œuf battu, le lait et la crème.**
8. **Versez cet appareil sur la tarte, poivrez.**
9. **Enfournez** et laissez cuire **25 à 30 min.**

Top des avis :

" C'est surprenant ! J'ai juste ajouté des lardons. "
Caroline1974

" Très simple, rapide et délicieux ! J'ai remplacé le roquefort par un morceau de bleu un peu fort,

21
SEPTEMBRE

VELOUTÉ DE CHAMPIGNONS

Ingrédients :
Champignons de Paris (250 g) • Citron (½)
Persil (1 c. à soupe)
Crème fraiche (2 c. à soupe)
Lait (50 cl) • Oignon (1)
Beurre (3 c. à soupe)
Farine (2 c. à soupe)
Bouillon de légumes ou eau (25 cl) • Sel, poivre

Pour 3 personnes
Préparation 10 min
Cuisson 40 min
Très facile
Coût €

1. Épluchez et **hachez l'oignon.**
2. **Coupez les champignons en tout petits morceaux.**
3. **Hachez le persil.**
4. **Faites fondre le beurre** dans une casserole. **Ajoutez l'oignon et les champignons de Paris. Salez, poivrez et saupoudrez de persil.** Mélangez bien, **couvrez et laissez cuire à feu doux 15 min.**
5. **Ajoutez la farine** en remuant sans cesse **puis le bouillon ou l'eau et le lait.** Faites cuire à feu doux en remuant de temps en temps.
6. **Lorsque le potage commence à bouillir, baissez le feu et laissez cuire à découvert encore 15 min.**
7. Quelques minutes avant de servir, **ajoutez le jus du demi-citron et la crème fraîche.**

Top des avis :

"Très bon et facile, à faire et à refaire ! Je ne me casse pas la tête à couper les champignons et l'oignon finement puisque je passe le tout au blender pour un velouté parfait et j'ajoute un peu de farine vers la fin si ce

22
SEPTEMBRE

LASAGNE COURGETTES-CHÈVRE

Ingrédients :
Courgettes (2 grosses)
Fromages de chèvre frais (5 ou 6)
Lasagne (5 ou 6 plaques)
Lait (25 cl)
Maïzena (1 c. à soupe)
Gruyère râpé (30 g)
Noix de muscade
Sel, poivre

Pour 4 personnes
Préparation 25 min
Cuisson 45 min
Très facile
Coût €

1. Préchauffez le four à 180 °C (th. 6).
2. **Lavez les courgettes, râpez-les** avec une grosse grille.
3. **Faites revenir les courgettes 15 min** à feu doux dans une poêle.
4. **Ajoutez les chèvres frais.**
5. **Faites cuire les plaques de lasagne** dans de l'eau bouillante salée quelques minutes. Égouttez-les et plongez-les dans de l'eau froide afin qu'elles ne collent pas puis déposez-les sur un torchon propre sans les faire se chevaucher.
6. Préparez une béchamel légère : dans une casserole, **portez le lait à ébullition puis ajoutez la Maïzena, mélangez à feu doux** pour que la sauce prenne. Salez, poivrez et parfumez avec de la muscade.
7. **Dans un plat, alternez la béchamel, les plaques de lasagne et les courgettes**. Terminez par la béchamel et parsemez de gruyère.
8. **Enfournez** et laissez cuire **20 à 25 min**.

“

Top des avis :

“J'ai ajouté des lardons et

23 SEPTEMBRE

TARTIGNOLE

Ingrédients :
Pommes un peu acides ou poires (350 g)
Œufs (2)
Sucre (150 g)
Farine (150 g)
Beurre (50 g)
Levure chimique (½ c. à café)

Pour 6 personnes
Préparation 20 min
Cuisson 25 min
Très facile
Coût €

1. **Versez la farine et la levure dans un saladier. Ajoutez les œufs** préalablement **battus** et mélangez.
2. **Versez ensuite 20 cl d'eau et mélangez bien** pour obtenir une pâte à crêpes épaisse et bien lisse.
3. **Épluchez les fruits et coupez-les en quartiers** assez épais.
4. **Mettez les pommes dans un saladier, ajoutez 100 g de sucre et mélangez.**
5. **Faites fondre le beurre dans une poêle** puis **faites-y cuire les fruits** jusqu'à ce qu'ils soient bien dorés et caramélisés.
6. **Versez la pâte à crêpes sur vos fruits et laissez cuire 5 min** jusqu'à cuisson quasi complète.
7. **Transvasez la tartignole sur une assiette.**
8. **Versez environ 30 g de sucre dans la poêle. Remettez le gâteau face non cuite** sur le fond puis **saupoudrez du reste de sucre sur la face cuite. Laissez cuire 5 min à couvert.**

Top des avis :

“N'ayant pas assez de pommes, **j'ai utilisé un mélange de dés de pomme et de potiron** (courge muscadée). Délicieux, surtout avec

POÊLÉE DE PÂTISSON

Ingrédients :
Pâtisson (1 gros ou 2 moyens)
Lardons (200 g)
Champignons (500 g)
Ail (1 gousse)
Romarin (1 c. à soupe)
Huile d'olive
Sel, poivre

recette proposée par
Arielle_26

Pour 4 personnes
Préparation 30 min
Cuisson 25 min
Très facile
Coût €

❶ **Épluchez le ou les pâtissons, enlevez les graines et coupez-les en tranches** très fines avec une mandoline ou un robot.

❷ **Coupez les champignons en lamelles.**

❸ Dans une poêle, **faites chauffer 2 c. à soupe d'huile d'olive, et ajoutez les lardons, les tranches de pâtisson et les champignons.**

❹ **Salez et parsemez de feuilles de romarin.** Laissez cuire 20 bonnes minutes : il faut que l'eau des champignons se soit évaporée, qu'ils soient dorés et les pâtissons translucides.

❺ **Ajoutez l'ail haché, laissez cuire 5 min** de plus.

❻ Servez sans attendre.

Top des avis :

" Premier essai de cette recette, et c'est un succès. **J'ai cependant ajouté dans cette poêlée trois tomates séchées ce qui a donné une note particulière très agréable.** " Cascantina

" J'ai beaucoup aimé cette recette. **J'ai remplacé les champignons par des petits pois : un régal !** "

25
SEPTEMBRE

SALADE TIÈDE DE POIVRONS AU CUMIN

Ingrédients :
Poivrons (1 rouge, 1 vert et 1 jaune)
Tomates cerises (10)
Oignons violets (2 gros)
Huile d'olive
Sucre (1 c. à soupe)
Pour l'assaisonnement :
Cumin (2 c. à café)
Vinaigre de vin (5 c. à soupe)

Pour 4 personnes
Préparation 10 min
Cuisson 20 min
Repos 20 min
Très facile
Coût €

1. **Lavez les poivrons, ôtez le pédoncule et les graines puis coupez-les en lanières** de 4 cm d'épaisseur environ.
2. Épluchez et **coupez les oignons en rondelles**.
3. Lavez et **coupez les tomates en deux**.
4. Dans une poêle**, faites revenir les poivrons** dans un filet d'huile d'olive.
5. Lorsque les poivrons commencent à ramollir, **ajoutez les oignons et saupoudrez de sucre**.
6. Lorsque les oignons sont translucides, **ajoutez les tomates et laissez-les cuire pendant 5 min**, pas plus, sinon elles seraient trop ramollies.
7. Préparez l'assaisonnement : dans un bol, **mélangez le cumin avec le vinaigre**.
8. **Versez la sauce sur les légumes** dans la poêle. Mélangez.
9. Versez la préparation dans un saladier et **laissez refroidir à température ambiante** pendant une vingtaine de minutes.

Top des avis :

“ Avec du vinaigre de framboise,

PLAT

26
SEPTEMBRE

SEICHE À L'ALGÉRIENNE

recette proposée par **Suzel**

Ingrédients :
Blancs de seiche ou encornets (1 kg)
Vin blanc (25 cl)
Poivre de Cayenne (1 pincée) • Échalotes (4)
Ail (2 gousses)
Concentré de tomates (1 petite boîte)
Farine (3 c. à soupe)
Huile d'olive • Sel, poivre

Pour 6 personnes
Préparation 20 min
Cuisson 1 h
Très facile
Coût €

SEICHE À L'ALGÉRIENNE

❶ Épluchez et **hachez les échalotes et l'ail.**

❷ **Ôtez la peau des blancs de seiche puis coupez-les en dés**.

❸ Dans une poêle, **faites revenir les échalotes dans un peu d'huile d'olive**.

❹ **Ajoutez les blancs de seiche. Laissez dorer** quelques minutes.

❺ **Ajoutez la farine, remuez puis mouillez avec 50 cl d'eau chaude puis avec le vin blanc**.

❻ **Ajoutez l'ail, puis le concentré de tomates. Salez, poivrez et ajoutez le poivre de Cayenne. Laissez mijoter** à feu doux pendant **45 à 50 min**.

> Top des avis :
> " Excellente recette. **J'ai juste cuit d'abord mes blancs de seiche dans l'eau bouillante pour qu'ils**

DESSERT

27
SEPTEMBRE

SALADE DE PÊCHES ET LITCHIS

Ingrédients :
Pêches au sirop (1 boîte)
Litchis au sirop (1 boîte)
Raisin noir (1 grappe)
Vin blanc (10 cl) • Infusion aux fruits rouges (1 sachet)
Fleur d'oranger (1 c. à café)
Confiture aux fruits rouges (1 c. à soupe) • Citron (1)
Cannelle (1 c. à café)
Gingembre (1 c. à café)

recette proposée par
laure_239

Pour 4 personnes
Préparation 15 min
Cuisson 5 min
Très facile
Coût € €

1. **Égouttez bien les fruits au sirop puis coupez-les en petits morceaux**. Disposez-les dans un saladier et citronnez-les pour qu'ils ne s'oxydent pas.
2. Rincez, essuyez et **égrappez le raisin noir dans le saladier** avec les autres fruits.
3. Dans une casserole, **faites chauffer le vin blanc** jusqu'à frémissement, **ajoutez le sachet d'infusion et laissez sur feu doux 2 à 3 min**.
4. Retirez du feu, **ôtez le sachet et délayez la cuillère de confiture dans le vin chaud**.
5. **Ajoutez l'eau de fleur d'oranger**.
6. **Saupoudrez de cannelle et de gingembre**.
7. **Versez le sirop ainsi obtenu sur les fruits**. Mélangez bien, couvrez et placez au frais jusqu'au service.

Top des avis :

“Je n'avais pas de raisins, j'ai mis des fraises fraîches.”

aurelyw

“J'ai servi la salade dans des verres assez larges type **verres à whisky** avec de longs biscuits secs et de grandes cuillères à glace. Elle a connu un franc succès.” jacmadinine

POULET LOUISIANE

Ingrédients :
Blancs de poulet (4) • Poivron rouge (1) • Céleri (2 branches)
Oignons séchés (1 c. à s.) • Ail (1 gousse) • Tabasco (½ c. à c.)
Tomates concassées (1 boîte)
Piment de Cayenne (1 c. à c.)
Thym séché (1 c. à c.) • Sel
Origan séché (1 c.à c.) • Oignon (1)
Sucre (1 c. à c.) • Farine (2 c. à s.)
Beurre (30 g) • Huile d'olive (1 c. à s.)

recette proposée par
francis_12

Pour 4 personnes
Préparation 20 min
Cuisson 30 min
Facile
Coût €

1. Épluchez et **hachez finement l'oignon et l'ail**.
2. **Lavez le poivron et le céleri, hachez-les finement**.
3. **Faites chauffer 10 g de beurre dans une poêle et faites cuire les blancs de poulet** pendant 15 min. Quand ils sont cuits, **coupez-les en dés**.
4. **Faites chauffer les 20 g de beurre restants avec l'huile d'olive** dans un wok. **Ajoutez l'oignon, l'ail, le poivron et le céleri et laissez cuire à feu vif** pendant 3 min en remuant régulièrement.
5. **Ajoutez le piment de Cayenne, le thym, l'origan, les oignons séchés, les tomates concassées, le Tabasco et le sucre. Laissez mijoter** quelques instants.
6. **Mélangez la farine et 25 cl d'eau. Versez ce mélange dans le wok**, mélangez et laissez la sauce épaissir.
7. **Ajoutez les dés de poulet, salez, poivrez, et laissez réchauffer le tout 5 min**. Servez chaud, avec des frites.

Top des avis :

" J'ai remplacé le Tabasco par de la sauce Worcestershire et je n'ai pas ajouté l'eau et la farine. " Yaya 4

ENTRÉE

29
SEPTEMBRE

ENSALADILLA

Ingrédients :
Miettes de thon à l'huile (1 boîte moyenne)
Mayonnaise (5 c. à soupe)
Cornichons (10)
Olives noires (20)
Pommes de terre (800 g)
Œufs (6)
Sel, poivre

recette proposée par
Olivier_523

Pour 6 personnes
Préparation 20 min
Cuisson 35 min
Très facile
Coût €

1. **Épluchez les pommes de terre, coupez-les en gros morceaux puis faites-les cuire** dans une casserole d'eau salée pendant 25 min. Laissez refroidir.
2. **Plongez les œufs dans une casserole d'eau froide, portez à ébullition puis laissez cuire 9 min**.
3. Laissez refroidir les œufs puis **écalez-les et coupez-les en tout petits morceaux** (gardez 2 jaunes pour la déco).
4. **Coupez les cornichons et les olives en petits dés** de 2 mm.
5. Dans un saladier, **écrasez les pommes de terre à la fourchette, ajoutez les œufs, les cornichons, les olives et le thon préalablement égoutté.**
6. **Ajoutez 3 grosses cuillerées à soupe de mayonnaise. Salez, poivrez** et mélangez bien.
7. **Disposez la préparation sur une assiette en l'étalant et recouvrez-la du reste de mayonnaise**.
8. **Écrasez légèrement les jaunes d'œufs restants et parsemez-les** sur l'ensaladilla. Placez au frais jusqu'au service.

Astuce :

Ajoutez des raisins secs

30
SEPTEMBRE

TOURNEDOS FLAMBÉS AU POIVRE

Ingrédients :
Tournedos bardés
(2, de 175 g chacun)
Whisky ou cognac (1,5 c. à soupe)
Poivre concassé (1 c. à soupe)
Beurre (10 g)
Crème fraîche liquide (5 cl)
Moutarde forte
(½ c. à soupe)

Pour 2 personnes
Préparation 10 min
Cuisson 15 min
Facile
Coût € €

1. Déposez le poivre sur une assiette. **Passez chaque tournedos dans le poivre**, des deux côtés, en appuyant avec la paume de la main pour que le poivre s'incruste dans la chair.
2. Dans une poêle, **saisissez les tournedos dans le beurre** préalablement chauffé pendant 5 à 8 min selon la cuisson désirée.
3. Jetez le beurre de cuisson. **Arrosez les tournedos d'alcool puis flambez-le dès qu'ils sont chauds.**
4. **Retirez les tournedos de la poêle** et mettez-les de côté, au chaud.
5. **Versez la crème dans la poêle et délayez-y la moutarde.**
6. **Nappez les tournedos de sauce** et servez aussitôt.

Top des avis :

" **D'habitude, j'utilise du cognac mais en fait, c'est bien meilleur avec le whisky.** Très simple et très bon. " mamagoonies

" Excellent ! **J'ai mélangé moutarde forte et moutarde à l'ancienne.** " Sarah86lyon

LES PRODUITS DE SAISON

Légumes	Oct.	Nov.	Déc.
Artichaut	●		
Avocat		●	●
Betterave		●	●
Bolet	●		
Cardon			●
Carotte	●	●	●
Céleri	●	●	●
Cèpe	●	●	
Champignon de Paris	●	●	●
Chou	●	●	●
Chou-fleur	●	●	●
Chou blanc	●	●	●
Chou de Bruxelles	●	●	●
Ciboulette	●		
Citrouille	●	●	●
Coriandre	●		
Courge	●	●	●
Courge spaghetti	●	●	●
Courgette	●		
Cresson	●	●	●
Endive	●	●	●
Épinard	●		
Fenouil	●	●	
Girolle	●		
Haricot vert	●		
Laitue	●		
Mâche		●	●
Maïs	●		

	Oct.	Nov.	Déc.
Oignon	●	●	●
Panais		●	●
Patate douce	●	●	●
Persil	●		
Pied-de-mouton	●	●	
Pleurote	●	●	●
Poireau	●	●	●
Pomme de terre	●	●	●
Potimarron		●	●
Potiron	●	●	●
Radis	●		
Radis noir	●	●	
Roquette	●	●	
Rutabaga	●	●	●
Salsifis	●	●	●
Tomate	●		
Topinambour		●	●
Trompette de la mort	●	●	●

LES PRODUITS DE SAISON

Fruits

Fruits	Oct.	Nov.	Déc.
Ananas		●	●
Banane	●	●	●
Châtaigne	●	●	
Citron	●	●	●
Clémentine		●	●
Clémentine de corse			●
Coing	●	●	●
Datte	●	●	●
Figue	●		
Framboise	●		
Grenade		●	●
Kaki	●	●	●
Kiwi		●	●
Kumquat			●
Litchi	●	●	●
Mandarine		●	●
Mangue		●	●
Mûre	●		
Myrtille	●		
Noix	●		
Orange		●	●
Pamplemousse		●	●
Papaye	●	●	●
Pêche de vigne	●		
Poire	●	●	●
Pomme	●	●	●
Prune	●		
Quetsche	●		
Raisin	●		

Viandes

Viandes	Oct.	Nov.	Déc.
Bœuf			●
Caille	●	●	
Canard	●	●	●
Chapon		●	●
Chevreuil	●	●	●
Dinde		●	●
Faisan	●	●	●
Lapin	●		
Lièvre		●	●
Mouton	●	●	●
Oie			●
Perdrix	●	●	
Pintade		●	●
Porc	●	●	●
Poulet	●	●	●
Sanglier	●	●	●

Poissons

Poissons	Oct.	Nov.	Déc.
Anchois	●		
Bar/Bar de ligne		●	●
Bigorneau	●	●	●
Bulot			●
Cabillaud	●	●	●
Calamar	●	●	
Congre	●	●	●
Coques	●	●	●
Coquille Saint-Jacques	●	●	●
Crevette	●	●	●
Crevette grise	●		
Dorade	●	●	●
Dorade grise	●	●	
Églefin	●	●	
Grondin rouge	●	●	●
Haddock			●
Hareng	●	●	●
Homard		●	
Huître	●	●	●
Langouste	●		
Lieu jaune	●	●	●
Lieu noir	●	●	●
Limande	●	●	●
Maquereau	●		
Merlan	●	●	●
Moule	●	●	●
Oursin		●	●
Palourde			●
Praire			●
Rouget	●	●	
Rouget barbet	●	●	●
Rouget de roche	●	●	●
Tacaud	●	●	●

Fromages

Fromages	Oct.	Nov.	Déc.
Abondance	●	●	
Beaufort		●	●
Bleu d'Auvergne	●	●	
Brie de Meaux			●
Brie de Melun			●
Brillat-Savarin	●		
Broccio/Brocciu	●	●	●
Cabécou	●	●	
Cancoillotte	●	●	
Cantal	●	●	●
Comté	●	●	●
Emmental	●		
Époisses	●	●	●
Fourme d'Ambert	●		
Gruyère	●	●	●
Laguiole			●
Livarot			●
Mont d'or			●
Morbier	●		
Munster	●	●	●
Ossau-iraty	●	●	
Parmesan	●	●	
Pont l'Évêque			●
Pouligny saint-pierre	●		
Roquefort	●		
Saint-nectaire	●		
Salers	●	●	●
Tomme de Savoie	●	●	●
Vacherin	●	●	●
Vieux-Lille	●	●	●

1er
OCTOBRE

GÂTEAU CARAMBAR ET CHOCOLAT

Ingrédients :
Carambar (10-12)
Chocolat noir pâtissier (100 g)
Sucre roux (60 g)
Fécule de pomme de terre (65 g)
Œufs (4)
Sel (1 pincée)
Beurre
Farine

Pour 6 personnes
Préparation 15 min
Cuisson 35 min
Très facile
Coût €

1. Préchauffez le four à 150 °C (th. 5).
2. Dans une casserole, **faites fondre le chocolat cassé en morceaux et les Carambar** (s'ils attachent à la casserole, ajoutez un peu de lait ou d'eau).
3. **Séparez les jaunes d'œufs des blancs**.
4. Dans un saladier, **fouettez énergiquement les jaunes d'œufs et le sucre** jusqu'à ce que la préparation devienne mousseuse.
5. **Versez peu à peu la fécule** en mélangeant sans cesse.
6. **Incorporez ensuite le chocolat et les Carambar fondus**.
7. **Montez les blancs d'œufs en neige** avec une pincée de sel, puis **incorporez-les délicatement** à la préparation chocolatée : la pâte doit être parfaitement lisse.
8. **Beurrez et farinez un moule, versez-y la pâte puis enfournez pour 35 min**.

Top des avis :

"J'ai rajouté des dés de Carambar dans la pâte avant **la cuisson** et on retrouve bien le goût du Carambar. Délicieux et facile à faire !" armelle_135

Astuce : Remplacez les Carambar

PLAT

2 OCTOBRE

LENTILLES À LA MAROCAINE

Ingrédients :
Lentilles (300 g) • Persil (10 brins) • Ail (2 gousses) Tomates bien mûres (3 à 6, selon leur taille) • Huile d'olive (2 ou 3 c. à soupe) • Échalote (1) Coriandre (10 brins) • Oignon (1) Cumin (1 c. à café) • Sel, poivre Ras-el-hanout (½ c. à café) Gingembre (½ c. à café) Paprika (½ c. à café)

recette proposée par **isabelle_2509**

Pour 4 personnes
Préparation 20 min
Cuisson 1 h
Facile
Coût €

1. **Faites gonfler les lentilles dans un saladier d'eau bouillante pendant une quinzaine de minutes**.
2. **Pendant ce temps, épluchez l'ail, l'échalote et l'oignon. Mixez le tout** de manière à obtenir une pâte.
3. **Pelez les tomates, ôtez le pédoncule puis coupez-les en tout petits morceaux**.
4. Lavez et **hachez le persil et la coriandre**.
5. **Dans une sauteuse, faites chauffer un peu d'huile d'olive puis faites-y revenir la pâte d'ail-échalote-oignon**.
6. **Ajoutez les tomates et faites revenir** le tout.
7. **Ajoutez les herbes, du sel, du poivre et les épices**.
8. **Versez cette sauce sur les lentilles, mélangez, mettez sur feu moyen puis laissez cuire en rajoutant de l'eau** au fur et à mesure jusqu'à ce que les lentilles soient bien cuites.

> Top des avis :
> " Ce plat se congèle très bien, pour les jours où on a moins le temps de cuisiner ! "

ENTRÉE

3
OCTOBRE

SALADE BOUDINS BLANCS-MARRONS

Ingrédients :
Boudins blancs (3)
Marrons en boîte (200 g)
Salade verte (1)
Noix concassées (50 g)
Échalote (1)
Sucre (1 c. à café)
Beurre

Pour 4 personnes
Préparation 10 min
Cuisson 10 min
Facile
Coût €

1. **Coupez les boudins en rondelles**.
2. **Faites-les revenir dans une poêle avec une noix de beurre** pour les faire dorer sur les deux faces. Mettez de côté.
3. Épluchez et **émincez l'échalote**.
4. **Faites-la revenir légèrement dans la poêle**.
5. **Ajoutez le sucre** afin de caraméliser légèrement le tout.
6. **Lavez et essorez la salade**.
7. Juste avant le service, **réchauffez l'échalote, les boudins et les marrons** préalablement rincés et égouttés **dans la même poêle**.
8. **Répartissez la préparation tiède sur un lit de salade.**
9. **Parsemez de noix** préalablement **concassées** et servez.

Top des avis :

"Très bon et facile à réaliser, j'ai remplacé le sucre par un filet de miel d'acacia."
anne_3663 M

"Merveilleuse petite entrée, servie sur un lit de mâche, vinaigrette huile d'olive, vinaigre de framboise et truffe râpée."

PLAT

4
OCTOBRE

TARTE THON, TOMATE ET MOUTARDE

recette proposée par **Aletse**

Ingrédients :
Pâte feuilletée (1 rouleau)
Thon au naturel (2 boîtes moyennes)
Tomates rondes (2)
Moutarde forte (3 c. à soupe)
Lait (3 c. à soupe) • Œufs (2)
Crème fraîche (20 cl)
Mélange 5 baies ou muscade
Sel

Pour 4 personnes
Préparation 15 min
Cuisson 40 min
Très facile
Coût €

1. Préchauffez le four à 200 °C.
2. **Étalez la pâte feuilletée dans un moule à tarte, piquez le fond** avec une fourchette puis **badigeonnez-le de moutarde.**
3. **Émiettez le thon et répartissez-le sur le fond de la pâte.**
4. **Lavez les tomates puis coupez-les en rondelles** pas trop fines. **Disposez-les sur le thon.**
5. Dans un bol, **battez les œufs en omelette, ajoutez la crème fraîche et le lait.** Salez et poivrez avec le mélange 5 baies. Ajoutez de la muscade selon les goûts.
6. **Versez la crème sur la pâte et enfournez pour 40 min :** la tarte doit être dorée.

Top des avis :

" C'est devenu l'un de mes classiques ! Perso, **j'ajoute un peu de gruyère râpé aux œufs**. Une recette assez légère accompagnée d'une salade. Bon appétit ! "

TIRAMISU À LA CHÂTAIGNE

recette proposée par **Auyo_1**

Ingrédients :
Petits-beurre (2 paquets)
Mascarpone (150 g)
Crème de marrons (250 g)
Rhum ambré (1 c. à soupe)
Œufs (3)
Sucre (2 c. à soupe)

Pour 6 personnes
Préparation 30 min
Repos 6 h
Très facile
Coût €

1. **Séparez les blancs des jaunes d'œuf.**
2. Dans un saladier, **fouettez les jaunes d'œuf avec la crème de marrons.**
3. **Ajoutez le mascarpone** et mélangez bien.
4. **Battez les blancs d'œuf en neige ferme puis incorporez-les** délicatement à la crème aux marrons.
5. Dans un bol, **mélangez le sucre, le rhum et 6 à 8 c. à soupe d'eau.**
6. **Trempez rapidement les biscuits dans le sirop** précédent et étalez-les dans un plat à gratin.
7. **Répartissez la moitié de la crème aux marrons** sur les biscuits. **Renouvelez l'opération** afin de réaliser une seconde couche.
8. Filmez puis **placez au réfrigérateur au moins 6 h.**

RACLETTE AUX HUIT FROMAGES

Ingrédients :
Pommes de terre (18)
Assortiment de charcuteries (jambon blanc, viande des Grisons, coppa, mortadelle, jambon cru, rosette…)
Fromages coupés en tranches (raclette, fromage de brebis, reblochon, saint-nectaire, fourme d'Ambert, picodon, rocamadour, munster)

Plat proposé par
Raphaele_1

Pour 6 personnes
Préparation 5 min
Cuisson 30 min
Très facile
Coût € €

1. **Faites cuire les pommes de terre** lavées mais non épluchées dans une grande quantité d'eau bouillante salée **pendant 30 min.**
2. **Préparez un plateau de charcuteries et de fromages assortis.** Préparez l'appareil à raclette.
3. **Servez**, avec les pommes de terre égouttées.

Top des avis :

“ **J'ai fait revenir séparément quelques courgettes, poivrons et oignons.** Délicieux avec le fromage et des œufs de caille que l'on met dans les caquelons avec le fromage. ”

pimprenelle31

Astuce : Pour alléger le repas, servez une salade verte à côté, que vous pouvez agrémenter de pignons ou de graines

7
OCTOBRE

SOUPE À LA COURGETTE ET AU CURRY

recette proposée par
Melaleuca

Ingrédients :
Courgettes (1 kg)
Pommes de terre (300 g)
Curry
Bouillon de volaille (2 cubes)
Oignons (1 ou 2)
Ail (1 gousse)
Huile
Sel, poivre

Pour 4 personnes
Préparation 30 min
Cuisson 30 min
Facile
Coût €

1. **Découpez en cubes les courgettes et les pommes de terre** préalablement épluchées. **Émincez les oignons et l'ail.**
2. Dans une cocotte, **faites chauffer 2 c. à soupe d'huile.** Quand celle-ci est bien chaude, **versez les oignons et l'ail, saupoudrez de curry** (vous pouvez être généreux mais si la présence du curry vous surprend, mettez-en peu la première fois). Remuez constamment le temps que les oignons s'imprègnent du curry.
3. **Versez 1 l d'eau et les cubes de bouillon. Ajoutez les pommes de terre puis, 5 à 10 min plus tard, les dés de courgettes. Laissez cuire 20 min.** La soupe ne doit pas bouillir.
4. **Salez et poivrez puis mixez** jusqu'à obtenir une texture lisse.

Top des avis :

"Je l'adore ! **J'ai remplacé les pommes de terre par des patates douces et ai été généreuse sur le curry.** J'en ai eu pour toute une semaine à moi seule, et ne m'en suis pas lassée !"

PLAT

8
OCTOBRE

POÊLÉE CAMPAGNARDE AUX GÉSIERS

recette proposée par
Jeremy_8

Pour 4 personnes
Préparation 20 min
Cuisson 40 min
Facile
Coût € €

Ingrédients :
Champignons de Paris frais (100 g)
Gésiers confits (150 g)
Graisse de canard (1 c. à soupe)
Pommes de terre à chair ferme (500 g)
Oignons (2) • Ail (1 gousse)
Huile d'olive (1 c. à soupe)
Sel, poivre

1. **Plongez les pommes de terre dans une casserole d'eau froide salée, mettez-les à cuire 20 min** environ.
2. **Épluchez-les et coupez-les en dés.**
3. Épluchez et **coupez en fines lamelles les oignons.**
4. Épluchez, dégermez et **hachez l'ail.**
5. Nettoyez puis **émincez les champignons de Paris.**
6. Dans une grande poêle, **faites fondre la graisse de canard et l'huile d'olive puis faites-y revenir les pommes de terre, les lamelles d'oignons et l'ail.**
7. Quand les pommes de terre sont dorées, **ajoutez les champignons de Paris et les gésiers confits. Continuez à faire rissoler cette poêlée pendant 10 min** environ. Salez et poivrez.
8. Servez sans attendre.

Top des avis :

" On a adoré. **J'ai remplacé les champignons de Paris par des cèpes.** " Catherine_41

Astuce : Vous pouvez ajouter une poignée de mesclun ou de mâche 5 min avant la fin

CRUMBLE FONDANT AU CHOCOLAT BLANC

Ingrédients :
Chocolat blanc (100 g)
Poires au sirop (1 boîte)
Banane (1)
Farine (100 g)
Beurre (60 g)
Sucre (60 g)

recette proposée par
Fanny_7

Pour 4-6 personnes
Préparation 15 min
Cuisson 30 min
Très facile
Coût €

1. Préchauffez le four à 200 °C (th. 6-7).
2. **Coupez les poires en morceaux.**
3. Épluchez et **coupez la banane en rondelles.**
4. **Concassez le chocolat en grosses pépites.**
5. **Répartissez les morceaux de poire dans un plat à gratin** préalablement beurré.
6. **Disposez par-dessus les rondelles de banane et les pépites de chocolat blanc.**
7. Dans un saladier, **mélangez la farine et le sucre.**
8. **Ajoutez le beurre** coupé en petits cubes et **mélangez à la main** de façon à former une pâte grumeleuse.
9. **Émiettez cette pâte au-dessus des fruits**, de façon à les recouvrir.
10. **Enfournez 30 min** : le crumble doit être bien doré.

Top des avis :

“ Recette simple et bonne, à refaire avec des poires fraîches. ” lili33440

“ Pour la pâte à crumble, j'ai ajouté de la poudre

BROCHETTES DE POULET SAUCE SATAY

Ingrédients :
Blancs de poulet (500 g)
Pâte de curry rouge (2 c. à café)
Coriandre (10 brins)
Curcuma (1 c. à café)
Cumin en poudre (1 c. à café)
Lait de coco (50 cl)
Cacahuètes grillées (50 g)
Jus de citron (1 c. à café)
Sucre roux (4 c. à café)
Sel (1 c. à café) • Huile neutre

Pour 4 personnes
Préparation 20 min
Cuisson 35 min
Repos 2 h
Facile
Coût €

1. Dans un saladier, **mélangez 2 c. à café de sucre roux, la coriandre** préalablement **lavée et hachée, le cumin et 20 cl de lait de coco.**
2. **Coupez le poulet en lamelles** et **déposez-les dans la préparation**. Laissez mariner 2 h.
3. **Concassez finement les cacahuètes**.
4. **Versez 15 cl de lait de coco dans une casserole, ajoutez la pâte de curry et chauffez** à feu doux pendant 3 min.
5. **Ajoutez les cacahuètes, 2 c. à café de sucre roux, le jus de citron, le sel et le reste de lait de coco.** Mélangez bien puis **laissez cuire 20 à 30 min.**
6. **Piquez les lamelles de poulet sur des piques en bois**.
7. **Faites cuire les brochettes de poulet** dans une poêle avec un peu d'huile. **Servez avec la sauce.**

Top des avis :

"Excellent ! J'ai rajouté 1 c. à soupe de sauce soja et une gousse d'ail pour la sauce sinon il n'y a rien à changer."

ENTRÉE

11
OCTOBRE

FRICASSÉE DE CALAMARS

Ingrédients :
Calamars frais
ou surgelés (700 g)
Tomates (3)
Courgettes (3)
Huile d'olive
(2 + 1 c. à soupe)
Fleur de sel de Guérande
Poivre noir

Pour 6 personnes
Préparation 15 min
Cuisson 20 min
Très facile
Coût € €

1. Nettoyez et **coupez les calamars en rondelles**.
2. Lavez et **coupez les tomates et les courgettes en petits cubes**.
3. Dans une grande poêle, **faites cuire les calamars avec 2 c. à soupe d'huile d'olive** quelques minutes seulement.
4. Dans une autre poêle, **faites cuire le mélange courgettes-tomates avec 1 c. à soupe d'huile d'olive** pendant 5 à 10 min. Salez et poivrez à mi-cuisson.
5. Quand tous les ingrédients sont cuits, **mélangez le contenu des deux poêles**.
6. **Rectifiez l'assaisonnement** puis servez sans attendre.

Top des avis :

" Super bon ! **Bien laisser mijoter la préparation complète avant de servir.** "

nserra

" Nous avons trouvé cette recette excellente. **J'ai simplement rajouté de l'ail et une pincée de piment de Cayenne.** "

DESSERT

13
OCTOBRE

COOKIES AU BEURRE DE CACAHUÈTES

Ingrédients :
Cacahuètes non salées (100 g) • Sucre roux (75 g)
Pépites de chocolat (100 g)
Beurre (50 g) • Sucre (75 g)
Farine (140 g)
Levure chimique (1 c. à café rase)
Œuf (1)
Huile d'arachide (1 c. à soupe)

recette proposée par
christine_1532

Pour 20 cookies
Préparation 20 min
Cuisson 10 min
Facile
Coût €

1. Préchauffez le four à 180 °C (th. 6).
2. Préparez le beurre de cacahuètes : **mixez les cacahuètes avec l'huile d'arachide jusqu'à l'obtention d'une pâte**, cela peut prendre une dizaine de minutes. Ce n'est pas grave s'il reste quelques morceaux.
3. Dans un saladier, **mélangez le beurre** préalablement **ramolli et les sucres**.
4. **Ajoutez l'œuf et mélangez** bien le tout.
5. **Ajoutez le beurre de cacahuètes puis les pépites de chocolat, la farine et la levure.** La pâte doit avoir une bonne consistance, un peu collante mais pas liquide.
6. **Façonnez des petites boules**, déposez-les sur une plaque préalablement recouverte de papier sulfurisé et **aplatissez-les un peu**.
7. **Enfournez** et laissez cuire **10 min**.

Astuce : Pour gagner du temps, vous pouvez utiliser du beurre de cacahuètes tout prêt

PLAT

14 OCTOBRE

LAPIN AUX PRUNEAUX

Ingrédients :
Lapin (1)
Pruneaux d'Agen (250 g, dénoyautés)
Bouquet garni (1)
Bière brune (25 cl)
Oignon (1 gros)
Eau (12 cl)
Pain (1 tranche)
Moutarde de Dijon
Beurre • Sel, poivre

Pour 4 personnes
Préparation 30 min
Cuisson 1 h
Très facile
Coût €

1. **Tartinez généreusement la tranche de pain de moutarde.**
2. **Découpez le lapin en morceaux.**
3. Dans une cocotte, **faites fondre une noix de beurre. Ajoutez les morceaux de lapin et faites-les dorer.** Salez et poivrez. Mettez la viande de côté.
4. **Faites revenir l'oignon coupé en lamelles** dans la cocotte avec un peu de beurre.
5. **Ajoutez les morceaux de lapin et le bouquet garni.**
6. **Couvrez avec la bière et l'eau. Ajoutez le pain à la moutarde et laissez cuire** à feu doux pendant environ 1 h.
7. **À mi-cuisson, ajoutez les pruneaux.** Rectifiez l'assaisonnement si nécessaire.
8. Servez avec des pommes de terre vapeur et des prunes au vinaigre de vin.

Top des avis :

" C'est vraiment excellent et très facile à réaliser. **À la place de la tartine, j'ai utilisé un peu de fécule de maïs.** "

Christelle 2005

15
OCTOBRE

FEUILLETÉ AU CAMEMBERT

Ingrédients :
Pâte feuilletée (1 rouleau)
Camembert (1)
Cerneaux do noix (10-12)
Jaune d'œuf (1)
Miel liquide

Pour 2 personnes
Préparation 15 min
Cuisson 10 min
Très facile
Coût €

1. Préchauffez le four à 250 °C (th. 8-9).
2. **Coupez le camembert en tranches fines**.
3. **Découpez la pâte feuilletée en rectangles** ou en disques de la taille des tranches de camembert.
4. **Disposez sur chaque rectangle de pâte une tranche de camembert, un cerneau de noix, un filet de miel et de nouveau une tranche de camembert**.
5. **Refermez avec un second rectangle de pâte**.
6. Baissez le thermostat du four à 210 °C (th. 7). **Badigeonnez chaque feuilleté de jaune d'œuf battu**. Disposez-les sur une plaque garnie de papier sulfurisé puis **enfournez une dizaine de minutes** : ils doivent être bien dorés.
7. **Servez les feuilletés** avec une salade de blé ou une salade verte.

Top des avis :

"Excellent... À essayer également avec du bleu ou

PLAT

16
OCTOBRE

BLANCS DE POULET AUX ENDIVES

Ingrédients :
Blancs de poulet (4)
Endive (1)
Lardons fumés (125 g)
Champignons
de Paris (1 petite boîte)
Cognac (1 c. à soupe)
Oignon (1) • Sel, poivre
Farine (1 c. à soupe)
Crème fraîche (4 c. à soupe)
Beurre (2 noix) • Persil

recette proposée par
Sylvie54

Pour 4 personnes
Préparation 20 min
Cuisson 50 min
Très facile
Coût €

1. Lavez et **coupez l'endive en tout petits morceaux.**
2. **Coupez les blancs de poulet en petites lamelles** puis farinez-les.
3. Faites fondre 1 noix de beurre dans une sauteuse puis **faites revenir les lamelles de poulet** jusqu'à ce qu'elles soient dorées.
4. Salez, poivrez. **Ajoutez le cognac**. Mettez de côté.
5. Dans la même sauteuse, **faites revenir les lardons** dans 1 noix de beurre.
6. **Ajoutez l'oignon émincé ainsi que les petits morceaux d'endive**, laissez mijoter 5 min environ.
7. **Ajoutez les champignons égouttés**, laissez mijoter 5 min.
8. **Ajoutez enfin les lamelles de poulet et laissez mijoter à couvert 20 min environ**.
9. Au bout de 15 min, **incorporez la crème fraîche**.
10. **Parsemez de persil juste avant de servir**.

Top des avis :

" J'ai remplacé le cognac par du vin blanc, mis 3 c. à soupe de miel pour enlever l'amertume **des endives** et ajouté un cube de bouillon de volaille. Un franc

BEIGNETS AUX POMMES

Ingrédients :

Pommes (3)
Huile de friture (50 cl)
Farine (300 g)
Sucre (3 c. à soupe)
Sucre vanillé (1 sachet)
Levure chimique (1 c. à café)
Œufs (2)
Lait (25 cl)

recette proposée par
Anne_2475

Pour 4 personnes
Préparation 30 min
Cuisson 5 min
Facile
Coût €

1. Épluchez et **évidez les pommes puis coupez-les en rondelles** pas trop épaisses.
2. Dans un saladier, **mélangez les autres ingrédients** (sauf l'huile) en respectant l'ordre indiqué.
3. **Faites chauffer l'huile** dans une poêle à bord haut.
4. **Trempez chaque rondelle de pommes dans la pâte puis faites-les dorer** dans l'huile chaude.
5. Égouttez-les sur du papier absorbant.

Top des avis :

"J'ai mis dans la pâte les pommes râpées, des raisins secs et deux bouchons de

RAVIOLIS SAUCE AUX NOIX

Ingrédients :
Raviolis frais au bœuf (300 g)
Cerneaux de noix (50 g)
Cognac (2 c. à soupe)
Crème fraîche liquide (20 cl)
Sel

recette proposée par
althea

Pour 2 personnes
Préparation 5 min
Cuisson 8 min
Très facile
Coût €

1. **Faites cuire les raviolis** dans une grande casserole d'eau salée pendant 3 min environ.
2. **Égouttez-les.**
3. **Mixez grossièrement les noix.**
4. **Placez les raviolis dans une sauteuse avec la crème, les noix mixées et le cognac**. Salez et **laissez mijoter 5 min.**
5. Servez sans attendre.

Top des avis :

“Une fois la sauce et les raviolis cuits, j'ai mis le tout dans un plat à gratin avec du parmesan et j'ai laissé gratiner au four pendant 10 min. C'est excellent.”
Patricia_69

“J'ai utilisé la sauce pour des spaghettis, c'était parfait.”
Magalili

“Une recette simple, rapide et efficace.” Gaelle_229

Astuce : Ajoutez un peu

19
OCTOBRE

FASSOULADA (SOUPE DE LÉGUMES)

recette proposée par
Fanfanet

Ingrédients :
Blancs de poireau (2)
Carottes (4) • Huile
Céleri (3 branches)
Persil (2 bouquets)
Tomates bien mûres (5)
ou tomates concassées
(1 grosse boîte) • Sel, poivre
Haricots blancs (1 boîte)
Oignon (1) • Ail (2 gousses)
Concentré de tomates (1 c. à soupe)

Pour 6 personnes
Préparation 15 min
Cuisson 35 min
Très facile
Coût €

1. Lavez et **émincez les poireaux, le céleri et les tomates.**
2. Épluchez et **émincez les carottes, l'oignon et l'ail.**
3. **Placez le tout dans une cocotte sur feu moyen et faites-les revenir** quelques instants avec un peu d'huile.
4. **Rincez les haricots à l'eau.**
5. **Dans la cocotte, ajoutez le persil préalablement haché, les haricots et le concentré de tomates.**
6. **Recouvrez les légumes d'eau et portez à ébullition**. Réduisez le feu et **laissez mijoter environ 30 min.**
7. Salez et poivrez au goût.

Top des avis :

“J'ai fait un mezze à la feta **en accompagnement** avec de la crème, de l'huile d'olive, de l'échalote, de la ciboulette et du poivre du moulin…”

PLAT

20
OCTOBRE

TARTINES AUX 3 FROMAGES

Ingrédients :
Gruyère râpé (150 g) • Comté (200 g) • Fromage de chèvre en bûchette (200 g)
Lardons fumés (150 g)
Pain de campagne (12 tranches)
Origan, ciboulette ou persil (10 brins)
Piment de Cayenne
Ail en poudre (1 pincée)
Beurre ou crème de gruyère

Pour 4 personnes
Préparation 15 min
Cuisson 15 min
Très facile
Coût €

1. Préchauffez le four à 200 °C (th. 6-7).
2. **Coupez le comté en lamelles et le fromage de chèvre en morceaux.**
3. Lavez et **ciselez les herbes fraîches.**
4. **Tartinez les tranches de pain de beurre** ou de crème de gruyère.
5. **Parsemez-les d'ail en poudre et d'herbes fraîches.**
6. **Étalez des lamelles de comté** sur chaque tartine.
7. **Disposez par-dessus des morceaux de chèvre.**
8. **Parsemez le tout de quelques lardons et d'herbes fraîches puis saupoudrez d'un peu de piment.**
9. **Enfournez** et laissez cuire **10 à 15 min.**
10. **Cinq minutes avant la fin de la cuisson, ajoutez le gruyère râpé sur les tartines.**

Top des avis :

"Idée super originale pour les amateurs de tartines. Présentées sur un lit de salade, cela fait de l'effet." Inperson

"Je les ai découpées en petits carrés pour l'apéritif, c'est

21
OCTOBRE

DÉLICE AUX NOISETTES

Ingrédients :
Noisettes (150 g) • Œufs (4)
Chocolat noir (100 g) • Rhum
(2 c. à soupe) • Sucre (200 g)
Beurre (250 g + pour le moule)
Farine (250 g + pour le moule)
Sucre vanillé (½ sachet)
Levure chimique (1 sachet)
Glaçage : Chocolat noir (100 g)
Sucre glace (100 g) • Rhum
(3 c. à soupe) • Beurre (20 g)

recette proposée par
carala67

Pour 6 personnes
Préparation 40 min
Cuisson 1 h
Facile
Coût € €

1. Préchauffez le four à 180 °C (th. 6).
2. **Râpez le chocolat en copeaux.**
3. Dans un saladier, **travaillez le beurre** préalablement ramolli à l'aide d'un fouet électrique de manière à obtenir une texture crémeuse.
4. **Ajoutez peu à peu les sucres, les œufs et le rhum.**
5. **Incorporez par petites quantités le mélange farine-levure, puis les noisettes et les copeaux de chocolat.**
6. **Versez la pâte dans un moule** préalablement beurré et fariné.
7. **Enfournez 1 h.** Laissez refroidir puis démoulez.
8. Préparez le glaçage : dans une casserole, **faites fondre le chocolat et le beurre au bain-marie.**
9. **Ajoutez le sucre et le rhum.** Mélangez bien.
10. **Glacez le dessus et les bords du gâteau** à l'aide d'une spatule et dégustez !

Top des avis :

"J'ai coupé grossièrement les noisettes et j'ai mis des pépites de chocolat. C'était parfait."

PLAT

22
OCTOBRE

CANARD À LA VANILLE

Pour 4 personnes
Préparation 15 min
Cuisson 20 min
Facile
Coût € €

Ingrédients :
Magrets de canard (2)
Rhum blanc (2 c. à soupe)
Vanille en poudre
(½ c. à café)
Oignon (1)
Concentré de tomate
(1 c. à café)
Sucre (1 c. à café bombée)
Farine (1 c. à soupe rase)
Sel

1. Épluchez et **émincez l'oignon**.
2. Dans une casserole à fond épais**, faites revenir les magrets** côté peau en premier sans ajouter de matières grasses.
3. Jetez la graisse rendue par la viande. **Ajoutez l'oignon préalablement émincé** et laissez-le fondre.
4. **Ajoutez la vanille, le sucre, le rhum et flambez**.
5. Saupoudrez de farine, ajoutez le concentré de tomate, un petit verre d'eau et salez.
6. Mélangez bien et **laissez juste reprendre l'ébullition** pour des magrets saignants (un peu plus suivant les goûts de cuisson).
7. Servez immédiatement avec du riz blanc à la créole.

Top des avis :

" Sublime ! **J'ai mis deux gousses de vanille à la place de la vanille en poudre**, c'était

ENTRÉ

23
OCTOBRE

SALADE DE KIWIS ET TOMATES

recette proposée par **Lili**

Ingrédients :
Kiwis (2)
Tomates (2)
Jus de citron (4 c. à soupe)
ou vinaigre (2 c. à soupe)
Huile d'olive (4 c. à soupe)
Sel, poivre du moulin

Pour 2 personnes
Préparation 10 min
Très facile
Coût €

1. **Épluchez les kiwis et les tomates puis coupez-les en rondelles.**
2. Disposez-les dans un plat.
3. **Préparez une vinaigrette** en mélangeant du sel, du poivre, un peu d'huile et le jus de citron ou un peu de vinaigre selon vos préférences.
4. **Versez la vinaigrette sur la salade, mélangez** et servez.

Top des avis :

" Délicieux mélange ! **Je le présente en verrines avec une vinaigrette à base de vinaigre de framboise et/ou de moutarde au cassis.** " Valoufr

" Mélange étonnant, mais ça marche ! Tout le monde a aimé. **J'ai ajouté un peu de feta aux herbes**

RAGOÛT DE LENTILLES VERTES

recette proposée par **Auyo_1**

Ingrédients :
Lentilles vertes du Puy (600 g) • Champignons de Paris émincés (150 g) Carottes (5) • Herbes de Provence • Lardons fumés (300 g) • Purée ou coulis de tomates (35 cl) • Crème fraîche (25 cl) • Oignons (3) Bouillon de volaille (2 l) • Sel Laurier (2 feuilles) • Poivre

Pour 6 à 8 personnes
Préparation 25 min
Cuisson 1 h 35
Très facile
Coût €

1. Épluchez les oignons et les carottes. **Émincez les oignons, coupez les carottes en rondelles.**
2. Dans une grande cocotte, **faites rissoler les oignons** pendant 5 min.
3. **Ajoutez les lardons, les carottes, les champignons et les aromates.**
4. Salez, poivrez et **laissez revenir le tout 10 min** en remuant souvent.
5. **Ajoutez la purée de tomates et les lentilles puis versez le bouillon de volaille. Laissez cuire pendant 1 h** environ (jusqu'à ce que les lentilles soient tendres).
6. **Égouttez les lentilles** avec une écumoire.
7. Pour la sauce, **mélangez le jus de cuisson avec 6 bonnes cuillères à soupe de lentilles puis ajoutez la crème et laissez réduire pendant 15 min** à feu vif.
8. **Mixez la sauce et ajoutez-la aux lentilles.**
9. Servez bien chaud en plat unique ou en accompagnement de viande ou de volaille.

“

Top des avis :

“Excellent ! J'ai ajouté de la saucisse de Morteau préalablement cuite dans l'eau frémissante et ajoutée au plat

25
OCTOBRE

TARTE AU MIEL ET AUX NOIX

recette proposée par **nabote**

Pour 6 personnes
Préparation 15 min
Cuisson 35 min
Très facile
Coût €

Ingrédients :
Pâte sablée (1 rouleau)
Poudre de noix (125 g)
Cerneaux de noix (10)
Miel (100 g)
Extrait de vanille liquide (quelques gouttes)
Cassonade (100 g)
Beurre (75 g + pour le moule)
Jaunes d'œufs (4)
Farine (pour le moule)

1. Préchauffez le four à 240 °C (th. 8).
2. **Étalez la pâte et foncez un moule à tarte** préalablement beurré et fariné.
3. Dans un saladier, **travaillez le beurre ramolli avec la cassonade** jusqu'à ce que le mélange soit onctueux.
4. **Incorporez les jaunes d'œufs, le miel, l'extrait de vanille et la poudre de noix.**
5. **Versez cette crème sur la pâte.**
6. **Enfournez**. **Après 15 min de cuisson, répartissez les cerneaux de noix** sur le dessus de la tarte **puis poursuivez la cuisson 20 min à 180 °C (th. 6).**
7. Laissez refroidir avant de servir.

Top des avis :

" Le mélange miel et noix est vraiment parfait. **J'essaierai de la refaire avec moitié poudre de noix et moitié poudre de noisettes.** " Sophiade

" Bonne recette que **j'ai faite en version tartelettes.** " noiram_1

" **J'ai remplacé la poudre de noix par des noix grossièrement concassées.** C'était très bon. "

PLAT

26
OCTOBRE

POULET TANDOORI À LA BANANE

recette proposée par **soch14**

Ingrédients :
Blancs de poulet (2)
Lait de coco (20 cl)
Poudre tandoori (1 c. à café)
Banane (½)
Tomate (1)
Amandes effilées
(1 ou 2 c. à soupe)
Ail (1 gousse)
Oignon (1)
Huile végétale

Pour 2 personnes
Préparation 15 min
Cuisson 15 min
Très facile
Coût €

1. **Coupez la tomate en morceaux et la banane en rondelles.**
2. Pelez et **émincez l'ail et l'oignon.**
3. **Coupez le poulet** en morceaux.
4. **Faites-les dorer** dans une poêle dans un peu d'huile pendant 5 min.
5. **Ajoutez la moitié du lait de coco, la tomate, la banane, les amandes effilées, l'ail et l'oignon**.
6. **Ajoutez la poudre tandoori et laissez mijoter** 5 à 10 min.
7. Servez dans des assiettes avec du riz par exemple.
8. **Dans la même poêle** (non lavée avec un petit reste de la préparation précédente), **versez l'autre moitié du lait de coco**. Laissez chauffer 1 ou 2 min en remuant (en rajoutant éventuellement un peu de poudre tandoori).
9. **Versez immédiatement sur le poulet et le riz.**

Top des avis :

" Vraiment excellent ! La banane fond dans la sauce. J'ai mis 1 c. à soupe de tandoori et j'ai versé tout le lait de coco d'un coup pour aller plus vite. "

SCAMPIS À LA TOMATE

recette proposée par **frans**

Ingrédients :
Scampis surgelés (24)
Crème fraîche (25 cl)
Persil haché (2 c. à soupe)
Concentré de tomates (1 petite boîte)
Beurre (3 c. à soupe)
Ail (½ gousse)
Poivre

Pour 4 personnes
Préparation 10 min
Cuisson 7 min
Très facile
Coût € €

1. **Plongez les scampis 2 min dans un saladier d'eau très chaude**.
2. **Décortiquez-les puis épongez-les** à l'aide d'un essuie-tout.
3. Épluchez, dégermez et **pressez l'ail.**
4. **Faites fondre le beurre dans une poêle, puis ajoutez les scampis, l'ail et du poivre**. Mélangez et laissez cuire environ 7 min.
5. **Ajoutez la crème fraîche et le concentré de tomates**. Mélangez le tout.
6. **Parsemez de persil préalablement lavé et haché puis servez**, avec du pain à l'ail ou des pâtes.

Top des avis :

" Également délicieux avec des tomates fraîches coupées en petits dés et un petit

28
OCTOBRE

FLAN DE COURGETTES

Ingrédients :
Courgettes (1 kg)
Basilic (20 feuilles)
Roquette
Gruyère râpé (60 g)
Beurre
Parmesan (40 g)
Lait (8 c. à soupe)
Œufs (6)
Huile d'olive
Sel, poivre

Pour 6 personnes
Préparation 15 min
Cuisson 45 min
Très facile
Coût €

1. Préchauffez le four à 180 °C.
2. **Lavez les courgettes et coupez-les en très fines rondelles sans les éplucher.**
3. Dans une poêle, faites chauffer un peu d'huile d'olive. **Faites-y revenir les courgettes environ 10 min** à petit feu.
4. Dans un bol, **battez les œufs. Ajoutez les fromages, le basilic haché et le lait. Salez et poivrez.**
5. **Versez la préparation sur les courgettes.** Remuez et **versez aussitôt dans un moule à cake beurré** (attention, l'omelette ne doit pas « prendre »).
6. **Enfournez pour 35 min.**
7. Servez parsemé de feuilles de roquette et accompagné d'une sauce mayonnaise + ketchup *hot*.

Top des avis :

"Très bonne recette et rapide à faire. **Je fais cuire mes courgettes avec du curry, du ras-el-hanout et du curcuma.** Les épices donnent du goût aux courgettes et de la couleur au flan."

CAKE AUX SPÉCULOOS

recette proposée par **Alex_36**

Ingrédients :
Spéculoos (200 g)
Farine (100 g)
Sucre (50 g)
Beurre (100 g + un peu pour le moule)
Œufs (2)
Lait (20 cl)
Levure chimique (1 sachet)
Sel (1 pincée)

Pour 6-8 personnes
Préparation 15 min
Cuisson 40 min
Très facile
Coût €

1. Préchauffez le four à 180 °C (th. 6).
2. Beurrez un moule à cake.
3. Pilez les spéculoos de manière à obtenir une poudre fine.
4. Séparez les blancs des jaunes d'œuf.
5. Dans un saladier, fouettez ensemble le beurre préalablement ramolli et le sucre.
6. Incorporez les jaunes d'œuf, puis la farine, la levure, le lait et la poudre de spéculoos.
7. Dans un autre saladier, montez les blancs d'œuf en neige ferme avec 1 pincée de sel.
8. Incorporez-les à la préparation.
9. Versez la pâte dans le moule et enfournez 40 min.
10. Sortez le plat du four et laissez reposer 5 min. Démoulez le cake sur une grille et laissez-le complètement refroidir avant de servir.

Top des avis :

“ **J'ai utilisé du lait de noisette**, une petite saveur supplémentaire dans ce délicieux cake. ”

hyvaaruokahalua

“ **J'ai fait tremper les spéculoos dans le lait**. De cette manière, il n'est pas nécessaire

TRUFFADE AU SAINT-NECTAIRE

Ingrédients :
Saint-nectaire (800 g)
Pommes de terre (1 kg)
Lardons (250 g)
Crème fraîche (250 g)

Pour 6 personnes
Préparation 15 min
Cuisson 1 h
Facile
Coût € €

1. Préchauffez le four à 210 °C (th. 7).
2. **Faites cuire les pommes de terre** préalablement épluchées dans une casserole d'eau bouillante salée une trentaine de minutes : elles doivent rester légèrement fermes.
3. Égouttez-les, laissez-les refroidir un peu puis **coupez-les en rondelles.**
4. **Coupez le saint-nectaire en petits rectangles** de 3-4 cm.
5. **Placez les pommes de terre cuites au fond d'un plat allant au four, déposez les morceaux de fromage par-dessus, puis les lardons. Versez la crème dessus.**
6. **Enfournez** 20 à **30 min.**

Top des avis :

" Je présente à côté une assiette de jambon de Bayonne et des cornichons, et tout le monde en redemande ! " Mafaldita

" Très bon et crémeux. J'ai coupé les pommes de terre en gros morceaux. " Agnes_548

" Recette délicieuse, surtout réchauffée le lendemain. "

VELOUTÉ DE PANAIS ET DE COURGETTES

recette proposée par **Rafi**

Ingrédients :

Panais (1 gros ou 2 petits)
Courgette (1)
Pommes de terre (3)
Oignon (1)
Lait ou crème fraîche

Pour 4 personnes
Préparation 10 min
Cuisson 35 min
Très facile
Coût €

1. **Grattez le panais et coupez-le** en morceaux.
2. **Pelez les pommes de terre, la courgette et l'oignon. Coupez-les en morceaux.**
3. Dans une casserole, **faites rissoler tous les légumes pendant 5 min.**
4. **Couvrez d'eau et laissez cuire à feu moyen,** pendant 30 min.
5. **Mixez les légumes** afin d'obtenir un velouté.
6. Ajoutez un peu de lait ou de crème fraîche si besoin.

Top des avis :

"Très bon. Pour ma part, j'ai appliqué la recette mais **j'ai ajouté du fromage frais aux herbes à la fin.** Un délice ! " Rokiatou

"Recette simple et sympa. Pour éviter le côté « purée », **je n'ai mis que trois petites pommes de terre Ratte, pas d'oignon pour privilégier le goût du panais, et j'ai ajouté à la fin un peu de cumin en poudre** (très peu), **quelques lardons grillés et du persil frais.** Délicieux ! "

PLAT

1er NOVEMBRE

VOLAILLE AUX ENDIVES ET CURRY

Ingrédients :
Dinde ou poulet (4 escalopes)
Endives (1 kg)
Crème fraîche (20 cl)
Curry
Huile d'olive
Sel, poivre

Pour 4 personnes
Préparation 15 min
Cuisson 15 min
Très facile
Coût €

1. **Coupez les escalopes en gros dés.** Lavez et **coupez les endives en lamelles** de 2 cm en ayant pris soin d'enlever le cône amer.
2. Dans une sauteuse, **faites revenir la volaille dans un filet d'huile** jusqu'à ce que les morceaux soient bien dorés. Mettez-les de côté.
3. **Faites fondre les endives à feu doux en les salant** pour leur faire rendre leur eau. Une fois les endives cuites, **ajoutez les dés de volaille, un peu de curry (selon les goûts), poivrez puis versez la crème fraîche. Remuez et laissez mijoter quelques minutes.**
4. Servez bien chaud avec, pourquoi pas, du riz basmati.

Astuce : Cette recette fonctionne aussi très bien en remplaçant

2
NOVEMBRE

MOUSSE AU CHOCOLAT

Ingrédients :
Chocolat pâtissier (100 g)
Œufs (3)
Sucre vanillé (1 sachet)

Pour 4 personnes
Préparation 15 min
Repos 2 h minimum
Très facile
Coût €

1. **Faites fondre le chocolat** au bain-marie.
2. **Séparez les blancs des jaunes d'œuf.**
3. **Incorporez les jaunes d'œuf et le sucre vanillé** au chocolat fondu.
4. **Battez les blancs d'œuf en neige ferme et ajoutez-les délicatement au mélange** à l'aide d'une spatule.
5. **Placez au frais pour au moins 2 h.**

Top des avis :

" Je trouve cette mousse **très facile à faire sans avoir besoin de beaucoup d'ingrédients** et pourtant on obtient une mousse au chocolat excellente. " Lulu4243

" Bien chocolatée, **j'aime qu'elle soit consistante en bouche, par contre si vous êtes de vrais gourmands, doublez les quantités** sinon vous risquez de ne pas en avoir assez pour tous vos convives ! " Alwinellender

" Un pur délice, à faire et à refaire. **Les blancs battus à la main, c'est mille fois meilleur !** "

PLAT

3
NOVEMBRE

BŒUF À LA BIÈRE DE JENLAIN

Ingrédients :
Paleron de bœuf (1 kg)
Jenlain (37,5 cl) • Carottes (3)
Tomates pelées (240 g)
Cassonade blonde
(1 c. à soupe) • Baies
de genièvre (quelques-unes)
Oignons (3) • Moutarde
Thym (3 brins)
Laurier (1 feuille)
Huile d'olive • Sel, poivre

recette proposée par
jenlain

Pour 6 personnes
Préparation 35 min
Cuisson 1 h 20
Repos 8 h minimum
Facile
Coût € €

1. **Coupez les morceaux de bœuf. Frottez-les avec le thym.**
2. Mettez-les dans un plat et **couvrez-les avec la Jenlain**. **Laissez mariner** au frais pendant au moins 8 h.
3. Épluchez puis **émincez les carottes et les oignons**.
4. **Badigeonnez les morceaux de viande de moutarde** puis **saupoudrez-les légèrement de cassonade**.
5. **Faites dorer la viande** dans un faitout avec un peu d'huile d'olive.
6. Retirez la viande et **faites-y revenir les oignons et les carottes**.
7. **Ajoutez le laurier, quelques baies de genièvre, salez, poivrez puis ajoutez la viande**.
8. **Mélangez puis laissez revenir** encore quelques minutes.
9. **Laissez mijoter au moins 1 h à feu doux**.
10. Vingt minutes avant la fin de la cuisson, **ajoutez les tomates**.

Top des avis :

" J'ai mis du pain d'épice **sur le dessus**, il a fondu doucement dans la sauce. Le mélange sucré salé a beaucoup

ENTRÉE

4
NOVEMBRE

TOURIN À L'AIL

Ingrédients :
Ail (1 tête)
Œuf (1)
Graisse de canard ou huile d'olive (1 c. à soupe)
Farine (1 c. à soupe)
Vinaigre
Sel, poivre

Pour 4 personnes
Préparation 10 min
Cuisson 15 min
Très facile
Coût €

1. **Pelez la tête d'ail.**
2. Dans une casserole, **faites** (à peine) **blondir les gousses d'ail** dans de la graisse de canard ou de l'huile chaude.
3. **Ajoutez très vite la farine, mélangez puis versez 1 l d'eau. Quand l'eau bout, cassez l'œuf dans 2 bols en séparant le blanc du jaune.**
4. **Mélangez au jaune un filet de vinaigre et versez le tout dans la casserole** en remuant pour ne pas que l'œuf coagule.
5. **Ajoutez le blanc**, toujours en tournant. **Salez, poivrez.**

Top des avis :

" Personnellement, j'écrase l'ail avant de le faire revenir et **j'ajoute la moitié d'un oignon**.

PLAT

5
NOVEMBRE

TAJINE DE COURGETTES

Ingrédients :
Patates douces (500 g)
Courgettes (500 g)
Raisins secs (50 g)
Cannelle (1 c. à café)
Coriandre en poudre (½ c. à café)
Piment doux (¼ c. à café)
Oignons (3)
Huile d'olive (3 c. à soupe)
Sel, poivre

recette proposée par
Aganouna

Pour 4 personnes
Préparation 15 min
Cuisson 2 h
Facile
Coût €

1. **Épluchez et hachez les oignons.**
2. **Faites tremper les raisins dans une tasse de thé.**
3. Si vous avez un plat à tajine, utilisez-le, sinon prenez une cocotte allant au four. **Faites fondre les oignons dans l'huile d'olive** à feu doux pendant 15 min. Si besoin, ajoutez un peu d'eau pour que cela n'attache pas.
4. Préchauffez le four à 150 °C.
5. **Coupez les courgettes en rondelles et les patates douces grossièrement.**
6. **Lorsque les oignons ont une jolie couleur caramel, ajoutez les courgettes et les patates douces, ainsi que les raisins égouttés. Ajoutez les épices, salez et poivrez.** Goûtez et rectifiez l'assaisonnement si besoin. **Ajoutez un petit peu d'eau.**
7. Si vous utilisez une cocotte, couvrez avec une feuille de papier d'aluminium perforée à la fourchette. **Enfournez et laissez mijoter au minimum 1 h 30.**
8. Servez chaud, accompagné de graines de couscous (que l'on peut cuire avec 1 c. à café de cannelle pour parfumer le plat).

Astuce : Vous pouvez remplacer les épices par un mélange

6
NOVEMBRE

PAVÉ DE POTIRON AU CHOCOLAT

Ingrédients :
Potiron (350 g)
Fromage blanc (100 g)
Pépites de chocolat (150 g)
Vanille en poudre
(1 c. à café)
Beurre (125 g)
Sucre (200 g) • Œufs (2)
Levure chimique (3 c. à café)
Farine (250 g)
Sel (1 pincée)

recette proposée par
Damien_19

Pour 8 personnes
Préparation 30 min
Cuisson 1 h 20
Facile
Coût € €

1. Préchauffez le four à 165 °C (th. 5-6).
2. Beurrez un moule à cake.
3. **Épluchez et coupez le potiron en dés puis faites-le cuire 10 min** dans de l'eau à la cocotte-minute.
4. Dans un saladier, **travaillez le beurre et le sucre à l'aide d'une spatule. Ajoutez ensuite les œufs et le sel.**
5. Dans un bol, **mélangez la levure avec le fromage blanc puis incorporez-les à la préparation** beurre-sucre-œufs.
6. Une fois cuits, **égouttez les dés de potiron et écrasez-les à la fourchette.**
7. **Incorporez la purée de potiron et la vanille à la préparation. Versez progressivement la farine** puis mélangez bien de manière à obtenir une pâte homogène.
8. **Versez la préparation dans le moule. Enfournez** et laissez cuire **20 min.**
9. Sortez le gâteau du four et **enfoncez les pépites de chocolat dans la pâte** qui commence juste à prendre. **Enfournez de nouveau** et laissez cuire encore environ **1 h.**

Top des avis :

"Excellent pavé. Cassez la croûte avant d'ajouter les éclats de

ENTRÉE

8
NOVEMBRE

BRICKS RICOTTA-TOMATES SÉCHÉES

Ingrédients :
Feuilles de brick (4)
Ricotta (250 g)
Tomates séchées
à l'huile (8 pétales)
Coriandre (½ bouquet)
Jaune d'œuf (1)
Sel, poivre

recette proposée par
Tchina

Pour 4 personnes
Préparation 30 min
Cuisson 20 min
Très facile
Coût € €

1. Préchauffez le four à 200 °C (th. 6-7).
2. **Coupez les tomates séchées en petits morceaux.**
3. **Hachez la coriandre.**
4. Dans un saladier, **mélangez la ricotta, les tomates séchées et la coriandre.**
5. **Ajoutez un peu d'huile des tomates.**
6. **Coupez les feuilles de brick en deux.**
7. **Mettez 1 c. à soupe de cette préparation au bord d'une demi-feuille de brick puis repliez-la en triangle.** Collez la pâte avec un peu de jaune d'œuf.
8. **Réalisez ainsi les autres petits chaussons.**
9. **Disposez-les sur une plaque** tapissée de papier sulfurisé.
10. **Enfournez une vingtaine de minutes :** les chaussons doivent être dorés et croustillants.

Top des avis :

"J'adore. La préparation à base de ricotta et de tomates séchées est un délice. **J'ai mis du basilic à la place de la coriandre et cela a bien parfumé la crème.**"

GRATIN DE PÂTES À LA BOLOGNAISE

Ingrédients :
Pâtes (500 g)
Sauce bolognaise (400 g)
Gruyère râpé (50 g)
Crème liquide (20 cl)
Sel

recette proposée par
Coralie_156

Pour 4 personnes
Préparation 10 min
Cuisson 15 à 20 min
Très facile
Coût €

1. Préchauffez le four à 210 °C.
2. **Faites cuire les pâtes** dans une grande casserole d'eau bouillante salée.
3. Pendant ce temps, **mettez dans un bol la sauce bolognaise et ajoutez la crème petit à petit** de manière à obtenir un mélange orange très clair.
4. **Égouttez les pâtes.**
5. **Dans un plat à gratin, déposez une couche de pâtes, recouvrez avec une couche de sauce. Faites une seconde couche de pâtes et de sauce puis parsemez de gruyère râpé.**
6. **Enfournez** jusqu'à ce que le fromage soit fondu et légèrement gratiné (comptez 5 à 8 min).

Top des avis :

“ J'ai ajouté des petits carrés de poulet grillés à la poêle, c'était très bon ! ” Rosemariep

“ On peut également ajouter à la sauce des petits lardons et des champignons préalablement frits

SALADE D'ORANGES AU GRAND MARNIER

recette proposée par
Florence

Ingrédients :
Oranges (6)
Dattes (4)
Marrons (1 petite boîte)
Raisins blonds secs (40 g)
Grand Marnier (5 cl)
Menthe (10 feuilles)
Cerneaux de noix
(1 poignée)
Glace vanille

Pour 4 personnes
Préparation 20 min
Repos 15 min
Très facile
Coût € €

1. **Coupez les dattes et les marrons en morceaux**.
2. Dans un bol, **faites tremper les raisins secs, les dattes et les marrons dans le Grand Marnier** pendant une quinzaine de minutes. Réservez un peu de Grand Marnier.
3. **Épluchez 5 oranges** et retirez le maximum de peaux blanches.
4. **Coupez les oranges en petits quartiers** et mettez-les dans un plat.
5. **Ajoutez les dattes, les marrons et les raisins secs égouttés** aux oranges.
6. **Concassez les noix et ajoutez-les aux oranges**.
7. **Pressez la dernière orange**. **Mélangez le jus obtenu avec un trait de Grand Marnier** et arrosez-en les fruits.
8. **Ajoutez les feuilles de menthe** préalablement **ciselées**.
9. Servez sur de la glace vanille.

Top des avis :

" Je l'ai faite avec du cointreau (je n'avais pas de Grand **Marnier)** et j'ai ajouté quelques cuillères de sucre, un vrai délice."

PALETTE DE PORC FUMÉE AU FOUR

Ingrédients :
Palette de porc fumée (1 kg)
Carottes (6)
Poireaux (2)
Vin blanc (20 cl)
Pommes de terre (8)
Oignon (1)
Ail (1) • Laurier (2 feuilles)
Bouillon de légumes (1 cube) • Poivre

recette proposée par
MarieEve_7

Pour 4 personnes
Préparation 30 min
Cuisson 1 h 40
Très facile
Coût € €

1. Préchauffez le four à 200 °C (th. 6-7).
2. **Rincez la palette à l'eau froide.**
3. Épluchez et **coupez en cubes les pommes de terre**.
4. Épluchez et **coupez en rondelles les carottes et les poireaux.**
5. Épluchez et **émincez l'oignon**. Épluchez, dégermez et **coupez en morceaux l'ail.**
6. **Mettez dans une cocotte allant au four les légumes et la palette, arrosez de vin, ajoutez 20 cl d'eau, mettez le cube de bouillon en l'effritant entre les doigts et les feuilles de laurier. Poivrez puis couvrez.**
7. **Enfournez** et laissez cuire pendant environ **50 min**.
8. **Baissez la température du four** à 170 °C (th. 5-6) **et poursuivez la cuisson** durant environ **50 min**.

Top des avis :

"Très bonne recette. **J'ai utilisé une cocotte qui va au micro-ondes, la cuisson n'est alors que de 1 h**, on gagne un peu de temps."

12 NOVEMBRE

BOUCHONS RÉUNIONNAIS

Ingrédients :
Chair à saucisse (200 g)
Steak haché (150 g)
Sauce d'huître (2 c. à café)
Sauce nuoc-mâm (5 c. à café)
Oignons blancs (6 petits)
Ciboulette (4 c. à café)
Persil (3 c. à café) • Farine
Cinq-épices (1 c. à café)
Piment de Cayenne
(4 pincées) • Sel, poivre

recette proposée par
frank_47

Pour 35 bouchons
Préparation 30 min
Cuisson 10 min
Très facile
Coût €

1. Lavez et **ciselez la ciboulette et le persil.** Épluchez et **émincez les oignons**.
2. **Coupez finement la chair à saucisse**.
3. Dans un saladier, **ajoutez la chair à saucisse, le steak haché, les sauces, les oignons, la ciboulette, le persil, les épices et le piment**. Salez et poivrez. **Mélangez** à la main ou à l'aide d'une fourchette.
4. **Formez des petites boules** avec cette farce.
5. **Versez un peu de farine dans une assiette puis roulez-y les boudins** 2 à 3 fois.
6. **Faites cuire les bouchons 10 min dans un cuit-vapeur**.
7. Servez avec une sauce pimentée.

Top des avis :

“Excellent ! **Je n'ai utilisé que de la sauce soja**. Et je n'ai pas mis la viande hachée. Le résultat

13
NOVEMBRE

BOURDIN NORMAND

Ingrédients :
Pâte brisée (200 g)
Pommes (750 g)
Amandes effilées (50 g)
Calvados (1 c. à soupe)
Sucre (155 g)
Beurre (50 g)
Crème fraîche (50 g)
Œufs (2)

recette proposée par
Michael_20

Pour 6 personnes
Préparation 30 min
Cuisson 45 min
Très facile
Coût €

1. Préchauffez le four à 180 °C (th. 6).
2. **Étalez la pâte brisée** de manière à obtenir un disque d'un diamètre 2 cm plus grand que celui du moule.
3. **Déposez la pâte dans le moule** préalablement beurré en la laissant dépasser.
4. **Épluchez les pommes, ôtez leur cœur et coupez-les en quartiers. Disposez-les sur la pâte** sans les ranger.
5. **Saupoudrez 125 g de sucre et répartissez le beurre** coupé en fines lamelles.
6. **Rabattez la pâte sur les pommes** puis **enfournez 30 min**.
7. **Préparez une crème en battant au fouet les œufs entiers, la crème fraîche, le sucre restant et le calvados**.
8. **Recouvrez la tarte de cette crème, parsemez d'amandes effilées et remettez au four** pendant **15 min**. Servez chaud.

Top des avis :

"Recette excellente mais je fais revenir les pommes auparavant dans le beurre."

14
NOVEMBRE

SOUPE DE POISSON AU SAFRAN

Ingrédients :
Poisson blanc (500 g)
Tomate (1)
Oignon (1)
Ail (1 gousse)
Safran en poudre (1 pincée)
Huile d'olive
Sel, poivre

Pour 6 personnes
Préparation 15 min
Cuisson 40 min
Facile
Coût € €

SOUPE DE POISSON AU SAFRAN

1. Pelez et **hachez l'oignon finement**. Pelez et **écrasez l'ail.**
2. Pelez, épépinez et **hachez la tomate**.
3. **Faites chauffer 2 c. à soupe d'huile** dans une cocotte. **Faites-y revenir l'oignon et les dés de tomate**, laissez mijoter **5 min**.
4. **Mouillez avec 1 l d'eau**, salez et poivrez.
5. **Rajoutez l'ail** et portez à ébullition.
6. **Ajoutez le poisson** et **laissez cuire** pendant **30 min**.
7. **Passez la soupe au chinois**.
8. **Ajoutez le safran**.
9. Servez avec du pain grillé frotté à l'ail.

Top des avis :

"Un délice. Sur les conseils de mon poissonnier, **j'ai ajouté des favouilles (petits crabes verts) et un petit morceau**

PLAT

15
NOVEMBRE

RISOTTO PARMESAN-JAMBON

Ingrédients :
Riz rond type arborio (400 g)
Jambon de Parme (3 tranches)
Parmesan râpé (100 g)
Eau (1,5 l)
Bouillon de volaille (1,5 cube)
Oignon (1)
Crème fraîche (2 c. à soupe)
Huile d'olive
Beurre
Sel, poivre

Pour 6 personnes
Préparation 5 min
Cuisson 20 min
Très facile
Coût €

1. **Émincez l'oignon.**
2. Coupez le jambon en lanières.
3. Dans une grande casserole, **faites chauffer 3 c. à soupe d'huile d'olive avec 30 g de beurre.**
4. **Ajoutez l'oignon** et faites-le suer.
5. Pendant ce temps, **faites bouillir l'eau dans une casserole et faites-y dissoudre le cube de bouillon de volaille**.
6. **Versez le riz dans la casserole** avec l'oignon et remuez pendant 2 min.
7. **Versez une louche de bouillon sur le riz** et mélangez jusqu'à ce qu'il soit absorbé. **Versez le bouillon louche par louche jusqu'à ce que le riz soit cuit mais encore ferme.**
8. Salez, poivrez, **ajoutez la crème fraîche et le parmesan**. Mélangez rapidement.
9. **Servez chaud avec le jambon.**

Astuce : Vous pouvez remplacer le jambon de Parme par du jambon

ENTRÉE

16
NOVEMBRE

FLAN AU CRABE SAUCE CIBOULETTE

Ingrédients :
Chair de crabe (2 boîtes)
Citron (1)
Ciboulcttc (1 botte)
Crème fraîche (50 cl)
Beurre
Œufs (4)
Sel, poivre

Pour 4 personnes
Préparation 15 min
Cuisson 30 min
Très facile
Coût € €

1. Préchauffez le four à 220 °C.
2. Dans un saladier, **mélangez les œufs, la moitié de la botte de ciboulette ciselée, 4 grosses c. à soupe de crème fraîche et la chair de crabe** bien égouttée.
3. **Garnissez 4 ramequins individuels beurrés de ce mélange.**
4. Disposez-les dans un plat allant au four rempli au tiers d'eau.
5. **Enfournez pour 30 min.**
6. Préparez la sauce : dans une casserole, **mettez le reste de crème fraîche, le jus du citron, le reste de ciboulette ciselée, du sel et du poivre. Laissez chauffer** jusqu'à ébullition.
7. **Servez les flans démoulés ou non servis avec la sauce (nappée dessus ou dans un ramequin à part).** Accompagnez d'un peu de salade verte et d'une tomate cerise.

Top des avis :

“Super ! **J'ai pu faire 6 flans dans des moules à muffins en silicone. Démoulage impec.** Pour la sauce, on pourrait diminuer la quantité de crème. Grand succès pour cette recette.”

TOURTE AU MUNSTER

Ingrédients :
Pâte feuilletée (2 rouleaux)
Munster (1)
Pommes de terre (250 g)
Crème fraîche épaisse (150 ml)
Œufs (3)
Cumin
Beurre
Sel, poivre

recette proposée par
Veronique_280

Pour 6 personnes
Préparation 10 min
Cuisson 35 min
Très facile
Coût €

1. Préchauffez le four à 210 °C (th. 7).
2. **Étalez un rouleau de pâte feuilletée dans un plat à tarte** préalablement beurré.
3. Pelez et **coupez les pommes de terre en rondelles**. **Faites-les cuire** à l'eau dans une grande casserole.
4. Dans un saladier, **mélangez les œufs, la crème fraîche, du sel, du poivre et une pincée de cumin**.
5. **Coupez le munster en fines lamelles**.
6. **Disposez toutes les pommes de terre sur le fond de la pâte, couvrez d'une couche de munster puis versez la crème**.
7. **Déposez la seconde pâte feuilletée** puis soudez bien les bords entre eux. **Enfournez** et laissez cuire **35 min**.

Top des avis :

" Très bon, **j'ai ajouté des lardons et un oignon**. " laetitia_1567

" **Je remplace la crème par un yaourt nature**. Moins

CAKE AUX CHÂTAIGNES

Ingrédients :
Crème de marrons (400 g)
Châtaignes (100 g)
Œufs (3)
Sucre (80 g)
Farine (160 g + un peu pour le moule)
Levure chimique (⅓ de sachet)
Beurre (100 g + un peu pour le moule)

recette proposée par
Tiphanie_5

Pour 6 personnes
Préparation 15 min
Cuisson 45 min
Très facile
Coût € €

1. Préchauffez le four à 180 °C (th. 6).
2. **Faites fondre le beurre.**
3. Dans un saladier, **fouettez ensemble le sucre et les œufs** jusqu'à ce que le mélange blanchisse.
4. **Ajoutez la farine et la levure** puis mélangez de nouveau.
5. **Incorporez le beurre fondu puis la crème de marrons.**
6. **Coupez les châtaignes en petits morceaux et ajoutez-les au mélange.**
7. **Versez la pâte dans un moule à cake** préalablement beurré et fariné.
8. **Enfournez** et laissez cuire **45 min.**

Top des avis :

"J'ai mixé des châtaignes avec du beurre, de la crème et du sucre vanillé pour obtenir une crème de marrons maison dont j'ai glacé le gâteau." Cambelle

"J'ai mis un peu de lait tiède pour allonger la pâte. Avec une crème anglaise ou 2 boules de glace vanille, c'est un délice."

MAGRET DE CANARD AUX LITCHIS

Ingrédients :
Magret de canard (1)
Litchis au sirop (1 boîte)
Oignon (1)
Sel, poivre

recette proposée par
looneytoon

Pour 2 personnes
Préparation 5 min
Cuisson 15 min
Très facile
Coût € €

1. Épluchez et **émincez l'oignon**.
2. **Dans une poêle**, sur feu doux, **déposez le magret de canard côté graisse. Couvrez et laissez griller.**
3. **Retournez le magret et poursuivez la cuisson 5 à 10 min** : réalisez une entaille au centre du magret afin de vérifier sa cuisson.
4. Lorsqu'il est cuit, mettez le magret de côté et, toujours sur feu doux, **faites dorer l'oignon dans la graisse du magret**.
5. **Ajoutez les litchis** préalablement **égouttés** et laissez cuire le mélange jusqu'à ce que le jus de cuisson ait réduit.
6. **Salez, poivrez puis servez**.

Astuce : La cuisson peut se faire au four, pendant 20 min à 180 °C (th. 6). Servir avec du riz thaï et de

SALADE DE CÉLERI

Ingrédients :
Céleris-raves (2)
Piment de Cayenne (1 pincée)
Citron (1)
Sel, poivre
Pour l'assaisonnement :
Yaourt nature (1,5)
Ail (2 ou 3 gousses)
Huile d'olive (4 c. à soupe)

recette proposée par **kralice**

Pour 4 personnes
Préparation 20 min
Très facile
Coût €

1. **Pressez le citron**.
2. Épluchez puis **râpez les céleris à la râpe fine**. Arrosez-les de jus de citron pour qu'ils ne noircissent pas.
3. **Épluchez les gousses d'ail**. Coupez-les en deux, **retirez le germe et pilez-les**.
4. Préparez l'assaisonnement : dans un bol, **mélangez l'ail pilé et le yaourt**. Salez et poivrez.
5. Dans un saladier, **mélangez le céleri et l'huile d'olive**.
6. **Saupoudrez de piment**.

Top des avis :

" Vraiment plus léger que les salades de céleri classiques. **Je l'ai faite avec du yaourt turc (Gazi Süzme)**. " Agathe_52

" Bonne salade, fraîche et très légère. **Je préfère cette version à celle avec la mayonnaise, c'est bien plus diététique**. " Marlene_53

Astuce : Cette salade est encore meilleure quand elle a reposé

GRATIN DE NOIX DE SAINT-JACQUES

Ingrédients :
Jambon cuit ou blanc (6 tranches) • Noix de Saint-Jacques (6 ou 8)
Gruyère râpé (250 g)
Chapelure (100 g)
Muscade en poudre (1 pincée) • Sel, poivre
Pour la béchamel :
Beurre (75 g) • Lait (25 cl)
Farine (2 grosses c. à soupe)

Pour 6 personnes
Préparation 15 min
Cuisson 40 min
Très facile
Coût € €

1. **Mixez ensemble les noix de Saint-Jacques et le jambon cuit.**
2. **Mélangez-les ensuite avec le gruyère râpé, la muscade, du sel et du poivre.**
3. Préchauffez le four à 180 °C.
4. Préparez la béchamel : **dans une casserole, faites fondre le beurre à feu doux, ajoutez la farine en un seul coup et, sans cesser de mélanger, versez le lait** au fur et à mesure : la béchamel doit être bien ferme.
5. **Mélangez la béchamel au reste de la préparation.**
6. **Garnissez un plat à gratin de cette préparation, saupoudrez uniformément de chapelure.**
7. Enfournez et laissez cuire 40 min.

Top des avis :

" Recette excellente,
tout le monde a adoré.
**La prochaine fois, j'ajouterai
des champignons frais.**" Kine64

" Excellent ! **J'ai émincé
les Saint-Jacques plutôt que de
les mixer.** Ainsi, leur saveur

22
NOVEMBRE

GAUFRES LIÉGEOISES

Ingrédients :
Sucre perlé (250 g)
Levure de boulanger fraîche (50 g)
Beurre (250 g)
Farine (500 g)
Œufs (2)
Lait (10 cl)
Sucre (25 g)
Sel (1 pincée)

Pour 6 personnes
Préparation 20 min
Cuisson 20 min
Repos 30 min
Très facile
Coût €

1. Dans un saladier, **délayez la levure dans 10 cl d'eau et le lait** préalablement **tiédi.**
2. **Ajoutez les œufs et le sucre**. Mélangez.
3. Dans un autre saladier, **versez la farine et creusez-y un puits. Versez le mélange œufs-sucre et la levure délayée**. Mélangez.
4. **Travaillez la pâte en y incorporant le beurre** préalablement fondu **et le sel**.
5. **Laissez la pâte reposer 30 min** à température ambiante.
6. **Incorporez le sucre perlé.**
7. **Versez dans le gaufrier environ 100 g de pâte à la fois et laissez dorer** juste à point (environ 2 à 3 min par gaufre).

Top des avis :

“J'ai utilisé de la levure de boulanger en sachet (j'en ai mis deux pour 500 g de farine).”

PLAT

23 NOVEMBRE

PENNE À L'ARRABIATA

Ingrédients :
Penne (250 g)
Lard fumé (200 g)
Parmesan (50 g)
Tomates concassées en boîte (400 g)
Basilic (1 bouquet)
Crème fraîche (20 cl)
Ail (1 gousse)
Tabasco
Sel, poivre

Pour 2 personnes
Préparation 10 min
Cuisson 30 min
Très facile
Coût €

1. **Coupez le lard en petits dés.**
2. Épluchez, dégermez et **écrasez l'ail.**
3. Dans une poêle, **faites rissoler les lardons avec l'ail.**
4. **Ajoutez les tomates, salez, poivrez puis laissez mijoter** 10 à 15 min.
5. Portez une grande casserole d'eau à ébullition, salez puis **faites cuire les penne** une douzaine de minutes.
6. **Ajoutez la crème fraîche et un petit peu de Tabasco à la sauce tomate.** Laissez réchauffer quelques minutes sur feu doux.
7. Au dernier moment, **incorporez le basilic grossièrement haché et le parmesan fraîchement râpé.**
8. **Versez la sauce sur les penne**, mélangez puis servez.

Top des avis :

" Très bonne recette. Le mélange tomate-crème est parfait. "

24
NOVEMBRE

SALADE AU FENOUIL ET CAROTTES

Ingrédients :
Fenouil (2 bulbes)
Carottes moyennes (5)
Orangc (1)
Pignons de pin (1 poignée)
Aneth (quelques brins)
Pour l'assaisonnement :
Cumin en poudre
Huile d'olive (3 c. à soupe)
Vinaigre (un filet)
Sel, poivre

recette proposée par
Anelor

Pour 6 personnes
Préparation 20 min
Cuisson 10 min
facile
Coût €

1. Préparez l'assaisonnement : dans un bol, **Mélangez l'huile d'olive, le vinaigre, du sel et du poivre.**
2. **Lavez les fenouils, enlevez les branches et découpez-les en morceaux.** Lavez et **épluchez les carottes.** Mettez-en une de côté, **coupez les 4 autres en rondelles.**
3. Dans une casserole, **versez 5 cl d'eau et le cumin. Ajoutez les rondelles de carottes et faites-les cuire** une petite dizaine de minutes (elles doivent être *al dente*).
4. **Faites dorer les pignons** à sec dans une poêle.
5. **Épluchez l'orange en quartiers** et enlevez la peau blanche.
6. Dans un saladier, **mélangez le fenouil en morceaux, les rondelles de carottes, les morceaux d'orange et les pignons.**
7. Épluchez et **coupez en rondelles la dernière carotte. Ajoutez-la à la salade.**
8. **Mélangez tous les légumes avec la vinaigrette. Saupoudrez** généreusement **de cumin et d'aneth** pour parfaire l'assaisonnement.

Astuce : Vous pouvez ajouter quelques fanes de fenouil pour rehausser le goût et ajouter

PURÉE DE POTIMARRON

Ingrédients :
Potimarron (500 g de chair)
Lait concentré non sucré
ou crème épaisse (10 cl)
Ail (1 gousse)
Huile végétale (arachide ou
raisin, 2 ou 3 c. à soupe)
Sel, poivre

Pour 2 personnes
Préparation 30 min
Cuisson 1 h
Très facile
Coût €

1. **Épluchez le potimarron,** coupez-le en deux et ôtez les pépins.
2. **Coupez le potimarron en morceaux** de taille égale (environ 3 cm de côté).
3. **Épluchez l'ail et réduisez-le en purée** au fond d'une casserole à fond épais.
4. **Ajoutez l'huile et les morceaux de potimarron.** Remuez le tout.
5. **Couvrez et laissez fondre** les morceaux de potimarron sur feu doux. Remuez de temps en temps pour empêcher les morceaux de coller au fond.
6. Une fois les morceaux de potimarron fondus, **ajoutez le lait concentré non sucré ou la crème.** Le lait sert à rendre la purée plus ou moins onctueuse selon vos goûts : elle doit rester assez épaisse.
7. **Ajoutez du sel, du poivre et servez chaud.**

Astuce : Pour éplucher plus aisément le potimarron, passez-le, nature, au micro-ondes, 3 min, à réglage moyen. Si vous utilisez un potimarron bio, conservez la peau :

TRUFFES AU CHOCOLAT

Ingrédients :
Chocolat noir 70 % (250 g)
Cacao en poudre (50 g)
Beurre (125 g)
Jaunes d'œuf (2)
Sucre vanillé
(1 sachet)
Sucre glace (125 g)

recette proposée par
Ania

Pour 20 à 30 truffes
Préparation 30 min
Repos 1 h
Très facile
Coût € €

1. **Cassez le chocolat en petits morceaux. Faites-le fondre au bain-marie.**
2. **Ajoutez progressivement le beurre** coupé en petits dés. Mélangez.
3. **Hors du feu, ajoutez les jaunes d'œuf, le sucre vanillé et le sucre glace.** Mélangez bien.
4. **Laissez reposer la pâte** au réfrigérateur pendant au moins 1 h afin qu'elle se solidifie.
5. Ensuite, **prélevez des noix de pâte, formez des petites boulettes et roulez-les dans le cacao en poudre**.
6. Disposez-les sur un plat et placez-les au frais jusqu'au moment de servir.

Top des avis :

" J'ai roulé une partie des truffes dans le cacao, une partie dans de la poudre d'amandes et le reste dans de la poudre de noisettes. Excellente recette ! "

lefourreux

Astuce : Pour un effet croquant, ajoutez une noisette au centre de chaque truffe avant de les rouler

PLAT

27
NOVEMBRE

ESCALOPES DE DINDE AU BOURSIN

Ingrédients :
Escalopes de dinde (4)
Boursin à l'ail et aux fines herbes (150 g)
Tomates pelées (1 petite boîte)
Pommes de terre (12 petites)
Crème fraîche épaisse (20 cl)
Ail (2 gousses)
Thym
Farine • Sel, poivre

Pour 4 personnes
Préparation 20 min
Cuisson 50 min
Très facile
Coût €

1. **Faites cuire les pommes de terre** dans de l'eau bouillante salée une vingtaine de minutes. Pelez-les.
2. **Coupez les escalopes en dés** de 2 cm de côté environ.
3. **Dans une cocotte, versez les tomates pelées, les dés d'escalopes, les pommes de terre, la crème fraîche, du thym, l'ail pressé, du sel et du poivre. Laissez mijoter environ 30 min**.
4. **Cinq minutes avant la fin de la cuisson, ajoutez le Boursin entier** puis saupoudrez d'un peu de farine afin d'épaissir la sauce. Mélangez puis servez.

Top des avis :

“Je n'aime pas trop les tomates pelées alors j'ai mis une boîte de tomates concassées à la place. **J'ai rajouté du paprika et un peu de poivre de Cayenne**.” Cloch3tt3

“Super ! Par contre, **j'ai remplacé les pommes de terre par des tagliatelles : un vrai délice !**”

28
NOVEMBRE

FOIE GRAS MI-CUIT

Ingrédients :
Foie gras cru (1 lobe)
Fleur de sel
Poivre du moulin

Pour 8 personnes
Préparation 20 min
Cuisson 30 min
Repos 48 h
Moyennement difficile
Coût € €

1. Préchauffez le four à 90 °C (th. 3).
2. **Dénervez le foie**.
3. **Salez-le et poivrez-le** généreusement.
4. **Tassez-le dans une terrine** tout juste assez grande pour lui.
5. **Placez la terrine dans un plat rempli à moitié d'eau puis enfournez 30 min**.
6. Sortez la terrine du bain-marie et **laissez reposer 48 h** au frais avant de démouler et de déguster.

Top des avis :

" Très bonne recette ! **J'ai ajouté une demi-cuillère à café de sucre pour l'assaisonnement !** " choubatrax

" Après l'avoir fait cuire, je le laisse au frais pendant une journée et, **48 heures avant de le déguster, j'ajoute 1 c. à soupe d'armagnac** bien répartie sur le foie et je remets

29
NOVEMBRE

PITHIVIERS

recette proposée par
Gigimagic77

Pour 6 personnes
Préparation 15 min
Cuisson 30 min
Facile
Coût € €

Ingrédients :
Pâte feuilletée (2 rouleaux)
Poudre d'amandes (150 g)
Extrait d'amande amère (1 c. à café)
Rhum (2 c. à soupe)
Sucre glace (125 g)
Beurre (100 g)
Œufs (2)
Jaune d'œuf (1)

1. Préchauffez le four à 180 °C (th. 6).
2. Préparez la frangipane. **Faites blondir la poudre d'amandes dans une poêle à feu doux. Mettez-la dans un saladier** et laissez-la refroidir. **Ajoutez le sucre glace.**
3. **Travaillez le beurre** préalablement **ramolli dans une terrine, avec une spatule,** puis **ajoutez le mélange précédent**.
4. **Incorporez les œufs, le rhum et l'extrait d'amande amère.** Mélangez bien.
5. **Déroulez un disque de pâte puis étalez la frangipane préparée dessus. Recouvrez-le du second disque de pâte.**
6. **Dorez le dessus avec un jaune d'œuf** (soudez bien les deux pâtes entre elles). **Quadrillez la pâte avec un couteau**.
7. **Enfournez** et laissez cuire **une trentaine de minutes.**

Astuce : Soudez bien les bords de la pâte feuilletée avec le jaune d'œuf pour éviter qu'ils se décollent

ŒUFS COCOTTE AUX CÈPES

Ingrédients :
Cèpes, frais ou surgelés (2 poignées)
Crème fraîche (20 cl)
Œufs (4)
Sel, poivre

recette proposée par
Cecile_62

Pour 4 personnes
Préparation 5 min
Cuisson 20 min
Facile
Coût € €

ŒUFS COCOTTE AUX CÈPES

1. Préchauffez le four à 180 °C.
2. **Essuyez les cèpes** avec un linge humide, **grattez** un peu **les chapeaux et les pieds.**
3. **Mettez un peu de crème fraîche et quelques cèpes dans le fond de 4 ramequins** allant au four.
4. Salez et poivrez, puis **mettez les ramequins au four.**
5. **Dès que le mélange bouillonne,** sortez les ramequins du four et **cassez 1 œuf dans chaque.**
6. **Remettez au four pour 8 min.**
7. Dégustez avec des mouillettes de pain frais recouvert de beurre salé.

Top des avis :

“Je n'ai pas lésiné sur les cèpes et les invités étaient ravis. **Mon œuf était un peu trop cuit. La prochaine fois, je casse l'œuf dans la cocotte mais je ne remets pas au four.**” Mbcphoto

“C'est une entrée facile mais qui en jette ! **Pour moi, l'ail est indispensable pour que la recette soit au top.**”

TAGLIATELLES SAUMON-PAMPLEMOUSSE

Ingrédients :
Tagliatelles fraîches (300 g)
Saumon fumé (3 tranches)
Pamplemousse rose bien mûr (1)
Menthe fraîche (6 feuilles)
Aneth (2 brins)
Crème liquide (15 cl)
Tabasco (3 gouttes)
Sel, poivre du moulin

Pour 2 personnes
Préparation 15 min
Repos 10 min
Cuisson 25 min
Très facile
Coût € €

1. **Découpez les tranches de saumon en petites lamelles** d'environ 1 cm d'épaisseur.
2. **Faites-les mariner dans le jus du pamplemousse agrémenté de 2 feuilles de menthe et d'un brin d'aneth, pendant 10 min au frais.**
3. **Faites chauffer une grande casserole d'eau.**
4. **Égouttez le saumon et faites-le revenir dans une poêle pendant 1 à 2 min puis ajoutez la crème liquide, 2 feuilles de menthe émincées, l'aneth restant et le Tabasco. Poivrez et salez** très légèrement puis **laissez revenir à feu doux pendant 5 min.**
5. **Salez l'eau et plongez-y les tagliatelles fraîches. Laissez-les cuire 2 à 3 min.**
6. **Égouttez les pâtes et mélangez-les avec le saumon.**
7. Dressez dans des assiettes creuses et décorez d'une feuille de menthe et de zestes de pamplemousse blanchis (saisis quelques minutes dans de l'eau bouillante).

Astuce : Déposez sur la feuille de menthe de déco un peu de pulpe de pamplemousse et, pourquoi pas, de mandarine pour une touche de couleur

VELOUTÉ DE CHOU-FLEUR

Ingrédients :
Chou-fleur (1)
Pommes de terre (2)
Origan
Bouillon de volaille (1 cube)
Eau (75 cl)
Beurre (50 g)
Crème fraîche (2 c. à soupe)
Sel, poivre

recette proposée par
BB007

Pour 6 personnes
Préparation 15 min
Cuisson 30 min
Très facile
Coût €

1. **Détaillez le chou-fleur en fleurettes.**
2. Épluchez et **coupez les pommes de terre en gros morceaux.**
3. **Dans une grande casserole, mettez le chou-fleur, les pommes de terre, le cube de bouillon, l'eau, une grosse pincée d'origan et du sel. Portez à ébullition puis laissez cuire 20 à 30 min,** jusqu'à ce que les légumes soient cuits.
4. **Mixez le tout avec le beurre et la crème fraîche.**

Top des avis :

"Très bonne. **J'ai mis 50 g de bleu d'Auvergne à la place de la crème fraîche et du**

PLAT

3
DÉCEMBRE

BRICKS DE GÉSIERS CONFITS

Ingrédients :
Gésiers confits
(environ 250 g)
Chutney de mangue prêt à l'emploi ou fait maison
Feuilles de brick (10)
Graines de sésame
(une poignée)
Oignon (1)
Huile d'olive

recette proposée par
Frederiqueetc

Pour 4 personnes
Préparation 15 min
Cuisson 30 min
Moyennement difficile
Coût € €

1. **Faites griller les graines de sésame** dans une poêle à sec. Mettez de côté.
2. **Émincez l'oignon et faites-le revenir,** dans une poêle, **dans un peu d'huile d'olive.**
3. **Ajoutez les gésiers confits et faites revenir le tout.** S'il y a un peu trop de « jus », ôtez-le à l'aide d'une cuillère.
4. Au bout d'une dizaine de minutes, **ajoutez un peu de chutney,** selon vos goûts.
5. Mélangez bien et laissez cuire quelques minutes.
6. Préchauffez le four à 180 °C.
7. Pour faire des bouchées, **prenez le quart d'une feuille de brick, déposez un petit tas de gésiers-chutney et quelques graines de sésame.**
8. **Fermez vos bouchées,** au besoin, à l'aide d'un cure-dents.
9. **Enfournez ces bouchées une dizaine de minutes :** elles doivent être dorées. Servez avec une salade verte.

Astuce : Décorez les assiettes avec quelques lamelles de mangue fraîche et des gouttes de crème

TARTE BANANES ET CHOCOLAT

Ingrédients :

Pâte sablée (1 rouleau)
Chocolat noir pâtissier (100 g)
Bananes (4)
Crème liquide (10 cl)
Sucre (50 g)
Œufs (3)
Lait (10 cl)

recette proposée par
Fabienne_368

Pour 8 personnes
Préparation 20 min
Cuisson 20 min
Très facile
Coût €

TARTE BANANES ET CHOCOLAT

1. Préchauffez le four à 200 °C (th. 6-7).
2. **Étalez la pâte sablée dans un plat à tarte.**
3. Dans une casserole, **faites fondre le chocolat avec la crème liquide.**
4. **Étalez le chocolat fondu sur le fond de tarte.**
5. Épluchez et **coupez en rondelles les bananes.**
6. **Disposez les rondelles de bananes sur le chocolat.**
7. Dans un bol, **mélangez les œufs, le lait et le sucre**.
8. **Versez cette préparation sur les bananes.**
9. Enfournez et **laissez cuire 20 min.** Dégustez tiède ou froid.

Top des avis :

“Excellent dessert ! **Je n'ai mis que 2 œufs et remplacé la pâte brisée par une pâte feuilletée.**”

TOURTE À LA TOMME DE SAVOIE

Ingrédients :
Tomme de Savoie (200 g)
Chiffonnade de jambon cru (50 g)
Pâte feuilletée (2 rouleaux)
Pommes de terre moyennes (1 kg)
Lait (20 cl) • Crème fraîche (20 cl) • Œufs (2)
Jaune d'œuf (1) • Beurre
Sel • poivre

recette proposée par
apaule

Pour 8 personnes
Préparation 15 min
Cuisson 40 min
Très facile
Coût € €

TOURTE À LA TOMME DE SAVOIE

1. Préchauffez le four à 210 °C (th. 7).
2. Épluchez puis **râpez les pommes de terre**. Placez-les dans une passoire, **rincez-les et laissez-les s'égoutter**.
3. **Coupez la tomme en petits dés**.
4. Dans un saladier, **mélangez le lait, la crème fraîche et les œufs entiers**.
5. **Ajoutez les pommes de terre râpées et le jambon cru**. Salez un peu et poivrez.
6. Dans un moule à tarte préalablement beurré, **étalez le premier rouleau de pâte, versez la garniture puis répartissez les dés de tomme sur le dessus. Recouvrez avec la seconde pâte et soudez bien les bords** des deux pâtes.
7. **Piquez la pâte avec la pointe d'un couteau** et **badigeonnez-la de jaune d'œuf battu**.
8. **Faites cuire 40 min au four**.

Top des avis :

"Très bonne tourte ! Bravo !
J'ai juste ajouté de la ciboulette
dans la préparation."

6
DÉCEMBRE

SALADE EXOTIQUE

Ingrédients :
Mangue (1)
Papaye (¼)
Concombre (½)
Carottes (3)
Lait de coco (40 cl)
Combawa (1)
Tomates confites (7 ou 8)
Sel

recette proposée par
MaryleneSud

Pour 4 personnes
Préparation 30 min
Repos 2 h
Très facile
Coût €

1. Lavez et **épluchez la mangue**, **la papaye**, **le concombre et les carottes**.
2. **Coupez-les en tranches très fines**, de préférence à la mandoline ou à l'aide d'un couteau économe.
3. **Râpez la peau du combawa**.
4. **Mélangez l'ensemble** dans un saladier et salez légèrement.
5. **Versez le lait de coco** et placez au réfrigérateur au moins 2 h avant de servir.
6. **Coupez les tomates confites en tout petits morceaux et parsemez-les avec les zestes de combawa** sur la salade.

Top des avis :

" À servir très frais. **Je l'ai également testée en version petits cubes auxquels j'ai ajouté des pâtes froides et du jambon coupé en petits morceaux.** "

VeroniqueMarmiton

Astuce : Si vous ne trouvez pas de combawa, remplacez-le

PLAT

7
DÉCEMBRE

POITRINE DE PORC AU CARAMEL

Ingrédients :
Poitrine de porc fraîche (400 g)
Sauce nuoc-mâm (4 c. à soupe)
Glutamate (1 pincée, facultatif)
Œufs (4)
Sucre (4 c. à soupe)

Pour 4 personnes
Préparation 30 min
Cuisson 1 h 50
Moyennement difficile
Coût € €

1. **Coupez la poitrine en dés.**
2. **Faites cuire les œufs :** plongez-les dans une casserole d'eau froide, portez à ébullition puis comptez 9 min de cuisson.
3. **Écalez les œufs et émiettez-les.**
4. **Faites chauffer le sucre** à feu moyen dans une casserole. **Lorsque le caramel est très brun, ajoutez les dés de poitrine et faites revenir** à feu vif.
5. **Recouvrez largement d'eau froide puis ajoutez le nuoc-mâm, le glutamate et les œufs.**
6. **Laissez mijoter à feu doux pendant environ 1 h 30** sans couvercle, en écumant régulièrement pendant 30 min.
7. Servez avec du riz parfumé et des légumes verts.

Top des avis :

“ Cette recette fort sympa peut être améliorée en ajoutant des oignons en début de caramélisation, et surtout de la coriandre fraîche juste avant

8
DÉCEMBRE

TARTE MERINGUÉE POMMES-POIRES

Ingrédients :
Pâte feuilletée (1 rouleau)
Pommes (2)
Poires (2)
Alcool de poire (1 c. à soupe)
Sucre (50 g)
Sucre vanillé (1 sachet)
Sucre glace (100 g environ)
Crème fraîche liquide (20 cl)
Jaunes d'œufs (2)
Blancs d'œufs (3) • Beurre

Pour 6 personnes
Préparation 30 min
Cuisson 1 h
Facile
Coût €

1. Préchauffez le four à 200 °C (th. 6-7).
2. **Étalez la pâte dans un moule** préalablement beurré, piquez-la avec une fourchette.
3. Épluchez et **coupez en cubes les pommes et les poires**. **Répartissez-les sur le fond de tarte**.
4. **Faites cuire** au four pendant **15 min**.
5. Pendant ce temps, préparez le flan : dans un saladier, **mélangez les jaunes d'œufs, le sucre et la crème fraîche, puis ajoutez l'alcool de poire**.
6. **Sortez la tarte du four, versez le flan dessus puis enfournez** de nouveau et laissez cuire pendant **30 min** environ.
7. Préparez la meringue : **battez les blancs d'œufs en neige puis ajoutez peu à peu le sucre glace**.
8. Une fois la tarte cuite, **étalez la meringue dessus puis saupoudrez de sucre vanillé**.
9. **Enfournez** de nouveau et laissez dorer **10 à 15 min**. Servez tiède ou froid.

Top des avis :

"J'ai pour ma part choisi **une pâte sablée**, le résultat était tout simplement divin !"

GALETTES DE POMMES DE TERRE

Ingrédients :
Pommes de terre farineuses (3)
Farine (1 grosse c. à soupe)
Œuf (1)
Huile végétale
Sel, poivre

Pour 2 personnes
Préparation 15 min
Cuisson 10 min
Très facile
Coût €

1. Épluchez et **râpez finement les pommes de terre**.
2. Dans un saladier**, mettez les pommes de terre, la farine et l'œuf. Salez, poivrez** et mélangez.
3. **Chauffez de l'huile dans une poêle et, à l'aide d'une cuillère à soupe, déposez-y des petits tas de pommes de terre**.
4. **Faites-les dorer** des deux côtés et servez bien chaud, avec une cuillerée de crème fraîche.

Top des avis :

"Excellent ! Pour ma part, j'ajoute un oignon, ça relève un peu le goût, et je mets un peu de noix de muscade."

ENTRÉE

10
DÉCEMBRE

SOPA DE LIMA

Ingrédients :
Escalopes de poulet (2)
Coriandre (1 c. à café)
Citrons verts (2)
Tortillas (2)
Bouillon de poule (1 cube)
Oignon (1)
Concentré de tomates (1 c. à café)
Huile d'olive

recette proposée par
MARIE_88

Pour 4 personnes
Préparation 15 min
Cuisson 15 min
Très facile
Coût € €

1. Dans une grande casserole, **faites bouillir 1 l d'eau avec le cube de bouillon.**
2. **Émincez les escalopes de poulet puis ajoutez-les** au bouillon.
3. **Pressez les citrons.** Lavez et **hachez la coriandre.**
4. Épluchez et **émincez l'oignon en rondelles. Faites-le blondir** dans une poêle avec un peu d'huile **puis ajoutez-le à la soupe**.
5. **Terminez en ajoutant le jus des citrons, le concentré de tomates et la coriandre.**
6. **Faites sauter les tortillas** préalablement **coupées en lamelles à la poêle** puis **ajoutez-les à la soupe** au dernier moment afin qu'elles ne soient pas trop ramollies.

Top des avis :

"Très désaltérante et rafraîchissante. Et ça fait

SALADE DE THON À LA BANANE

Ingrédients :
Thon au naturel (1 grosse boîte)
Bananes (3)
Poivrons rouges (2)
Riz (100 g)
Pour l'assaisonnement :
Crème fraîche (1 c. à soupe)
Huile d'olive (5 c. à soupe)
Vinaigre (2 c. à soupe)
Curry (1 pincée) • Sel, poivre

Pour 2 personnes
Préparation 15 min
Cuisson 10 min
Très facile
Coût €

1. **Faites cuire le riz** dans une grande casserole d'eau bouillante salée.
2. Égouttez le riz puis **laissez-le refroidir**.
3. **Émiettez le thon**.
4. Lavez puis **découpez les poivrons en petits dés**.
5. Épluchez et **coupez les bananes en rondelles**.
6. Dans un saladier, **mélangez les dés de poivrons**, **les rondelles de bananes**, **le thon et le riz**.
7. Préparez l'assaisonnement : dans un bol, **mélangez la crème fraîche**, **l'huile**, **le vinaigre**, **du sel et du poivre**. **Ajoutez le curry** et mélangez.
8. **Versez la sauce sur la salade** et mélangez.
9. Servez très frais.

Top des avis :

"**J'ai rajouté de la noix de coco fraîche coupée en minuscules morceaux**. Un délice." Claude_680

"**J'ai essayé la recette avec de l'huile de noix pour l'assaisonnement**. L'association banane thon est excellente !

12
DÉCEMBRE

CIAMBELLONE (GÂTEAU AU CITRON)

Ingrédients :
Zeste de citron ou d'orange râpé (1)
Farine (600 g)
Œufs (6)
Sucre (400 g)
Lait (40 cl)
Huile de tournesol (40 cl)
Levure chimique (2 sachets)
Sucre vanillé (2 sachets)

Pour 6 personnes
Préparation 20 min
Cuisson 30 min
Facile
Coût €

1. Préchauffez le four à 170 °C (th. 5-6).
2. Dans un saladier, **mélangez les œufs avec le sucre.**
3. **Ajoutez le lait et mélangez, toujours dans le même sens.**
4. **Incorporez l'huile**.
5. **Ajoutez ensuite la levure et le sucre vanillé** puis mélangez.
6. **Incorporez le zeste de citron puis la farine. Mélangez encore.**
7. Beurrez un grand moule en couronne.
8. **Versez la préparation dans le moule et saupoudrez d'un peu de sucre en poudre**.
9. Enfournez et laissez cuire **30 min.** Servez froid.

Top des avis :

" J'ajoute des pommes coupées en cubes préalablement macérées dans du rhum ou, mieux encore, du marsala ! "

PLAT

13
DÉCEMBRE

SOUPE CORSE

Ingrédients :
Haricots rouges frais (1,5 kg)
Pancetta (200 g)
Talon de jambon (1)
Saucisses sèches (6)
Tagliatelles (250 g)
Coulis de tomates (200 g)
Pommes de terre (3)
Oignons (2) • Ail (1 gousse)
Laurier • Thym
Huile d'olive • Poivre

recette proposée par
mamacorsica

Pour 6 personnes
Préparation 30 min
Cuisson 1 h 10
Très facile
Coût € €

1. **Épluchez les haricots, rincez-les puis faites-les cuire 30 min** dans une casserole d'eau salée.
2. **Épluchez l'ail et les oignons**. **Émincez-les**.
3. **Coupez la pancetta et le jambon en lanières**. **Coupez les saucisses en rondelles**.
4. Dans une cocotte, **faites chauffer un peu d'huile d'olive**. **Faites-y blondir les oignons et ajoutez la charcuterie**.
5. **Ajoutez le coulis de tomates puis couvrez d'eau**. À ébullition, **ajoutez les haricots**. **Poivrez et ajoutez du thym, du laurier et l'ail.** Mélangez.
6. **Ajoutez les pommes de terre** épluchées et coupées en gros morceaux. Couvrez et **laissez cuire 25 min**.
7. **Ajoutez les pâtes**, laissez cuire jusqu'à ce qu'elles soient *al dente*.

Top des avis :

"Personnellement, **j'ajoute 2 branches de bettes**."

MINI SAMOSSAS AU SAINT-MARCELLIN

Ingrédients :
Saint-Marcellin (3)
Feuilles de brick (6)
Huile d'olive

Pour 16 mini samossas
Préparation 15 min
Cuisson 5 min
Très facile
Coût €

1. **Coupez chaque Saint-Marcellin en huit.**
2. Découpez les feuilles de brick en bandes de 3 à 4 cm de largeur.
3. **Enfermez chaque morceau de Saint-Marcellin dans une bande de feuille de brick.**
4. Pliez chaque bande en triangle.
5. **Faites chauffer une poêle** avec un filet d'huile d'olive puis **faites-y dorer les mini samossas sur tous les côtés.**

Top des avis :

"Excellent et simplissime à réaliser. **J'ai rajouté des petits morceaux de pommes arrosés de miel pour adoucir le goût.**"
Anne_3136

Astuce : Vous pouvez également réaliser des aumônières, mais pensez à doubler vos feuilles de brick pour que le Saint-Marcellin

PLAT

15 DÉCEMBRE

GNOCCHIS AU SPECK ET AU GORGONZOLA

recette proposée par **Massimiliano**

Pour 4 personnes
Préparation 10 min
Cuisson 10 min
Très facile
Coût € €

Ingrédients :
Gnocchis (500 g)
Speck (4 tranches)
Gorgonzola (200 g)
Copeaux de parmesan (50 g)
Crème fraîche (20 cl)
Ail (1 gousse)
Beurre (1 noix)

1. **Coupez le speck en petits morceaux**.
2. **Coupez le gorgonzola en dés**.
3. Dans une casserole, **faites fondre le beurre avec le speck** et laissez chauffer 3 min.
4. **Ajoutez l'ail** préalablement **écrasé, la crème et le gorgonzola. Laissez cuire jusqu'à ce que le gorgonzola ait fondu**. Stoppez le feu.
5. **Faites cuire les gnocchis** dans une casserole d'eau bouillante.
6. **Mélangez les gnocchis et la sauce puis parsemez de copeaux de parmesan.**

Top des avis :

"Réalisés avec du jambon de pays cru ajouté à la dernière minute : un merveilleux plat qui réchauffe les soirées d'hiver ! "

16
DÉCEMBRE

PETITS BISCUITS DE NOËL

Ingrédients :

Citron non traité (1 zeste)
Farine (500 g)
Beurre (250 g)
Cannelle (1 c. à soupe)
Sucre (250 g)
Œufs (3) + jaune d'œuf (1)

recette proposée par
Stefan

Pour 6 personnes
Préparation 20 min
Repos 12 h
Cuisson 15 min
Très facile
Coût €

1. Dans un saladier, **versez la farine, faites un puits au centre.**
2. **Déposez le beurre coupé en dés, la cannelle, le sucre, le zeste de citron et les œufs entiers.**
3. **Mélangez du bout des doigts** de manière à obtenir une pâte souple.
4. **Formez une boule.** Laissez reposer la pâte une nuit au réfrigérateur, emballée dans du film alimentaire.
5. Préchauffez le four à 180 °C (th. 6).
6. Sur un plan de travail fariné, **étalez la pâte sur 0,5 cm d'épaisseur.**
7. **Découpez des formes** à l'aide d'emporte-pièce.
8. **Disposez les biscuits sur une plaque beurrée, dorez-les au jaune d'œuf.**
9. **Faites cuire les biscuits** au four pendant **15 min.**

Top des avis :

"Excellent. J'ai divisé la pâte en deux pour un goût cannelle et un goût « saveur pain

PLAT

17
DÉCEMBRE

TAGLIATELLES AUX SAINT-JACQUES

Ingrédients :
Noix de Saint-Jacques fraîches ou surgelées (250 g)
Tagliatelles fraîches (500 g)
Whisky (½ verre)
Ail (2 gousses)
Crème fleurette
Persil (2 c. à soupe)
Sel, poivre

recette proposée par
Delphine_366

Pour 3 à 4 personnes
Préparation 15 min
Cuisson 15 min
Facile
Coût € € €

1. Épluchez et **émincez finement l'ail.**
2. **Faites-le revenir 30 s** dans une poêle **avec 1 c. à soupe de persil.**
3. **Ajoutez les noix de Saint-Jacques et faites-les cuire** 4 à 5 min si elles sont grosses, sinon 2 à 3 min : la chair doit rester tendre. Salez et poivrez.
4. **Lancez la cuisson des tagliatelles.**
5. **Hors du feu, versez le whisky dans la poêle et faites flamber.**
6. **Remettez la poêle sur feu doux. Ajoutez la crème fleurette et le persil restant.**
7. **Égouttez les pâtes et versez-les dans la poêle.** Mélangez bien.

Top des avis :

" Super ! Nous nous sommes régalés ! Même avec des noix surgelées. Repas copieux et délicieux ! **Un petit conseil toutefois, il ne faut pas lésiner sur la crème et le whisky (un verre, c'est bien).** " David_930

Astuce : Vous pouvez remplacer les noix de Saint-Jacques par

18
DÉCEMBRE

SOUPE D'ENDIVES

Ingrédients :
Endives (1 kg)
Gingembre frais
(1 petit morceau)
Coriandre (10 brins)
Oignon (1)
Bouillon de volaille (1 cube)
Lait (1 l)
Huile (2 c. à soupe)
Huile de tournesol
(3 c. à soupe) • Sel, poivre

Pour 6 personnes
Préparation 10 min
Cuisson 20 min
Très facile
Coût €

1. **Émincez les endives en lamelles. Rincez-les** puis essorez-les.
2. Épluchez et **coupez l'oignon en lamelles.**
3. Râpez et **hachez le gingembre**.
4. Dans une grande casserole, **faites revenir les endives et l'oignon avec un peu d'huile.**
5. **Ajoutez le lait, 50 cl d'eau, le gingembre, le cube de bouillon** préalablement **émietté, du sel et du poivre**.
6. Couvrez et **laissez cuire jusqu'à ce que les légumes soient bien cuits,** en prenant garde que le lait ne déborde pas.
7. **Mixez le tout**.
8. **Versez la soupe dans des bols puis parsemez de coriandre** préalablement lavée et **hachée**.

Astuce : Pour éviter l'amertume des endives, ajoutez 2 morceaux de sucre ou supprimez le cône à la base des endives avant

PLAT

19
DÉCEMBRE

BOULETTES DE VIANDE AU CITRON

Ingrédients :
Viande hachée (600 g)
Persil (4 brins)
Menthe (4 feuilles)
Pain de mie (1 tranche)
Ouzo (2 c. à soupe)
Citron (1)
Œuf (1) • Lait
Oignons (2) • Cumin
Cannelle • Huile d'olive
Sel, poivre

Pour 4 personnes
Préparation 15 min
Cuisson 10 min
Très facile
Coût €

1. Dans une assiette creuse, **faites tremper la tranche de pain de mie dans un peu de lait**.
2. **Dans un saladier, mettez la viande, l'œuf et la mie de pain. Malaxez** le tout.
3. **Pelez les oignons et râpez-les très finement, puis ajoutez-les** dans le saladier. Lavez et **hachez le persil et la menthe. Ajoutez-les** également au mélange.
4. **Salez, poivrez, ajoutez le cumin et la cannelle** selon les goûts **ainsi que l'ouzo. Mélangez** bien le tout.
5. **Façonnez des boulettes**.
6. **Faites rissoler les boulettes** dans une poêle avec un peu d'huile d'olive.
7. **Arrosez-les de jus de citron et servez** aussitôt.

Top des avis :

" Avec un peu de chapelure en plus, les boulettes se tiennent mieux à la cuisson. J'ajoute à part une sauce faite avec du yaourt bulgare, du sel, du poivre et de la ciboulette. "

20
DÉCEMBRE

SALADE D'ORANGES

Ingrédients :
Oranges (4)
Prunoaux (180 g)
Amandes mondées (30 g)
Eau de fleur d'oranger
(2 c. à soupe)

recette proposée par
Marie_2

Pour 4 personnes
Préparation 15 min
Repos 10 min
Très facile
Coût €

1. Dénoyautez et **coupez les pruneaux en quatre**.
2. **Déposez-les dans un saladier et versez l'eau de fleur d'oranger. Laissez mariner** pendant **10 min**.
3. Pendant ce temps, **épluchez les oranges de manière à mettre leur chair à vif.**
4. **Coupez les oranges en rondelles fines.**
5. **Concassez les amandes.**
6. **Mettez les rondelles d'oranges et les amandes dans le saladier. Mélangez** délicatement et servez.

Top des avis :
" J'ai remplacé les pruneaux par des dattes. "

PLAT

21
DÉCEMBRE

RIZ À L'ÉGYPTIENNE

Ingrédients :
Vermicelle (1 verre)
Persil (4 brins)
Riz (3 verres)
Huile d'olive (2 c. à soupe)
Sel

Pour 4 personnes
Préparation 5 min
Cuisson 20 min
Très facile
Coût €

1. **Faites chauffer l'huile** dans une casserole puis **ajoutez le vermicelle. Laissez-le griller** sur feu doux sans cesser de remuer avec une spatule (attention, c'est très rapide).
2. **Ajoutez les verres de riz un à un, laissez griller 3 min**, toujours en remuant.
3. **Ajoutez 5 verres d'eau froide** (le dernier avec du sel).
4. **Couvrez, laissez cuire à feu très doux environ 15 min** (jusqu'à ce qu'il n'y ait plus d'eau).
5. Parsemez de persil et servez.

Top des avis :

" C'est très bon ! **J'ai juste ajouté quelques girolles.** Le riz se marie très bien

22
DÉCEMBRE

RILLETTES AUX DEUX SAUMONS

Ingrédients :
Saumon frais (750 g, en filet et sans peau)
Saumon fumé (150 g)
Ciboulette (½ botte)
Beurre salé mou (100 g)
Jaunes d'œuf (2)
Huile d'olive (2 c. à soupe)
Citron (½) • Yaourt nature (1)
Œufs de saumon (facultatif)
Sel, poivre

Pour 8 à 10 personnes
Préparation 40 min
Cuisson 9 min
Repos 24 h
Facile
Coût € €

1. **Emballez le saumon frais dans du film alimentaire et faites-le cuire à la vapeur 7 ou 9 min** (s'il est épais) : il doit rester presque cru à cœur.
2. **Coupez le saumon fumé en tout petits dés de 2 mm de côté. Ciselez finement la ciboulette.**
3. **Enlevez les parties grises et les arêtes du saumon** frais s'il y en a. **Effeuillez-le** avec les doigts sans trop l'écraser. **Mélangez-le avec les dés de saumon fumé et la ciboulette.**
4. **Mixez les jaunes d'œuf, l'huile d'olive, le yaourt, le jus du demi-citron, le beurre mou, 1 grosse pincée de sel (attention si le beurre est déjà salé) et du poivre** jusqu'à obtenir un mélange homogène.
5. **Ajoutez ce mélange aux deux saumons et à la ciboulette. Mélangez bien.** Goûtez, rectifiez l'assaisonnement si nécessaire (sel, poivre et citron).
6. **Tassez l'ensemble dans une terrine** assez grande. Lissez la surface. Déposez au centre une bande de ciboulette ou des œufs de saumon. Entourez de quelques tranches fines de citrons. **Laissez reposer une nuit au réfrigérateur.**
7. Servez ces rillettes avec des tranches de pain de campagne grillées.

PLAT

23 DÉCEMBRE

CURRY DE POISSON

Ingrédients :
Daurade ou mulet entier (1)
Coriandre en poudre (1 c. à soupe)
Curcuma (1 c. à soupe)
Graines de moutarde en poudre (1 c. à soupe) • Beurre (60 g)
Gingembre frais (10 g)
Piments rouges (2) • Oignon (1 petit)
ou paprika (1 c. à café)
Lait de coco (30 cl) • Ail (1 gousse)
Jus de citron (2 c. à soupe)

recette proposée par
Christophe_de _Marmiton

Pour 4 personnes
Préparation 10 min
Cuisson 30 min
Facile
Coût € €

1. Épluchez et **hachez le gingembre et l'ail.**
2. Épluchez et **émincez l'oignon**.
3. Lavez, épépinez puis **coupez en fines lamelles les piments**.
4. **Faites fondre le beurre** dans une sauteuse. **Faites-y revenir l'oignon, l'ail, le gingembre, le piment, la coriandre, le curcuma et les graines de moutarde pendant 3 min.**
5. **Ajoutez le lait de coco et le jus de citron**.
6. Portez à ébullition et **faites épaissir la sauce** à feu doux sans couvrir.
7. **Ajoutez le poisson** préalablement vidé, écaillé et coupé en morceaux si nécessaire.
8. **Faites cuire à couvert** et jusqu'à complète cuisson du poisson (**environ 20 min)**. Retournez le poisson une fois et remuez la sauce de temps en temps. Servez avec du riz.

Top des avis :

“J'ai mis quelques patates douces dans la purée et remplacé le gruyère par du cheddar, c'est plus

DÉLICE GLACÉ À LA MANGUE

Ingrédients :
Pain d'épice (6 tranches)
Sorbet mangue (1 l)
Sucre glace (70 g)
Cassonade (3 c. à soupe)
Cointreau (4 c. à soupe)
Blancs d'œufs (2)
Beurre (30 g)

recette proposée par
chouchou_1

Pour 6 personnes
Préparation 10 min
Cuisson 3 min
Moyennement difficile
Coût € €

1. **Coupez les bordures des tranches de pain d'épice, coupez les tranches en cubes.**
2. **Faites revenir les cubes de pain d'épices dans une poêle avec le beurre.** Quand ils commencent à griller, **ajoutez la cassonade**, mélangez quelques instants. Laissez refroidir puis émiettez le pain d'épice.
3. Dans un saladier, **montez les blancs d'œufs en neige**, puis, tout en continuant de battre, **ajoutez le sucre glace et un peu de cointreau**.
4. **Dans des coupes individuelles, disposez des miettes de pain d'épice, déposez deux boules de sorbet puis dressez les blancs en neige.**
5. À l'aide d'un chalumeau, **dorez les blancs en neige**.
6. Au moment de servir, **flambez au cointreau**.

Astuce : Si vous n'avez pas de chalumeau, dressez des meringues sur une plaque puis passez-les sous

PLAT

25
DÉCEMBRE

DAUBE DE SANGLIER AU COGNAC

Ingrédients :
Sanglier, sans os (2 kg) • Eau (50 cl) • Cognac (1,5 verre) • Sel (1 poignée) • Grains de poivre (1 poignée) • Vinaigre (1 verre) Clous de girofle (4) • Carottes (2) Vin rouge ou blanc au choix (1 l) Farine (2 c. à soupe) • Oignons (2) Zeste d'orange non traitée • Thym Ail (3 gousses, coupées en 2) Huile d'olive • Laurier

Pour 6 personnes
Préparation 45 min
Cuisson 4 h
Repos 24 h
Moyennement difficile
Coût € € €

1. Préparez la marinade : dans un saladier, **mélangez les carottes épluchées et coupées en rondelles, le zeste d'une orange, les clous de girofle, les oignons émincés, l'ail, du thym, du laurier, le vinaigre, 1 petit verre d'huile, le vin rouge, le sel et le poivre.**
2. **Coupez la viande en cubes.**
3. **Dans un grand plat, mélangez la viande et la marinade. Laissez mariner pendant 24 h.**
4. **Égouttez la viande puis faites-la saisir** dans une cocotte avec un peu d'huile d'olive.
5. **Arrosez avec la marinade et l'eau.** Si nécessaire, rectifiez l'assaisonnement.
6. **Laissez mijoter pendant 3 h 30.**
7. **Ajoutez la farine diluée dans un peu de jus de cuisson puis laissez mijoter encore 15 min.**
8. **Versez le cognac et poursuivez la cuisson 15 min supplémentaires.**

Astuce : Accompagnez cette daube d'une polenta crémeuse et d'une poignée

VERRINES DE LENTILLES AU FOIE GRAS

Ingrédients :
Lentilles (60 g)
Foie gras (50 g)
Bouquet garni (½)
Coriandre (quelques feuilles)
Poitrine fumée (un petit morceau)
Échalote (½)
Clou de girofle (1)
Sel, poivre

recette proposée par **caraucha**

Pour 2 personnes
Préparation 20 min
Cuisson 10 min
Très facile
Coût € €

1. **Faites d'abord cuire les lentilles, avec tous les ingrédients** (sauf le foie gras et la coriandre) 10 min dans un autocuiseur.
2. **Enlevez et jetez le bouquet garni, l'échalote et la poitrine fumée**.
3. Gardez un peu de jus de cuisson des lentilles.
4. **Mixez les lentilles** en y ajoutant du jus de cuisson jusqu'à l'obtention d'une texture crémeuse.
5. **Versez la crème de lentilles dans 2 verrines**.
6. **Coupez le foie gras en petits cubes et disposez-les sur les lentilles**.
7. Décorez avec les feuilles de coriandre.

Top des avis :

"J'ai opté pour une petite variante : moitié lentilles vertes, moitié lentilles corail, mais sans **les mélanger** : j'ai disposé d'abord les corail au fond de la verrine, puis les vertes, car avec la couleur du foie gras, ça tranche plus !"

PLAT

27
DÉCEMBRE

GRATIN DE POTIMARRON

Ingrédients :
Potimarron (1,5 kg)
Parmesan râpé (150 g)
Crème fraiche épaisse
(4 c. à soupe)
Beurre (40 g)
Noix de muscade
Sel, poivre

recette proposée par
Aurore_9

Pour 4 personnes
Préparation 45 min
Cuisson 45 min
Très facile
Coût € €

1. **Épluchez le potimarron** et débarrassez-le de ses pépins. **Coupez-le en cubes.**
2. **Faites-le cuire** dans un cuit-vapeur ou à défaut dans une grande casserole d'eau jusqu'à ce que la lame d'un couteau y rentre très facilement.
3. Préchauffez le gril du four.
4. **Faites fondre 30 g de beurre** dans une grande sauteuse puis **faites-y revenir les cubes de potimarron**. **Écrasez-les** à l'aide d'une fourchette pour obtenir une purée plus ou moins homogène.
5. **Ajoutez la crème fraîche, le parmesan, une bonne pincée de noix de muscade râpée**, du sel et du poivre. Mélangez bien.
6. **Versez la purée de potimarron dans un plat** préalablement beurré **allant au four**.
7. **Faites gratiner** sous le gril **10 à 15 min**.

Top des avis :

" Simple et très bon. **J'ai ajouté quelques rondelles de chorizo sur le gratin.** " Tolgam

Astuce : Pour une recette encore plus économique, remplacez

28
DÉCEMBRE

MOELLEUX À LA CRÈME DE MARRONS

Ingrédients :
Crème de marrons (500 g)
Beurre (100 g)
Œufs (4)

recette proposée par
NatdeLyon

Pour 6 personnes
Préparation 10 min
Cuisson 45 min
Très facile
Coût €

1. Préchauffez le four à 150 °C (th. 5).
2. **Faites fondre le beurre** dans une petite casserole ou au micro-ondes.
3. **Séparez les blancs des jaunes d'œuf**.
4. Dans un saladier, **mélangez le beurre fondu avec la crème de marrons et les jaunes d'œuf.**
5. **Battez les blancs d'œuf en neige ferme.**
6. **Incorporez les blancs en neige** à la préparation.
7. **Versez votre préparation dans des moules individuels** préalablement beurrés.
8. **Enfournez** et laissez cuire **45 min.**

Top des avis :

"Un bon moelleux avec un délicieux goût de châtaigne mais **j'ai ajouté 2 c. à soupe de farine.**" pommesylvie

Astuce : Pour un goût plus prononcé, ajoutez quelques brisures de marrons glacés

PLAT

29
DÉCEMBRE

CHOU CAMPAGNARD

recette proposée par **Cerise**

Ingrédients :
Chou vert (1 gros)
Lardons (250 g)
Crème liquide
Gros sel, poivre

Pour 4 personnes
Préparation 20 min
Cuisson 20 min
Très facile
Coût €

1. **Faites chauffer de l'eau** dans une cocotte-minute ou une grande casserole. Salez l'eau avec du gros sel.
2. **Coupez le chou préalablement épluché** en quatre puis émincez chaque quart de manière à obtenir des lamelles grossières (pas trop fines).
3. **Quand l'eau bout, plongez-y le chou et faites-le blanchir 5 min** à partir de la reprise de l'ébullition de manière à ce qu'il garde une belle couleur vert tendre. **Égouttez-le et passez-le sous l'eau froide.**
4. **Faites revenir les lardons** dans une poêle sans matières grasses pendant une dizaine de minutes.
5. Quand ils sont bien dorés, **ajoutez le chou et laissez-le dorer à feu vif** pendant quelques minutes : le chou doit garder une bonne tenue et ne pas devenir mou.
6. Enfin, **juste avant de servir, ajoutez un filet de crème et poivrez selon votre goût.**

Astuce : Pour encore plus de goût, ajoutez un peu de concentré de

ENTRÉ

30 DÉCEMBRE

VELOUTÉ DE CAROTTES AU CUMIN

Ingrédients :
Carottes (1 kg)
Curry (½ c. à café)
Cumin (½ c. à café)
Crème liquide (20 cl)
Pomme de terre (1)
Oignon (1)
Eau (75 cl)
Beurre (20 g)
Sel de Guérande

Pour 6 personnes
Préparation 15 min
Cuisson 40 min
Très facile
Coût €

1. **Épluchez les carottes et la pomme de terre, coupez-les en morceaux.**
2. **Émincez l'oignon.**
3. **Faites fondre le beurre** dans une cocotte-minute puis **ajoutez l'oignon. Laissez-le dorer** pendant une dizaine de minutes.
4. **Ajoutez les carottes et la pomme de terre.** Laissez cuire 5 min.
5. **Ajoutez l'eau, le curry, le cumin et un peu de sel.** Fermez la cocotte et **faites cuire 20 min après la montée en pression.**
6. **Mixez le tout, ajoutez la crème liquide et mélangez.**

Top des avis :

" Recette originale, **le mariage des épices et de la carotte est étonnant**. J'ai adoré ! "

PLAT

31
DÉCEMBRE

FOIE GRAS POÊLÉ À LA MANGUE

Ingrédients :
Foie gras
de canard entier (½)
Mangue (½ bien mûre)
Pain d'épice (2 tranches)
Beurre (25 g)
Jus de viande, de bœuf
ou de veau (5 cl)
Vinaigre balsamique (5 cl)
Sauce soja (2,5 cl)
Farine • Sel, poivre

recette proposée par
Nospam

Pour 2 personnes
Préparation 20 min
Cuisson 10 min
Moyennement difficile
Coût € € €

1. **Coupez le foie en tranches épaisses** (comme des escalopes) **puis farinez-les** légèrement. Mettez-les de côté, au frais.
2. **Épluchez la mangue, puis taillez-la en tranches épaisses** (1 cm environ).
3. **Faites fondre à feu doux le beurre** dans une poêle. **Ajoutez les tranches de mangue et laissez-les 2 min de chaque côté**. Retirez les tranches et mettez-les de côté.
4. **Déglacez la poêle avec le vinaigre balsamique**. **Ajoutez le jus de viande et la sauce soja**. Mettez cette sauce de côté, au chaud.
5. Pendant ce temps, **grillez les tranches de pain d'épice**.
6. **Poêlez les escalopes de foie gras** 1 min ou plus selon les goûts. Salez, poivrez.
7. Dans la même poêle (il restera du gras rejeté par le foie gras), **versez la sauce vinaigre-jus de viande-soja et faites chauffer à feu doux.**
8. **Disposez dans chaque assiette une tranche de pain d'épice, des tranches de mangue puis le foie poêlé. Nappez de sauce** et dégustez.

Astuce : Remplacez le vinaigre balsamique par du vinaigre

365 jours d'humour, de jeux,
de culture générale ou d'énigmes
pour passer une année à BLOC !

Nous tenons à remercier pour leur contribution à cet ouvrage :
Maud Boulin, Jean-Louis Broust, Sarah Bruey, Gaëtan Burrus, Servane Champion, Maud Foutieau, Anne-Sophie Gache, Audrey Génin, Armelle Goraguer, Damien Hervé, Laure Maj, Florine Marguin, Karine Marigliano, Clémence Meunier, Nadège Michelotto, Caroline Moutier, Laurence Pasquini, Marjorie Seger, Marie-France Wolfsperger, Julien Dandoy et Bénédicte Buino (Nord Compo) et Quat'Coul pour la photogravure.

Merci également à tous les membres de l'équipe Marmiton et à l'ensemble des Marmitonautes qui, pour notre plus grand bonheur, apportent chaque jour leur pierre à l'édifice de transmission que constitue Marmiton.

© Éditions Play Bac
Éditions Play Bac
14 *bis*, rue des Minimes
75003 Paris
www.playbac.fr

ISBN : 9782809654462
Dépôt légal : octobre 2015
Imprimé en Chine

Toute représentation ou reproduction intégrale ou partielle faite sans le consentement de l'auteur ou de ses ayants droit ou ayants cause est illicite (article L.122-4 du Code de la propriété intellectuelle). Cette représentation ou reproduction, par quelque procédé que ce soit, constituerait une contrefaçon sanctionnée par les articles L.335-2 et suivants du Code de la propriété intellectuelle.

Crédits photographiques :

Manina Hatzimichali / Marmiton : 1 jan., 2 jan., 3 jan., 9 jan., 10 jan., 11 jan., 13 jan., 15 jan., 16 jan., 17 jan., 18 jan., 19 jan,. 20 jan., 22 jan., 23 jan., 24 jan., 26 jan., 28 jan., 29 jan., 1 fév., 3 fév., 4 fév., 5 fév., 6 fév., 8 fév., 9 fév., 11 fév., 12 fév., 13 fév., 14 fév., 15 fév., 17 fév., 18 fév., 19 fév., 20 fév., 22 fév., 24 fév., 25 fév., 27 fév., 28 fév., 29 fév., 2 mars, 3 mars, 4 mars, 6 mars, 7 mars, 8 mars, 9 mars, 11 mars, 12 mars, 13 mars, 14 mars, 15 mars, 16 mars, 17 mars, 19 mars, 20 mars, 22 mars, 26 mars, 29 mars, 31 mars, 2 avr., 3 avr., 5 avr., 7 avr., 8 avr., 9 avr., 12 avr., 13 avr., 14 avr., 15 avr., 16 avr., 18 avr., 19 avr., 20 avr., 23 avr., 24 avr., 25 avr., 28 avr., 29 avr., 1 mai, 2 mai, 3 mai, 4 mai, 5 mai, 6 mai, 7 mai, 8 mai, 10 mai, 11 mai, 12 mai, 14 mai, 15 mai, 17 mai, 18 mai, 19 mai, 20 mai, 22 mai, 23 mai, 25 mai, 26 mai, 27 mai, 28 mai, 30 mai, 31 mai, 1 juin, 2 juin, 3 juin, 4 juin, 6 juin, 7 juin, 8 juin, 10 juin, 11 juin, 13 juin, 14 juin, 15 juin, 16 juin, 17 juin, 18 juin, 19 juin, 20 juin, 21 juin, 24 juin, 26 juin, 27 juin, 28 juin, 30 juin, 1 juil., 2 juil., 3 juil., 4 juil., 5 juil., 7 juil., 8 juil., 9 juil., 10 juil., 12 juil., 13 juil., 14 juil., 15 juil., 16 juil., 17 juil., 18 juil., 20 juil., 21 juil., 22 juil., 24 juil., 25 juil., 26 juil., 27 juil., 28 juil., 30 juil., 1 août, 2 août, 3 août, 4 août, 5 août, 6 août, 7 août, 9 août, 10 août, 11 août, 13 août, 14 août, 15 août, 16 août, 18 août, 19 août, 20 août, 21 août, 22 août, 24 août, 26 août, 27 août, 28 août, 1 sep., 2 sep., 3 sep., 4 sep., 5 sep., 7 sep., 8 sep., 9 sep., 10 sep., 12 sep., 14 sep., 16 sep., 18 sep., 19 sep., 20 sep., 22 sep., 23 sep., 24 sep., 25 sep., 26 sep., 27 sep., 28 sep., 29 sep., 1 oct,. 2 oct., 3 oct., 5 oct., 8 oct., 9 oct., 10 oct., 11 oct., 12 oct., 14 oct., 15 oct., 16 oct., 17 oct., 18 oct., 19 oct., 20 oct., 21 oct., 22 oct., 24 oct., 25 oct., 26 oct., 27 oct., 29 oct., 30 oct., 3 nov., 6 nov., 7 nov., 8 nov., 10 nov., 11 nov., 12 nov., 13 nov., 14 nov., 17 nov., 18 nov., 19 nov., 20 nov., 22 nov., 23 nov., 24 nov., 27 nov., 29 nov., 4 déc., 5 déc., 6 déc., 7 déc., 8 déc., 9 déc., 10 déc., 11 déc., 12 déc., 13 déc., 14 déc., 15 déc., 18 déc., 19 déc., 20 déc., 21 déc., 23 déc., 26 déc., 27 déc., 28 déc., 31 déc.

Marmiton : 5 juin, 6 juil., 6 oct.

Sucré Salé : Amiel : 13 mai, 25 nov. ; Asset : 16 mai ; Bagros : 27 jan ; Baudonnet : 10 avr., 25 août ; Bichon : 25 jan. ; Bilic : 1 avr., 23 août, 2 nov. ; Bury : 6 jan. ; Caste : 7 oct. ; Dearnley/Supperdelux : 11 sep. ; Desgrieux : 12 jan. ; Fénot : 13 oct. ; Fleurent : 30 mars ; Fondacci/Markezana : 14 jan., 10 fév., 30 déc. ; Guedes : 18 mars, 25 déc. ; Hall : 26 fév., 27 mars, 30 nov. ; Iwanon : 11 juil., 2 déc. ; Japy : 24 mai ; Lawton : 13 sep., 31 oct. ; Leser : 8 jan. ; Nicoloso : 28 nov. ; Norris : 21 mai, 31 juil. ; Quinard : 21 sep., 30 sep., 5 nov. ; Radvaner : 10 mars, 28 oct. ; Ramen : 26 nov. ; Renaudin : 24 déc. ; Riou : 7 jan., 21 jan., 29 juin. ; Roche : 28 mars ;

Roulier/Turiot : 31 jan., 5 mars, 6 sep., 9 nov. ; Ruchaud : 1 mars, 29 juil. ; Sirois : 21 avr., 19 juil., 8 août, 23 oct., 1 nov., 22 déc., 29 déc. ; Studio : 4 jan., 30 jan., 7 fév., 16 fév., 21 fév., 23 fév., 21 mars, 24 mars, 25 mars, 4 avr., 6 avr., 11 avr., 17 avr., 27 avr., 9 mai, 29 mai, 22 juin, 25 juin, 23 juil., 12 août, 17 août, 29 août, 31 août, 16 nov., 21 nov., 1 déc., 3 déc., 17 déc. ; Subiros : 26 avr., 16 déc. ; Thys/Supperdelux : 5 jan,. 2 fév., 23 mars, 17 sep. ; Turiot : 15 nov. ; Vaillant : 30 avr. ; Veigas : 9 juin, 4 nov. ; Viel : 22 avr., 12 juin, 23 juin, 30 août, 15 sep., 4 oct.